天津市文史研究馆馆员著述系列

唐石父文集

唐石父 著

天津出版传媒集团

天津人民出版社

图书在版编目(CIP)数据

唐石父文集 / 唐石父著. -- 天津：天津人民出版
社，2018.11
（天津市文史研究馆馆员著述系列）
ISBN 978-7-201-12655-5

Ⅰ. ①唐… Ⅱ. ①唐… Ⅲ. ①古钱（考古）－中国－文
集 Ⅳ. ①K875.64-53

中国版本图书馆 CIP 数据核字（2017）第 284534 号

唐石父文集
TANGSHIFU WENJI

出　　版	天津人民出版社
出 版 人	刘　庆
地　　址	天津市和平区西康路 35 号康岳大厦
邮政编码	300051
邮购电话	(022) 23332469
网　　址	http://www.tjrmcbs.com
电子信箱	tjrmcbs@126.com

责任编辑	赵　艺
装帧设计	汤　磊

制版印刷	高教社（天津）印务有限公司
经　　销	新华书店
开　　本	787 毫米×1092 毫米　1/16
印　　张	24
插　　页	2
字　　数	36 千字
版次印次	2018 年 11 月第 1 版　2018 年 11 月第 1 次印刷
定　　价	86.00 元

编委会名单

主　编：刘志永

副主编：南炳文　郭培印（常务）

编　委：（以姓氏笔画为序）

王振德　刘志永　阮克敏　张春生

张铁良　陈　雍　罗澍伟　郭培印

南炳文　崔　锦　韩嘉祥　温　洁

甄光俊　樊　恒

序

齐宗佑

　　欣闻同好师健英倾数年之精力，将唐石父老先生研究古钱的文章收集整理成册。师同好做了一件有意义的大事。

　　唐老对文物、考古兴趣广泛，尤其对古钱有全面深入的研究。个人藏品丰富，且整理得井然有序。一部《中国钱币学辞典》是给后学的宝贵工具书。几十年中，陆续发表的研究古钱文章，多达数十篇。今得以成册，无疑是天津古钱学发展的缩影。

　　唐老治学严谨，对后学的提携不遗余力，仅述本人的亲历：我是名副其实的业余古钱爱好者。学龄前首次接触到的古钱，就是十余枚咸丰钱，小平、当五、当十成系列。从此对咸丰钱情有独钟。陆续收集几十年。退休前工作繁忙，只能偶尔写点心得文章发表。退休后，2002 年出版了第一本专著《咸丰钱的版式系列——自藏自拓咸丰钱集》。由唐老作序。一日，唐老来电称：序中有一处须修改。我答：马上送过去。唐老称：现住女儿家，距你家很近，我去认认门。我即站在小区外道边恭候。一会，唐老骑车而来。时唐老已是耄耋之年，胸前垂着半尺余长的白须。此情此景不但令我心中感动，连小区院内的邻居都惊动了。纷纷上前招呼问候。进家后，唐老接过序稿，不过五分钟即完成修改。谈过出版的准备，即起身告辞。时，我已做好准备。一出小区，即让出租车将唐老连人带车送回闺女家。唐老似有预感，出门即说：你如叫车，我以后再不到你家来。令我语塞！只好恭送唐老到小区之外。今年，我也年属耄耋，此事是终生的回忆了。

天津市的古钱币爱好者，有幸与唐老这位古钱学大家相处几十年，在治学、为人、处世各方面受着熏陶。

师健英将唐老的文章收集成册，亦是有心人，可说为天津市钱币学发展的一个侧面做了结论。

以对唐老高风亮节的回顾，算作此书的序吧。

（本序作者为中国钱币学会原学术委员　天津市钱币学会常务理事）

目 录

第一辑　钱币研究

中国古钱文字与书法

一、古钱文字概说

我国钱币，钱面纹饰以文字为主，一般不用图画，这是我国钱币文化的独特风格，与西方文化迥然不同。它们的钱面纹饰，是以图画为主体的，再加我国文字（指汉字而言），本身具有自己的特点，和西方国家拼音文字也不相同。尤其是从书法艺术的观点来看，我国文字是有独特艺术风格的。从文字起源来讲，我国文字虽和西方国家文字一样，都是从象形文字演变而来，可是西方国家文字向拼音文字发展，而我国文字却始终保持着方块字的特点，和象形文字的联系仍然保持着。"书画同源"说，是完全符合客观实际的。在古文字里，这种痕迹尤其明显，例证随处可见。例如：甲骨文的犬字作"犬"或"犬"，钟鼎文的佳字作"佳"形，实际就是个鸟形。

我国钱币纹饰，不同于西方国家的以图画为主，但不等于说没有图画作钱面纹饰的，这是因为我国古代的象形文字，实际就是图画。在钱币出现以文字作钱文的时候，象形文字还没有完全退出文字行列。所以接在钱币没有文字之后的，有象形文字的存在，完全符合我国钱币发展和文字发展的规律。如上所述，既有没有文字，也没有图画的钱币曾经存在，传世的和发掘所得的这类钱币都不少，足为这一论断提供实物证据。

此后，随着钱币逐渐发展，钱面出现了符号、图像，再进一步才有钱面文字。钱面文字和我国文字的发展步伐基本上是相同的。但有时反映出崇古、复古的现象，就是篆书钱文的长期延续。

我国是多民族国家，各民族都有自己本民族文字，其中使用最广泛的是汉字。连同上文提到的我国文字，也是指汉字来讲的。汉字的发生、发展的过程，就已知资料来说，早在新石器时代的陶器上，已经出现了刻划符号，但还不能说是文字。经过一段时间的发展，才进入文字的范畴。可惜这时期的过渡形式，现在还没有发现。到商代甲骨文的出现，才是比较成熟的文字，可见甲骨文并不是我国文字的最早阶段。近年发现了西周的甲骨文比商代甲骨文字小得很多，可以说是"微雕"，有的要用放大镜才能看清，但遗留到今的，大量的文字，还应当说是铜器铭文——钟鼎文。春秋战国时期各国的政治、经济等都有所发展，文字也在发展，由于地域性的局限、交通不便等原因，地方性的文字在各国各自发展。因而不同地区、不同国家的文字，出现了不同写法，文字的结构以至点画，因地而异，形成相当混乱的局面。至秦王政统一六国，同一车书，才把六国的异体字废除，统一了文字，一律以小篆为标准文字。有名的琅琊台刻石①、泰山刻石以及刻有秦始皇诏文的衡、量等文字都是。它为我国文字的统一、为祖国文化发展创造奠定了良好的基础。以上是文字发展过程中的篆书阶段，在此前后或约略同时，隶书也就相随出现了，相传有程邈造隶书之说。但秦代遗物有省简篆书笔画的文字传世。例知，背有大字诸侯等字的始皇诏版中"法"字省笔作"灋"，简文的大字作"仌"等等。说明隶书确是开始很早。在继续省简过程中，大约东汉时期，章草、草书也已出现，传世延熹七年土圭和延熹年马君阕，近年掘得简策以及安徽亳县曹氏墓砖，

4

———————

① 琅琊台刻石，前二行从臣题名，是始皇时遗刻。"皇帝曰"以下十一行乃二世所刻。有人著文竟误以二世所刻为始皇所刻，不可不察。

都有这类字体出现。经魏晋而唐宋，擅草书者，代不乏人，魏晋之交，不加省简的工整隶书，也逐渐演变成今隶——楷书，三国时有传世的《吴故衡阳太守葛府君碑额》，晋代有《三国志写本》，分别是用楷书刻写的，此后文字发展，只在形体上、用笔上、具体点画造形上，有所区别，文字结构愈益稳定，只是孳乳新字较多，以至新中国成立前夕，异体字很多。新中国成立后，由于党和国家的重视，设立文字改革机构，普遍进行文字改革，这对于我国文字发展前途，影响极大。

文字发展，书法演变，上文已将梗概作了简介。至于古钱文字的发展情况如何，现在亦作简单介绍如次：

在新石器时代，虽已发生交换的行为，但那是以物易物的方式进行的。进入商代，已有商业行为。郭沫若先生曾用贝的使用作证明，并推定贝由装饰品转用为货币是在商周之际。[①] 但是，这个时期的贝是货币还是装饰品是很难区分的。春秋战国时，各地区先后出现了铸币，大体可分四大系：即刀、布、仿贝和圆钱。种类不一，大小不同，行用地区却十分明确。当时的货币制度，也同当时文字一样，是十分混乱的。秦王政于廿六年统一六国，同一车书，同时也统一了货币，以半两为文的方孔圆钱，便是法定的通行货币，前此四大系统的各种货币，都一律废止不用，在货币史上是一件有深远历史意义的大事，对我国政治、经济、文化的发展有极大推动作用。

若以书法艺术而论，古钱文字也可分为四体，和文字的篆、隶、行（含草）、楷是一样的，为了叙述方便，概述各体钱文如下：

（一）篆书的钱文。从先秦至晚清，篆书钱文或多或少地都可以看到。三国以前的钱文，都用篆书，是篆书独占时期。三国以后至隋的钱文，仍用篆书为主，虽时有杂用隶书的钱文出现，但为数不多。北宋各钱几乎都有篆书，以后逐渐减少，到明清两代，就几乎

5

---

① 《中国古代社会研究·金文丛考》。

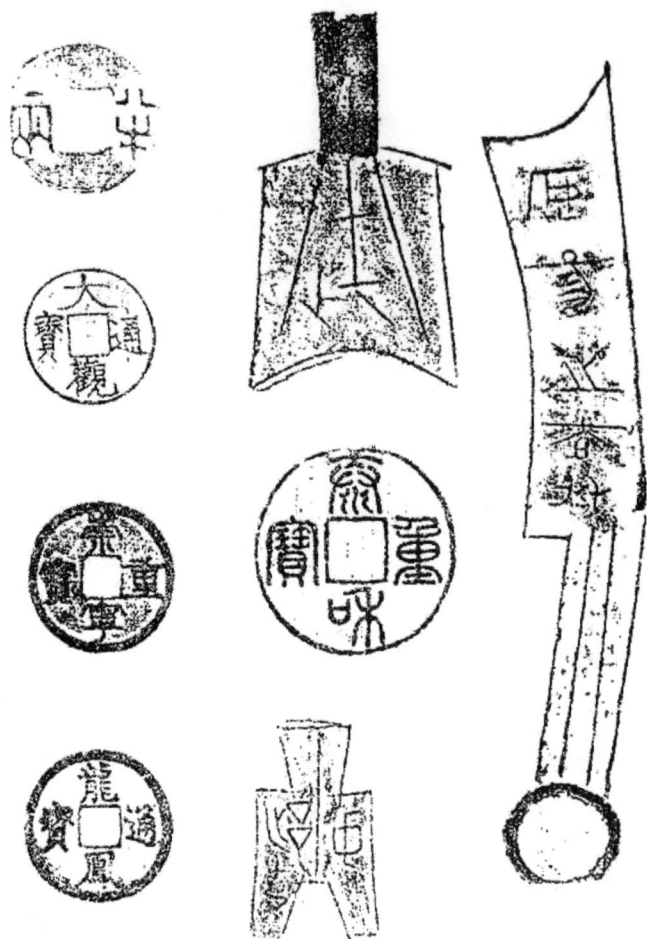

没有篆书的钱文了。[①]

（二）隶书的钱文。从三国蜀汉直百五铢的"直百"二字采用隶书开始，隶书才入钱文，唐以前断续出现的隶书钱文为数不多。至唐高祖武德四年行用开通元宝用隶书起，唐代钱文全部用隶书。宋代有隶书钱文，北宋多于南宋。元明清三代，几乎没有隶书为文的行用钱。

（三）行书、草书钱文。宋太宗改元淳化，铸淳化元宝，用真

---

① 明代只南明有篆书永历通宝，清初有吴三桂的篆书昭武通宝大小二种，及福建铸篆书光绪通宝。

（楷）、行、草三体书为钱文，是行、草入钱文之始。其后，唯北宋钱文用行、草书较多，余则少有。总观北宋钱文的书法，不但各体具备，而且无不精美可人。因而有人认为北宋钱文书法是钱币文字、特别是书法艺术发展史上的黄金时代，这话既非虚誉，亦非过誉，是确切的。

（四）楷书的钱文。在钱币文字中，楷书和隶书有时极不易区分。通常以字体似武德开通元宝钱文的视作隶书，即据"元宝"或"通宝"二种宝文的点画、位置，是否与武德钱文相同来区分，相同者视同隶书，否则视为楷书。其实这种分法并不科学，而且一钱之中，确有两体共存现象。如北宋英宗"治平"二字系楷书，而"元宝"作"元寳"却是隶书。自唐武宗会昌开元（开通）背文用楷书起，到清末民初，方孔圆钱虽为新型铜元所代替，可是钱币文字，统以楷书为主。

二、古钱文字的书法艺术

书法艺术是我国的独特艺术，影响及于邻国，是一种高尚的文化生活享受，是我们国家高尚文化生活的一种表现。钱币本是人民日常生活中不可须臾离身的东西，钱文的美丑又关系着日常生活中能否获得美的享受，甚至在制造、设计钱文的时侯，都要从书法艺术的角度加以考虑，可见钱文的艺术性是有普遍意义的，是蕴藏在广大人民群众之中的。尤其在先秦，钱文都出于手工作坊工人之手。陈介祺云："布币文之浅者，当以刀刻两片埴土（即黏土），旋铸而旋弃之。"布币钱文之出于手工作坊工人之手，这段话说得是很明白的。

溯自刀布开始，都曾有过没有文字的阶段，其后，在发展过程中，才有简单符号的出现，甚而竟是图画。如："𠇑"尖首刀，戴熙《古泉丛话》云："余曾见一刀，背上作小刀形，句（钩）勒极精，三代时，书与画尚不甚分，如此类者，谓为字可，谓为画亦可。"河北沧县萧家楼出土明刀币，有作""""者，更多的是其意不明的简单符号，正是钱币文字曾有简单符号阶段的例证。从实物资料说明我国"书画同源"说是确切不疑的。

李佐贤《古泉臆说》引《吉金所见录》云："列国布与钟鼎文字相同者二十有一字……"总之，布刀文字，实与钟鼎互相发明，今人于晋唐石刻尚知宝重，况三代以上古篆籀文真迹犹在，是应该使我们珍爱的。鲍康《观古阁泉说》："齐刀出土尚多，四字者一种，三字、五字、六字者各二种。三字者多不致，余并字画宽长，或瘦劲可喜，大率相类。"《续泉说·陈介祺按语》："古币文之浅者，当以刀刻两片埴土，旋铸而旋弃之。"犹金文之有锋者，我名它为刀书。其字不出锋，如莽布的，当以笔书之。如宝六化石范之类，一范可以屡铸。犹吉金之不出锋的。我叫它为圆头。"笔"如杵，故"聿"字从""。古文字皆当分此二种。诸说证之古币皆合，以齐三字刀范验之，也是用刀刻成，是否仍用"旋铸而旋弃"？尝检三字刀若干，点画各异，没有相同的。由此证明仍是旋铸旋弃。先秦古币书法，分属六国，文字诡变，繁简各殊，书法既异，辨识尤难，宜乎嬴秦之尽废六国文字、货币，而一以小篆为文的半两取而代之了。

两汉、新莽钱文用篆，西汉、东汉及其后各代五铢都系小篆。新莽钱币文字，虽然也用小篆，但是另有特点，例如新莽布泉，住笔尖锐如针，结构布局，稳重妥帖，笔画妩媚多姿，毫无妖冶之气，有端庄秀美之感，世号"悬针篆"。加以铸工精良，其美益彰。王懿荣曾说："莽为泉（钱）绝，并不是溢美的话。"鲍康《观古阁泉说》："布泉二种，有悬针、玉箸之殊，古人泉文不嫌沿袭。旧说以悬针、布泉属新莽，玉箸属北周。"而盛氏《泉史》持驳甚力，我则以旧说是对的。莽泉萃于秦，我寓秦最久，见悬针布泉时与莽货泉、大泉同出土，且"布"字视货布同，"泉"字视六泉，货泉同。泉字中竖画断而不连，莽后无此式，这是第一。货泉每作重好郭，此莽之创制，是泉亦然，玉箸泉从无一作重好郭者，这是第二。货泉傍好多作半星或决文，是泉则穿上两决文，穿下两决文，穿上半星者其多，六朝泉未闻有是，这是第三。二泉不特篆法迥殊，轮郭亦异，断非一朝之制，且宋董逌谱云：自梁武以来已经有它，其古可知，这是第四。旧谱或列不知年代品。余按：是泉《班志》虽无明文，而制作既精，流传亦夥，其为用品无疑。宋孝武帝孝建，孝建四铢钱笔画曲屈，起笔尖，住笔锐，虽直画亦必曲屈以取势，一扫旧时钱文平正之风，创飘逸华丽之体，实属钱文书法中之独树一帜。世称"韭叶篆"。《癖泉臆说》云："宋孝建四铢钱，前辈谱孝建二字韭叶文，四铢则大篆。今见铢字篆作'銖'，仍是韭叶文，其四字不作挂脚，有似大篆耳。"李时珍《本草纲目》云："韭如葱，根如小蒜，叶如韭……"知取名韭叶，因其字笔势恰似韭叶而得名。北周布泉，五行大布，住笔如杵，圆足有力，其形如箸，故有"玉箸篆"之名。《泉志》引《旧谱》曰："径寸，其文右曰布，左曰泉，皆玉箸篆，非另钱也。戴熙云：玉箸篆布泉、五行大布，周武帝铸。"鲍康云："玉箸一种，'布'字与五行大布酷肖……"以上诸家说法，及上引鲍康布泉二种的区别，以及《北周书·武帝纪》："保定元年秋七月，更铸钱，文曰布泉，以一当五，与五铢并行。"都说明玉箸布泉之必属北周武帝。古泉学者，对同文的布泉，各以书体特点分别名为悬针、玉箸，除了区分时代，辨别先后而外，在书法艺术上讲，北周布泉、五行大布等钱的书法水平，确实比前代为进步，特别是与前此使用最为普通的五铢的笔法有所不同，具有凝重、浑厚的感觉。北周永通万国，世人虽无为之专立名目，但笔画委婉，流走秀丽，篆法揖让自然，比之汉永受嘉福瓦当、汉印婕好赵印，并无逊色，先后媲美，鼎足而三，实书法艺术之华盖，钱文篆法之极轨，今人读之百回不厌，美不可言。总观隋以前钱文篆法，实属变化多端，诸体具备，故戴熙有云："古今书法未变不足观，已变不足观，莫如六朝，汉将变为唐，故异境百出，钱文亦然。北朝钱上承秦相，下启少温，正篆法之将变，最为可观。余尝集北钱各种，玩弄摹拓，意固有在。唐代钱文无用篆书者。宋代钱文用篆书者极多，篆书治平元（通）宝、熙宁元宝，篆法竟有五种之多，可谓极变化之能事。其余篆书钱文，一钱而有两种、三种篆法者，北宋钱中最为常见。

古钱文中，篆、隶而外，楷书始见于唐代，真、行、草三体钱文之出现，已入北宋，宋代以后钱文书法，更有出诸名家或帝王手笔的，下文将有专论，兹不赘述。至于农民起义军所铸钱币，首推王小波、李顺起义军所铸之应运元宝为最早，其书法亦自足观。元末义军蜂起，铸币种类又多，铜质既精，文字又复娟好。篆书则有徐寿辉天启通宝、明玉珍天统元宝，以及张士诚天祐通宝，折三、折五背文之"叁""伍"二字。所余各钱都系楷书，龙凤则凝重浑厚；天启、天定则刚劲挺拔；大义则古朴厚重；天祐则秀丽宽舒；至于大中通宝，因为铸地分散，各监书法不尽相同，也能各具风神，明末及太平天国各钱，书法少逊，不足与前代各义军相雁行，因为时代不同，书法艺术也受其局限所致。

三、钱文出自名家、帝王手笔者

前人研究古泉币，各具特点。收藏家重在搜罗异品，珍品奇字，都在网罗之列，精于鉴别；谱录家或重在考证，或重在著谱，品类以多为胜，然鉴别或不及收藏家。今人则重在与政治、经济之关系以及钱币发展规律，专门从事书法艺术之研究，尚乏其书其人。而有关书法艺术研究之零篇、只字，散在各书，收集不易，兹就所知，参之前贤论述，略加条理，著为斯篇，以供研究历代书法艺术之参考。特将史籍著录以及前人传说汇录于次，以见名家、帝王手书钱文之梗概，谬误、遗漏实属难免。

"宋皇字体纪淳化，唐臣词翰征开元（开通元宝）"正是咏帝王、名家手书钱文的诗句。汉魏以来丰碑巨碣，除秦始皇所立各碑出斯相之手，他碑之书人姓名，得传于今者，殆皆非书苑名流。至李唐碑碣，其具书丹人名者，始有赫赫名手。钱文局于方寸，只容四字，又何能并书手一并纪录以传耶！唐以前钱文出自谁手，已无可考，又何足为奇。

唐高祖武德四年铸新钱，史有明文，且著书人姓氏，是为钱文记书人之始。今依时序先后分述之。

（一）唐欧阳询书开通元宝钱

《旧唐书·食货志》："开元钱（开通元宝）之文，欧阳询制词，其字含八分及隶体。"《孔氏杂说》云："《（大唐）六典》谓之开通元宝，……命给事中欧阳询撰其文并书"。饶秩登云："钱形圆，本难安置，如开元（开通元宝）之古朴。"实是确论。书法端庄，雍容娴雅，树后世周通元宝、汉通元宝、宋通元宝之楷模，影响所及，不但北宋各钱承其风韵，即日本之和同开珍、神功开宝等钱，也无不袭其衣钵，其钱其书，是钱币史、书法史之瓌宝，未可以传世极多而轻视之。

（二）五代南唐徐铉书开通元宝钱

《泉志》引陶岳《货泉录》曰："元宗时，兵屡挫，帑藏虚竭。韩熙载上《疏》，请以铁为钱，其钱之大小如开元通宝（开通元宝），文亦如之，比于旧泉稍大，而轮郭深阔，既而是钱大行，公私以为便。"余按：史氏但云铁钱，不载其文，岳国初人，耳目所接，其言当不妄也。清初尚龄按："据诸家之说，徐铉所篆，俱铁钱。今所见者皆以铜为之，铁钱从未见也。"其泥于铁字，故有此疑。其实，正可据今所见皆铜无铁，以证史书刊刻之误。文物足以订史，又得一例。

（三）五代南唐徐铉书唐国通宝钱

南唐唐国通宝钱，有篆、楷二种，且系对钱。篆书者与篆书开通笔意绝类。且南唐开通亦系篆、隶为对之对钱。二钱同时，同制作，又同为对钱，以理推之，则篆书唐国亦当出铉手，自无可疑。

（四）宋太宗书淳化元宝钱

《宋史·食货志》："淳化改元，亲书淳化元宝，作真、行、草三体。"翁树培《古泉汇考》引《玉海》云："淳化元年五月乙未，改铸淳化元宝钱，上亲书其文，作真、草、行三体。"又引《通雅》

云："淳化御书钱，正仿开元（开通元宝）式也。"赵令畤《侯鲭录》云："前世钱文，未有草书者，淳化中，太宗始以宸翰为之。即成，以赐近臣。王元之（名禹偁）谪商于，有诗云：'谪官无俸突无烟，唯拥琴书尽日眠，还有一般胜赵壹（《后汉书·赵壹传》："文籍虽满腹，不如一囊钱。"），囊中犹贮御书钱。'"《永乐大典》载王黄州《小蓄集》有《谢赐御书字样钱表》。① 上引诗文，一则足征当时帝王手书钱文之为臣子所崇爱。二则说明当时书法艺术之为人所喜好。证之淳化五年命王著摹刻《淳化阁帖》一事，尤是说明宋太宗本人爱好书法，因此才有可能留下三体书淳化钱，供我们欣赏。

（五）宋太宗书至道元宝钱

王荫嘉《泉纬丛谈》云："淳化、至道三体兼书，崇宁、大观，瘦金独创，宸翰挥洒，流布区宇，遂使率土黎庶，咸得摩挲天藻，猗欤盛哉！史册昭昭，可得而稽。"《古泉汇·至道元宝条》："（承上淳化御书钱条）亦太宗御书钱，真、行、草三品。"至道三体书钱，史无明文。但文字书风、三体成对，无不与淳化三体钱相同，适足证明至道三体书钱，亦系太宗手书，足证李氏《泉汇》所云，确切无疑。至道御书钱，史竟失载，实不足奇，不能与淳化三体钱相提并论，淳化实属创制，史家例应注意及之，至道已成故事，倘史籍尽载无遗，必将失之芜杂，有违史体，并非偶然疏略。

淳化、至道真、行、草三体书钱，真书浑厚质朴；行书韵味隽永，结体稳重；草书铁画银钩，直如曲铁，神味自足，可见宋太宗书法艺术之造诣。

---

① 臣某等今月二十三日，于学士院分赐得三般字样。淳化元宝钱者，洪炉新样，通行将遍于万方；御笔撷华，神妙互分于八体。颁宣非次，传习知荣。中谢伏惟尊号皇帝陛下，留意货泉，精心笔札。书纪年之大号，用焕钱神；逞上圣之多才，爱彰墨妙。尽返鹊迴鸾之法，掩天龙地马之名。庄山历山之金，可齐重宝；开元乾元之字，莫比神踪。将大济于兆民，仍分需于两制。臣等名惭夷甫，才谢鲁褒，实赵震而而荷君恩，探禹穴而难穷圣作。周太公之圜法，自合包羞；欧率更之笔精，从兹扫地。永言感遇，空极就荣，臣等无任。

（六）宋真宗书祥符通宝钱

丁福保《历代古钱图说》引《玉海》云："大中祥符年，赐辅臣新铸御书祥符通宝钱。"冯氏兄弟《金索四》云："祥符者，大中祥符也，钱文不能六字，故曰祥符元宝。"又云："祥符亦有御书者。"祥符通宝有大字、小字二种。大字书法古拙，宽展宏情，直接内外郭；小字书法安详，绵密紧凑，远离内外郭。虽然两者书风小异，钱式两歧。然《玉海》既有赐辅臣御书祥符通钱之语，当包括大字、小字而言，益可见真宗书法艺术造诣，不仅专专一体了。

（七）宋苏轼书元祐通宝钱（略）

（八）宋司马光书元祐通宝钱

《钱币考》云："元祐钱（书法）最工，相传司马温公、苏文忠公诸贤所书。"今世所传元祐钱有行、篆二体，其行书者又有小平、折二二种，此二种钱文，书法丰腴，颇似苏书，而司马氏书者，竟无由确定何者为是了。

（九）宋徽宗书圣宋元宝钱

《吉金所见录》引翁宜泉曰："右行书（圣宋元宝）钱，笔法飘逸，疑即徽宗御书。"

（十）宋徽宗瘦金书崇宁通宝钱

《宋史·食货志》："（崇宁）四年，立钱纲验样法。崇宁监以所铸御书当十钱来上，……诏颁其式于诸路，令赤仄、乌背，书画分明。"张端木《钱录》："宋徽宗钱（崇宁），钱文曰通宝者，行书，道君宸翰也。"金锡鬯《晴韵馆古钱述记》按："史志仅称（崇宁）御书当十钱，而今所见小平，钱文亦无异，其为御书无疑，致足珍也。"崇宁通宝钱，钱文刚健挺拔，俏丽艳冶，笔画虽细，而稳重如山，毫无漂浮之感，即世称瘦金书者。传世既多，人复爱其精美，故得时时可遇。

（十一）宋徽宗隶书崇宁通宝、重宝钱

丁福保《古泉学纲要》按："……（崇宁）大钱有通宝、重宝……通宝为真书，重宝为隶书，皆为徽宗御书。"

（十二）宋徽宗书大观通宝钱

《宋史·食货志》："（大观元年）时，蔡京复相，再主用折十钱。二月，首铸御书当十钱……"《吉金所见录》引《稗史汇编》："淳化中，太宗始以宸翰为之，崇宁、大观盖袭故事也。"《晴韵馆古泉述记》："文（大观）当十钱与小平钱（石父按：折二、折三、折五三种皆有）字体如出一手，皆道君宸翰也。"

（十三）宋徽宗书政和重宝钱

《历代古钱图说》云："政和重宝，亦政和年铸，钱文为徽宗御书。"

（十四）宋徽宗书宣和通宝背陕字钱

《宋史·宗室子淔传》："蔡京铸夹锡钱，民病壅塞。子淔除陕西转运副使，请铸小铁钱以权之，范格以进。徽宗大悦，御书宣和通宝为钱文。"《古泉丛话》云："宣和通宝背有'陕'字铜钱，此钱铁者屡见，铜者一二见而已。"

《书史会要》："徽宗书自号瘦金体，今徽宗各钱，皆瘦金书也。"张可中曰："……至于徽宗之泉，则改元数次，种类尤多。如崇宁、大观、宣和、政和、圣宋等，靡不骨秀神清，令人不忍去手，就中以宣和元宝为最难得，余则每铸一炉，即换一范，行隶楷篆，各体皆备，大半出御笔，千载以下，把玩于明窗净几，宣和之流风余韵，似尚在吾人目前也。"

（十五）蔡京书崇宁重宝钱

《古泉汇考》引《贵耳集》：崇宁钱文，徽宗尝令蔡京书，笔画从省，崇字中以一笔上下相贯，宁字中不从心。周亮工《字触》曰："崇字自山中一笔下，宁字去心。"当时识者谓："京有意破宗（《字触》作'宋'，无心宁国，后乃更之。"翁树培按："蔡京所书之钱，今无存者，当时或未经鼓铸耳。"鲍康《大钱图录》按："（咸丰）大钱字多出名手，……闻初请寿阳相国书之，相国以蔡京曾书崇宁大钱为言，执不可。"亦为京曾书大钱之证。寿阳相国即祁寯藻。

（十六）宋高宗书靖康通宝钱

王荫嘉《泉纬丛谈·绍兴二十七年御书通宝两等钱》："……靖

康（通宝）小平，尤擅秀逸。要皆御笔之佼佼者。惜记载靡详，如杞宋之无征。高宗承徽庙之绪，最称善书。"

（十七）宋高宗书绍兴通宝钱

《泉纬丛谈·绍兴二十七年御书通宝两等钱》云："高宗承徽庙之绪，最称善书。……于是有高宗御书之绍兴通宝两等钱。其铸造之制度，《潜说》及《咸淳临安志》载之綦详。传录如左，用相印证，不独思陵墨妙，又增一类，而御书钱文，更可与太宗、徽宗鼎足而三矣。……高宗善书，绍述祖父，为天水一朝御书钱文之展……大观元年五月高宗生。绍兴二十七年丁丑，则年五十有一。通宝钱为是年所书。较之法书题记岁月，更为有据。"

（十八）金章宗篆书泰和重宝钱

《古欢斋泉说》："金章宗留意书画，铸泰和篆大钱，仿大观钱为之，文制亦皆佳妙，不知即章宗御书否，史无明文，不能断也。"

（十九）金党怀英篆书泰和重宝钱

《金索四》：按《古钱征信录》云："此钱（泰和重宝）……两面皆作大篆，余得此品，止一面有字，亦非大篆。乃玉箸篆，结体茂美，似党怀英笔。"

（二十）元周伯琦书至正之宝权钞大钱

《古泉丛话·至正钱条》（张）叔未云："敝斋有壹钱五分、伍钱二种，此钱之文，相传为周伯琦书。"又（刘）师陆云："叔未所藏至正权钞钱，尚有壹钱一种，岂忘之耶？周伯琦书，其说出自何梦华，叔未云。"

（二十一）清戴熙书咸丰通宝、重宝钱

陈仁涛云："宝泉局小平，相传有戴文节公书者。"钱商每售此钱，必称"戴书咸丰"谓是戴熙所书。王荫嘉曾著《戴书咸丰质疑》一文，以为非出戴手，举理由三点：一、戴居杭，宝泉局在京，相去甚远；二、戴任礼部转兵部，而宝泉局属户部。且其时（咸丰年）戴已致仕；三、戴优游桑梓，宝浙局钱反无其书。然而文章开始即有："独宝泉局钱，有瘦金体者，相传为戴文节公手笔，结体隽逸，最堪欣赏"之语。结尾又有："是钱谓为公书，深得瘦金神髓，传诵士林，至悠且久，当非各谱可比，但究竟出何家记载？有何佐证？俭腹知余，愧未能晓。"知王氏质疑，实有实事求是之愿，但是钱之出诸戴书又无确据。其实传诵士林，至悠且久，适足证其可信，未知王氏以为何如。

（二十二）清田祥书咸丰钱（略）

（二十三）清赵光书咸丰钱

《大钱图录》案："（宝泉局咸丰）大钱文字，多出名手，田吉生户部祥书者不少，余不能尽悉。或云当五百、当千者赵文恪所书。"陈仁涛云："赵文恪为赵光，亦善书，《东华录》咸丰二年八月，兵部左侍郎兼属户部左侍郎兼钱法堂事务，以时代、书法证之，可信也。"

原载《书画研究》第四期

钱范点滴

旧时称做钱范的铸钱模具，从制作工序来分，有一次成型和多次成型的两种。早期的钱范，制作简单，随刻，随铸，随毁，一范只用一次，生产量少，规格不统一。在刀、布、圜金等钱币中，同一铭文的钱币，没有发现完全一致的现象，即可看出铸范的简陋和随铸随毁的情况。

铸币用范，系阴文范（即铸腔），如齐刀之三字刀范，系泥质阴文，直接雕刻而成，只需一道工序。先秦钱范，应该多属这种类型。

随着铸钱技术的提高，钱范质量也相应地得到提高。具体表现在制作程序上：先按钱币要求，制作母型，即阳文范母（或先雕阴文范，再铸阳文范母），用范母可翻制无数阴文泥范，经烘焙干燥后，即可浇铸钱币。由于这种泥范用同一范母翻制，规格统一，可以大批生产，保证质量，是当时的先进技术。如汉代五铢、新莽六泉十布等钱币，多是使用这种铸造技术的产物。

我国研究文物，宋代已极盛行，即金石学，钱币研究，开始更早，可追溯到萧梁时代。那时只限于钱币本身的研究，对铸钱技术，尚无人注意。后来，从金石学角度研究并认识出铸钱模具这种器物的，又为其定名为钱范的学者，朱彝尊（1629—1709）可能是头一位。金石家、钱币学家研究，仍然在钱币和文字上下功夫，并不理会有关工艺技术，这是第一阶段，此时，著录钱范的书，如乾隆年间刻成的《金石契》就曾收录几件钱范，未有刻本的《吉泉汇考》收录钱范在五十件左右，在当时是个可观的数字。至于收藏钱范最多的人，当推潍县陈簠斋为第一。《正续古泉汇》所收，多据陈氏拓本，是收录钱范最多的一部钱谱，可惜摹木刻本，庐山真面只存七八。《陶斋藏砖记》所收五铢泥范母，有西汉纪年多种，为判断五铢年代第一手资料，但摹写失真，仅录文字，而拓本又不多见，不易利用。《古器物范图录》印刷虽精，而钱范不多。《簠斋吉金录》所收，都系拓本影印，不爽毫厘，自是善本，惜非簠斋所藏全貌，美犹有憾。各书皆出金石家之手，又为时代所局限，难免有重文字，而不及铸造工艺之弊。因之，著录伪品亦所常有。至如有人曾说："凡钱范宜收入金石书中，不当收入钱谱，是编亦略收数品者，亦欲存之以明其非是。"他明白表示，钱范"不当收入钱谱"，这个主张，却是少见的态度。

第二阶段，是从铸钱工艺技术方面，来研究铸钱模具和铸造工艺的，这是新中国成立后，才提出的新课题。

从钱币本身，有时可以推断出钱范情况，例如：齐三字刀刀环，都留有余铜痕迹，这种痕迹，正是钱范由浇铸口注铜液，再通过分枝流道流入刀环的痕迹。且三字刀传世极多，所见从环入铜，留有余铜痕迹者，比比皆是，并非孤例单证。临淄出土泥范，每范齐三字刀三柄，浇铸口在刀环一端，分三枝流道各达一刀之环，面背两扇相同。这一情况，恰与所见刀环有余铜痕迹完全吻合。1935 年，南京通济门外，出土一批萧梁五铢叠铸泥范，因而得知铸钱范母与泥范关系，惜当时未作深入研

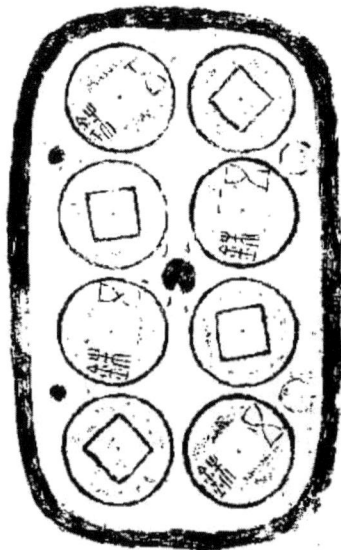

究。所见范母，以北齐常平五铢范母为最晚。隋唐以来，未闻钱范之发现。而世之所谓"铁范铜""试范钱"等等。收藏家视为珍宝者，就其所定之名而论，殆不知其究为何物，仍以一般钱币目之。至于是否流通钱币，盖也不尽明了。其实，亦铸钱模具之一，为印范之母型，其功用一若范母。戴葆庭曾有"盖铁母为铸造铁钱之印母，当非试范"之语，实具卓识。张子高先生在《中国化学史稿》一书中，曾泛论古代铸造技术史，于铸钱技术未加论到。汤文兴先生《我国古代几种货币的铸造》一文①，则系讨论铸钱工艺技术的论文，当是新中国成立以来（第二阶段）铸钱工艺研究的可喜成果之一。

原载《泉币之友》1984 年第 1 期

---

① 见《中原文物》1983 年第二期。

有这样的半两

一、半两钱中的一种

半两钱传世品、出土品数量都极多。经前辈收集整理，见于谱录记载的，为数亦颇不少，其复杂情况，并不亚于五铢钱或开通元宝钱。有一种形制的半两，在前辈谱录中，虽然提供了图像，又具有比较特殊的形制，明显不同于普通半两钱，但没有多少解说，既有解说，也只是个别的，对某个片面所作的解释，并没有集中资料，作系统论述的文章。"有这样的半两"即指这类半两钱而说的。其特征即：一、重好；二、四柱；三、缀文。现拟对它的形制、形成的原因等，作一肤浅推测。还望同志诸君，惠予指正。

二、形制介绍

（一）重好：在圆钱中，先秦则有燕国明化、一化，齐国赒六化、赒四化、赒化等，是流行于中原刀币行用区的圆钱。这两国钱，传世尚多，时代接近。重好现象，只能出现在方孔圆钱中。圜金，因系圆孔，不可能出现这种现象。先秦实例，则有一化钱（图1①）。至于半两钱中，所见颇多(图2、图3)。翁树培《古泉汇考》云："孔

图1　　　　　　　图2　　　　　　　图3

内似作菱花，好方而内复有方孔作◇也。……半两有菱花孔者，是圆钱中之孔，菱花最在前者矣。"李佐贤《古泉汇·利一》第十页"半两"条："亦厚重，属秦钱。一面有重好，外正内斜（图2）。"宋洪遵《泉志》卷十五："右辟兵钱（图4）。旧谱曰：'径八分，重三铢。'"背面皆有周郭，又有两重，于方穿之中，复更有小穿，邪正安之，疑若八角然。其文一面曰：去殃除凶；一面曰：辟兵莫当，皆篆字。其间有八柱，郭外仍有小柄"。就文字叙述，结合传世同类器物，可知所谓辟兵钱实系有鼻小铜牌。读洪氏对穿孔之描述，及刊本图像，可知就是重好。然而，既未定专名，亦未作解释，实为最早之著录，至李佐贤时，始有重好之名。方若对此又称重穿。《言钱

图4　　　　　　　图5

补录·说六》，《记载之刻似幼妙半两钱》（图5）条："但半两上下有文，必重穿作内斜角，不然，即就凸肉一种伪者。《古泉汇》之明月半两是已。"又称斜孔，见《古泉汇·利二》第九页背"半两"条："三、斜孔"（图3）。斜孔命名，盖据穿孔透背而言。与翁氏菱花孔之名，实为一事异名。古人随事定名，是在各自理解、认识下分别命名的，即使系一人命名，亦难免有前后不一的现象出现，而所指

① 彭赞《一刀（化）版别初探》图8，见《沈阳青年钱币通讯》第四期。

21

第一辑 钱币研究

实为一事，遂使术语先后歧出，零乱纷纭。

翁氏名之为菱花孔，而菱花孔一辞，在后世钱文术语中，亦曾用之，且文字相同，而所指确非一事。翁氏所指菱花孔，有图作◇形，确与后世菱花孔之作 形者有别。

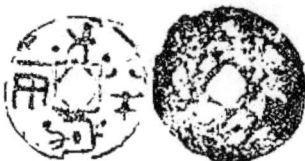

图6

（二）四柱：袁寒云曰："半两泉，重好，面四柱文，上下横列太常二字，从未见于载籍，奇品而又孤品也（图6）。"此半两钱，上下缀有"太常"二字，向左，重好，四柱在四隅。四柱一辞，与后世钱文术语之四柱，文字全同，而所指有别。前者部位固定，必在四隅；后者不拘所在，足四之数即称四柱。

（三）缀文：如前述太常半两之太常二字，即为缀文实例。方若《古化杂咏》称为缀文，"缀文半两不重穿"。这是咏半两面胡羽公钱之句。大概就是以缀文半两来称穿上下，或穿下缀文字半两之始，注文说："钱品既正，铸工独精，当是样钱，不能与重穿者或缀地名、人名视为同类也。""当是样钱"一语，虽不必准确，但可见缀文半两不一定兼具重好、四柱等特征。至于穿上下缀半两二字者，已另有命名，称复书半两或重文半两，与此有别外，对于穿上下缀有 二字之伪品，以及其他出现在穿上下的文字、号码、符号等，都无专名，亦不称为缀文半两。

以上三种形制，在半两钱上，不论个别或同时出现，多以穿上下缀有成语、人名为特征，自是别成系列的半两钱形制。

（四）见于记载的缀文半两：①臣赣半两，吴我鸥旧藏。臣赣二字金扣。②陇西半两，乔结侨旧藏。疑伪。③太初半两，许桂林旧藏，疑伪。④戚堰半两，陈介祺旧藏（图5、图7）。⑤日千半两，周仲芬旧藏（图12）。⑥上问半两，陶心如藏。⑦长母半两，张齐斋藏。⑧长相思半两，王荫嘉藏。⑨日入千金半两，陈仁涛藏。⑩日入半两，陈仁涛藏。⑪如言半两，戴葆庭藏（图8）。

图7   图8   图9

三、重好产生原因的推测

重好现象，在先秦圆钱中，就上举燕国一化钱而论，自是燕国钱币中最晚出的一种，又是最新的形制，远胜旧时刀币、布币，颇为先进，是最便行用的形制。亦是方孔圆钱出现最早的例子。与之年代相仿的，尚有齐国赒化等三品。两者的断代及渊源关系，或者说继承关系，目前尚无明确判断，孰先孰后，不易区分。但两者时代极为接近，则可肯定。在齐国圆钱中，未见重好例，故不加论列。在半两钱中，则颇有所见，然多已晚至汉武帝年间。

重好这种形制，从钱体所反映现象观察，可能在制范过程中，因其穿孔即刻成阶梯形状，钱好分别出现在两个层面上，为一正一斜。铸成铜钱，穿孔就呈现阶梯状，钱好在两个层面上，也是一正一斜，且仅斜孔穿透，故在面与背所呈现的是不同图形。这可取与蛇目半两生成的原因相类比。后世菱花孔，与之不同，已见上文。其产生原因，大约由隋唐以来，铸钱工艺大有改进，已采用翻砂法，逐步废止硬型范铸钱工艺。同时，对穿内毛茬，则采用第二次加工，加以清除。所用工具，为与好郭相同的方凿，猛力击凿，以达到除毛茬的目的。偶遇方凿与好孔不吻合时，即出现菱花孔。[①]

第
一
辑
　
钱
币
研
究

---

① 此种现象，于五铢钱中也有所见。但五铢好孔极少毛茬、无清除毛茬必要，故不做第二次加工，似乎不应有菱花孔的现象。但传世品中确有这种现象。经观察认为，不是铸成后随即进行第二次加工，而是若干年后，为取铜而做再加工，与铸钱工艺无涉。

23

四、四柱系装饰性纹饰

图 10

钱文之四柱，实即古之乳丁，起源于商周铜器。汉代器物中，也属常见。如铜镜即以乳丁作装饰；早期千秋万岁瓦文，因笔画多少悬殊，在笔画稀疏处，也有用乳丁充实之例。1977 年，山东巨野西汉墓中，曾出土辟兵莫当钱一枚①（图 10），钱体博大，异于常钱，重好，四柱，与有鼻小铜牌完全一样，只少一鼻为异。报告断代为西汉武帝时物，在描述中也称"由四乳丁间隔"可见四柱当属装饰性纹饰。

五、缀文半两的来历

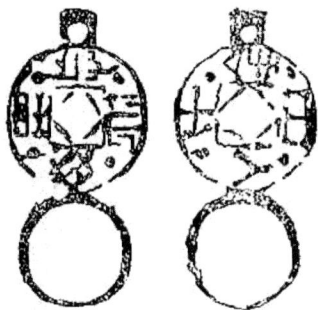
图 11

传世有鼻小铜牌（图 4、图 11、图12、图 13），上方带鼻，形似钱币，实非钱币，下方或有环，或有柄，面文为辟兵莫当，背文为除凶去殃。宋时《泉志》即有著录。（引文见上，《泉志》卷十五一段）知宋时已发现此牌。因其形制似钱，故《泉志》著录于压胜品中，而于断代无说，揆其用途，本与钱币无关，以其形制不及当时行用钱更便于流通。进而就其文曰辟兵莫当、除凶去殃等内容分析，可知与争战有关。又有小鼻可以佩带，是否即为出征士兵随身佩带之饰物，用以祈求避兵、去殃的。这一推想，虽然还需要更多证据来说明它，但在器物本身所得到的解释，确是颇有道理的。

① 《巨野红土山西汉墓》，见《考古学报》1983 年第 4 期，钱径 7.4 厘米。

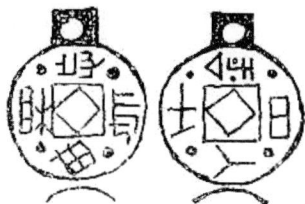

图 12   图 13

　　从传世缀文半两，如上举图5—11等例的内容看，都是属于成语的。又多是成语中部分文字的残留。这类现象，在汉镜铭文中，是屡见不鲜的。而文字不全的镜铭，又是因承袭旧镜铭才产生的，只是没有铸齐全文罢了。据此，可知全文者应早于不全者。缀文半两钱成语之残缺不全，应与镜铭承袭旧文是同一现象，进而加以推敲，不难发现其因袭的痕迹。如成语日入千金，既见于有鼻小铜牌，亦见于缀文半两，不过缀文半两的文字多有缺略。若把它缀入半两钱时，半两二字已占去左右二字地位，只有上下可按原部位缀入，即"日千"二字，而"入金"二字，则因已有半两二字，而被排斥，于是形成日千半两。另一种情况，就半两钱文，缀入成语日入千金时，因半两已占去左右二字地位，依成语顺序，只能缀入前二字——日入，而千金则被排斥而不得缀入，形成日入半两。可见有鼻小铜牌，对缀文半两有极大影响，又承袭了以四柱为装饰性纹饰，是有鼻小铜牌发生应当在先。有鼻小铜牌之重好，有可能受燕国一化钱及半两钱的影响，则有鼻小铜牌的发生，又似在后。看来时间上是有矛盾的。但这并不一定是事实，因为在两者形成过程中，时间极为短促，大约在武帝时期内，不可能有相当长的发展过程，而交互影响、彼此渗透，则是完全可以同时进行的。

原载《陕西金融·半两钱研究专辑》
1988 年第 10 辑

唐宋君臣之钱文书法

"宋皇字体纪淳化，唐臣词翰征开元。"乃咏帝王、名臣手书钱文之诗句，以见世人对钱文书法之爱重。既出于崇敬其人，大概更爱其书法；至于奸臣所书，则为人所不齿。向之讲谈书法者，汉魏名碑，唐宋遗刻，多有评论。若论篆书，必称《石鼓文》《琅琊台刻石》，逊及宋郑文宝摹本《峄山碑》，皆为世重；若论隶书，则称《史晨》《曹全》，为数至多，不胜枚举。至于唐宋八家皆以书法有名于世。传世钱文之精美者固多，而文字过少，不便临习，难为范本明甚。前代丰碑，文长字多，焉有弃其多，而取其少之理？是故，每述师法，便曰篆学李斯，隶临《史晨》，未有举临习"开通元宝"、宋太宗三体钱相标榜者，关键盖亦在此。

然而，钱文书法，既爱其美，不嫌字少。自不同于选择习书范本，以字数多少为取舍者可比。若文字神韵完足，点画优美，便可供欣赏，不问其余。例如：崇宁通宝，文字秀美，如簪花少女，致足爱也。蒋伯埙先生，本充古泉之好，一日在徐州肆上，见崇宁御书钱，笔姿劲秀，一见生爱，遂购之。可见文字精美者，易为人所爱玩、珍藏。

唐高祖武德四年，废五铢，行新钱，命欧阳询制词并书丹，事既载诸史册，又著明书者姓名，足证此事非微末琐事可知。实为古钱史上第一重要大事，为钱文记书人姓名之始。今就可考者，分列于次：

一、唐欧阳询书开通元宝（图1）

《旧唐书·食货志》："开元钱之文，欧阳询制词，其字含八分及隶体。"此乃从来史书独一无二之记载，弥足珍贵。欧阳生当隋唐之际，书法承六朝之余绪，开唐人楷法之矩镬，所书隶楷各碑，皆

图1

有传世，影响最深者，当推《九成宫醴泉铭》，却是楷书，结体端庄，用笔娴雅。隶书"开通元宝"，布局稳重，笔意自然，树后世隶书钱文楷模，不但华夏钱文，绍其衣钵，流风所被，远及日本，如"和同开珍""神功开宝"继之于异域。论其钱、评其书，无论钱币史、书法史皆堪称珍品，切勿以其传世众多而轻视之。

二、宋太宗御书淳化元宝（图2）、至道元宝（图3）

《宋史·食货志》："淳化改元，太宗亲书淳化元宝，作真、行、草三体。"宋赵令畤《侯鲭录》："前世钱文，未有草书者，淳化中，太宗始以宸翰为之。既成，以赐近臣。"又引出以赐近臣故事，且多有记载。宋王禹偁谪商于（今河南淅川县西），

图2

有诗云："谪官无俸突无烟，唯拥琴书尽日眠，还有一般胜赵壹，囊中尚储御书钱。"又如《谢御书三体字样钱表》，"臣等伏蒙圣慈，赐御书三体字样御书钱各一贯文者。五铢新样，货泉将布于人间；三体成文，笔札互彰于天纵。"据此可知：一、皇

图3

帝赐御书钱文，旷古所未有，受赐者引为殊荣，宝爱逾常；二、太宗能作三体书，可见功力之深。至如淳化五年命王著摹刻《淳化阁帖》事，适足说明太宗擅长书法。

传世"至道元宝"亦为三体书，至道亦为太宗年号，与淳化三体钱相同，虽史无明文，验其笔迹，必出太宗御笔，则无可疑。

三、宋真宗御书祥符元宝（图4）

宋王应麟《玉海》："祥符元年六月癸巳，赐辅

图4

27

臣新铸御书祥符元宝钱。"清翁树培云："培尝见大中祥符四年御书《龙门铭》及大中祥符元年《登泰山谢天书》《述圣功德铭》，字颇相似，其元年'元'字起画，正作二点，次画亦连下作行体，益可证也。"真宗御书"祥符元宝"事，史书虽无记载，借《玉海》及翁氏所举御书《龙门铭》等之比较，尽可信而无疑。

四、宋徽宗御书崇宁通宝、大观通宝（图5）、宣和通宝背陕字钱（图6）

图5

图6

《宋史·食货志》："崇宁四年，立钱纲验样法。崇宁监以所铸御书当十钱来上，缗用铜九斤七两有奇，铅半之，锡居三之一。诏颁其式于诸路，令赤仄、乌背，书画分明。"《文献通考》："崇宁铸御书当十钱"，可证徽宗有御书崇宁大钱事。清金锡鬯《晴韵馆古钱述记》："按史志仅称（崇宁）御书当十钱，而今所见小平钱文亦无异，其为御书无疑，致足珍也。"崇宁御书钱，传世确有大小两种，金说是也。钱文瘦劲，俏丽艳冶，稳重如山，绝无飘浮之感，即世称瘦金书者。传世既多，又为人所喜爱。吾家旧储先君所集徽宗御书钱中，尚存鎏金崇宁一枚。

《宋史·食货志》："时（大观元年）蔡京复相，再立用折十钱。二月，首铸御书折十钱。"清金锡鬯《晴韵馆古泉述记》："又（大观）当十钱与小平钱，字体如出一手，皆道君宸翰也。"今所见大观通宝，除当十、小平外，尚有折二、折三、折五三种，与当十、小平书法相同，必出徽宗御笔无疑，然皆难遇。先人皆曾收得。

《宋史·宗室子淔传》："蔡京铸夹锡钱，民病壅塞。子淔除陕西转运使，请铸小铁钱以权之，范格以进。徽宗大悦，御书'宣和通宝'为钱文。"清戴熙《古泉丛话》："宣和通宝背有陕字铜钱，此钱者屡见，铜者一二见而已。"

五、宋臣书钱文

1. 苏轼书元祐通宝（图 7）

由于文献无征，虽擅书名臣，亦难于确定。然其钱流传既多，据其书体，验之遗翰，可以比较而得者，亦寥寥无几。清佚名著《钱币考》："元祐钱最工，相传司马温公、苏文忠公诸贤所书。"今世所传元祐通宝有篆、行二体，行书者又有小平、折

图 7

二两种，书法丰腴，极具苏书风范。先是神宗时，苏轼因反对新法被贬。哲宗改元元祐，被起用，委以重任。时哲宗八岁，不能御书钱文。而苏轼适任翰林学士知制诰，从时间、人事、书风等分析，元祐通宝行书一种，为苏书可信。

2. 蔡京书崇宁重宝

宣和七年十二月，金兵逼开封，徽宗仓皇传位于钦宗。陈东率太学生伏阙上书，请诛蔡京等"六贼"以谢天下，可见蔡京之丑行。

《永乐大典·宋史》："（崇宁）二年，又铸崇宁重宝钱，其文隶书，皆蔡元长（蔡京）所写，笔画从省，'崇'字以一直上下相贯，'宁'字中不从'心'，当时谓其'有意破宗，无心宁国'乃更之。"宋张端义《贵耳集》："崇宁（重宝）钱上字，蔡京书。'崇'字自'山'字作一笔下，'宁'字去'心'。当时有云：'有意破宗，无心宁国。'"清翁树培按："蔡京所书之钱，今无存者，当时或未经鼓铸耳。"

原载《天津文史》1995 年第 1 期（总 17 期）

第一辑 钱币研究

钱范研究的回顾

硬型范在铸钱工艺史上，是不可缺少的工具。由于铸钱工艺的逐步改进，其前段即以硬型范为主，后段才改为翻砂。由硬型范留传品的数量，可知汉代多，后来渐少。尤应注意的是：至隋唐而突然绝迹，根据这个事实来推断，其更迭时间，当在隋或更早。现将中华人民共和国成立前情况，就手头资料，略事梳理，写成本文。疏陋、错误在所不免，尚望关心这一问题的同志惠予指正。

一、命名

在古钱学中，钱范研究是后起之秀，为时甚晚。康熙四十六年（1701 年），朱彝尊在马思赞案头，看到大泉五十铜范母，归而作《跋新莽钱范文》及《新莽钱范铭》，后收入所著《曝书亭集》中。《跋》云："若夫钱范，窃疑排纂谱录、图志诸家，或未之见也。岁在丁亥（康熙四十六年）夏，观于衍斋（马寒中号）上舍小葫芦山书屋。范形正方，中央轮郭四，其二有文，曰：'大泉五十。'遍体青绿，诗家所云活碧，庶几近之。上舍得之石门吕编修葆中案头。古铜器虽多，当以此居第一矣！"

乾隆《钦定钱录》莽钱范条云："前此图志，俱未收录，唯我朝秀水朱彝尊《曝书亭集》有之。"可见朱氏是认出钱范并予命名的第一人。从此，这种器物就叫"钱范"了。段玉裁《说文解字注》云："范，法也，从竹，氾声。"玄应曰："以土曰型，以金曰镕，以木曰模，以竹曰范。"以上四种异名，实是一物，因用材不同而有别。有人据此提出不应叫范，而应叫镕，理由仿佛十足，实也只是单一材质，并不适用于其他材质。反不如仍用钱范之名，因它已使用二百余年，久为人所接受了。

二、收集

古钱研究是以实物为依据的。钱范研究，自然也当如此，从收集入手。但收集本非最终目的，不过借它来积累资料，所以，要了解它的过去。

当朱氏写出《跋新莽钱范文》并命名为钱范后，曾引起金石家的注意和重视，在时间上，虽不那么紧凑，但是盛况空前。譬如，翁树培《古泉汇考》，著录钱范竟达四十九枚之多，是当时惊人数字！翁氏的著录，大体可以代表那时的一般情况。通过综合分析，制成甲乙二表（表附后）。据甲表，可知著录钱范种类，包括面较广泛。由乙表统计，知与钱范研究相关者五十二家。这些数据，只是翁氏接触范围中的人和物，并不是当时的全部。其中，收藏数量在两件以上的情况，说明学者留心资料的收集，有助于深入研究的开展。

表甲　著录钱范分类统计表

种类	大布	五铢	五朱	大泉	小泉	布泉	货布	货泉	半两	总计
件数	3	8	2	14	1	1	2	16	2	49

表乙　收藏家、收藏件数、相关人统计表

收藏者数			收藏两件以上者数			题识涉及相关人数	人数总计
官家	私人	共计	二枚	三枚	四枚		
1	32	33	4	1	4	19	52

各收藏家收集钱范情况，就目前所知，主要有：

（1）早期收藏最多的，当推童钰。据倪模《古今钱略》记载，所藏铜范达十六枚之多。

（2）土范、石范、砖范的不断出土，收藏家多兼收并蓄，像刘喜海就藏有各种材质的范。据鲍康《观古阁泉说》记载，藏有二十余枚。王献唐先生说，其实尚多。

（3）叶志诜所藏，有铜质、石质数种。

（4）收藏最为宏富的，还是陈介祺，所藏以土、石、砖质三种为多。仅铜范，据其手写本《簠斋藏古目》所载，为八十四枚，已较《簠斋吉金录》之六十六枚，多出十八枚，仍非全数。《续泉汇》所说，陈氏藏范一百二十枚，悉补载的话，亦不全。临淄出土土范，多归陈氏，故有千化范室之称，可见其数量之多，为同时收藏家所不及。

（5）西安出土五铢陶母范，多有纪年、年月，端方收集极多，后辑入《陶斋藏砖记》中，是五铢研究的第一手资料。晚近收藏钱范者，大致皆为古泉名家，如陈仁涛、郑家相、罗伯昭等先生及方若。除方若藏品，早已没收外，中华人民共和国成立后大部捐献国家，现为中国历史博物馆收藏。

三、著录

在收藏家藏品的基础上，学者收集加以著录，使分散资料，得以集中，有助于研究利用。有的作者，还写出解释，印书行世，嘉惠学林。乾嘉以来，有的已编辑成书。鲍康说："泉范之著录也，《曝书亭集》始也。"可见著录是从朱氏开端。继起者，如赵一清《续泉志序》，讲到货泉范，是乾隆元年的事，去朱氏又度过了三十春秋。依时为序，略作排比，以见著录源流。

（1）钱塘赵一清：《续泉志序》乾隆元年。

（2）乾隆敕编：《钦定钱录》，乾隆十五年。

（3）海盐张燕昌：《金石契》，乾隆四十三年。

（4）大兴翁树培：《古泉汇考》，乾隆五十一年。

（5）嘉定钱坫：《十六长乐堂古器款识》，嘉庆元年。

（6）望江倪模：《古今钱略》，道光元年。

（7）利津李佐贤：《古泉汇》，咸丰九年。

（8）潍县陈介祺：《簠斋吉金录》，拓本在先，出版在后。

（9）歙县鲍康等：《续泉汇》，光绪元年。

（10）浭阳端方：《陶斋藏砖记》，宣统三年。

（11）上虞罗振玉：《古器物范图录》，民国五年。

（12）庐江刘体智：《小校经阁金文》，同时金石书，多著录钱范，不复备举。

（13）无锡丁福保：《古钱大辞典》，民国二十八年。

（14）日照王献唐：《中国古代货币通考》。民国三十五年。

以上成书早著录多的，当推翁氏。共收录四十九枚。除自藏二枚外，都是集各家所藏，可见致力之勤。由著录数量变化，约略可以看出，缓慢增多。最多者当推《古泉汇》《续泉汇》二书，先后著录件数为，一百十四枚和一百另七枚，合计二百二十一枚。可惜木刻不精，失真是最大遗憾！印工精，不失真的，先有《古器物范图录》，后有《簠斋吉金录》。前书汇集各种器物范，钱范太少；后书系陈氏一家收藏，虽有六十七枚之多，但只系其藏器一小部分。至于汇集钱范的专著，中华人民共和国成立前未有所闻，中华人民共和国成立四十年来，亦不知有人从事收集整理否，是钱范研究中一大缺陷。

四、研究

钱范的研究，起初还只限于文字的研究，像朱彝尊的《跋文》，除命名为钱范外，只对器形作了描述，另加"当以此居第一矣"的赞叹，并没涉及它的用法。四十多年后，《钦定钱录》的编者，才对钱范用法作出解释，这是现在掌握资料中最早的一例。此后一百多年间，从事研究的人并不多见，又是间断的。

《钦定钱录》的解释，是据四十二年前，朱氏所见的那件，观察研究作出的。《古泉汇考》大泉五十范一条按语说："《金石契》所载大泉范，即《西清古鉴·钱录》所载范也。"张范堂（张燕昌字）云："即竹垞（朱彝尊号）所跋，见于衍斋（马寒中号）者也。"

汪如渊曰："家君见此范。后归裴文达公（裴曰修谥号），旋入内府，即竹垞所跋者也。"引文历述这四十年间，此范流传经过，最后归清内府。《钦定钱录》才有可能据它作出解释："范金必须合土，置范于此，抟土印范上，复之，则钱函方圆，皆为凹文，然后煎铜液浇其上，则钱为凸文，而钱文以成，故谓之范。"解释是对铜范母说的，大体正确，细节没讲。当时只知有阳文范，尚不知有阴文范。又过三十六年之后，翁氏又作出极为详实的解释："钱范之制，就今所见者谛审之，中大圆凸星如钮者，钮外或四出或六出，如枝之接花者，每出必连一钱也。其左右上下又有小星，或长或圆或尖，凸凹牝牡相间。然其凸凹之高深，不过分许耳。当中大孔独高，与四遥之高相等。用思譬有范二于此，两范相合，则此面当彼背，此牝当彼牡，此凸当彼凹矣。中钮既与边平，则两范相合处，两边相对，两钮相对，间不容发矣。然其内之小凸凹，其高深不及分许，虽相值，而仍不能相合也。于是先以蜡剂和匀，或用白芨水和黄土，置于此范之上，而以彼范合之。候蜡干解视，则钱文正者反，凸者凹矣。两钮相对处，则成透孔圆孔矣。外六出四出了凸文，亦成凹文矣。于是置此铜范不用，而用此蜡模矣。然使仅此一蜡模也，尚不可铸钱。盖一模虽具两面，而每面之钱，只算半面，而无背面以合之也。固思此模也，其左右上下之小牝牡处，亦既牝成牡，凸成凹矣。当蜡模之就范也，则有外边以限之，中钮以穿之。迨蜡模解下，则中为透孔，上下左右，更无外边，全赖此小牝牡凸凹为之对简合缝矣。故必需再印一蜡模，与此蜡模相合。则小牝牡凸凹处，相合适均，而无欹侧之虞。其中大钮相对，则仍一透孔也。其四出六出相合，皆成凹文，而中空矣。其钱之背面相对，亦中空矣。如此之蜡模，印出者不知凡几。率皆两两比附，迭相配合。叠至数十模，而其中穿孔之透空如故也。其四出六出中空者，直达于钱，乃以铜汁，自中穿孔灌入，而钱成矣。"对这段印制子范的过程，王献唐先生称赞说："当时未睹实物（指叠铸泥范），冥心孤往，而符验若此！"

六十余年后，鲍康于道光二十九年著《泉范说》三则。看作是当时钱范研究之总结，亦不为过。他说："余尝于骨董肆见五铢阴文范，平列二十余泉，其制如版，下足旁柄。询之肆人云：'铜汁遇冷则缩，初无融合之理，数铸后，范必热，以水沃之，冷则又可更铸。'虽所见皆只面文，度必有作背文者。大抵阳文之范，不过数泉，且模蜡合土，其势也劳，阴文之范，每多至数十泉，一铸即成，其势也易。人事日趋于简易，有不舍难就易者乎？"时张廷济、戴熙初见阴文钱范，《古录丛话》载他二人故事一则："张解元廷济叔未先生，好蓄古泉范，余家所未有也。顾余在京师，曾得大泉五十泉范残铜一块。先是工碎之，以铸他器，好事者留一角，售予。予名之曰'焦尾'，其文则阴文也。乙岁之秋，持示叔翁，一见大诧曰：'余藏十余范，未有阴文者，此必范母也。否则大泉五十固自有阴文泉。若镕铜入范，则范销矣！假若不销，古人又焉用阳文范范土以范铜哉？'阴文大泉五十，吴我鸥实有一枚。阴文范余曾两见，一五铢，一半两，其形为版，下足旁柄，似非范母。且五铢、半两以未见阴文者。是物也，可以聚讼。"鲍氏之说，正好解决张、戴二人的怀疑。又说："古者铸泉必以铜为范；而燕庭之宝（赙）六化范，余之四铢半两范，则以石；寿卿之大泉五十范，则以铁；秦中近出五铢范，及契刀，大布诸范，则以泥。"这是他总结所见不同质材，为前所未有者。对秦中出土纪年范母，予以极高评价。他说："有款识者，确非伪造，字亦阳文而反书之。其纪年乃元康、神爵诸字。然则，此种五铢，当为汉宣帝时物，虽书阙无征，未始非考古者之一助矣。"

鲍氏在当时，是钱范研究领先人物。而时人之模糊认识，也是存在的。除前述张、戴二人外，冯云鹏兄弟则以阳文范为钱式，为小洗、为范镜，还有吴云也附和此说。并不奇怪，独李佐贤与鲍氏交谊极深，不能不知鲍氏之说，不能不读翁氏之说。竟于《古泉汇》齐刀铜范条云："今观此品，外高中下，圆柱之高与外缘齐，铸钱之法，当以蜡合土，置于范上，印成范式，则凸者变凹，凹者变凸。遂置铜范不用，而将印出之土范从中线剖分为二，一正一背，复对合为一，则泉之面背已成。而虑其参差不齐也，则有近边凸起之丁与凹处，如合符节，两两绾定，则钱之面背自正而不斜，土范既剖，则圆柱各分其半，变为空窍，从空窍灌入铜汁，顺其分枝之路，可达于中空之泉形，候铜汁既冷，剖去土范，剪断分枝入铜处，而泉成矣。凡阳文范用法皆同，记于此，以例其余。"

王献唐先生认为："细验殊不合理，未足信据。李氏曾见翁书，反别为剖分之说，诚不可解矣！"此后长期中，除刊布资料外，似无从事研究之学者。丁福保、罗伯昭等先生，于民国二十八年，在上海成立上海泉币学社，公推丁先生为会长。出版《泉币》杂志。南北泉家，纷纷入会，成为全国钱币研究中心，《泉币》则成为全国唯一讨论园地，盛极一时。丁先生著《古钱大辞典》，也于这年出版。上编第四〇三页有云："凡钱范，宜收入金石书中，旧谱不察，误入钱谱。今略载数品，以明其非是。"丁先生的主张，不仅见于自著中，对《泉币》的选稿也有反映。在三十二期中，除郑家相先生在《五铢研究》中涉及纪年陶范母外，不曾刊登过钱范研究的文章。只这一点，已足以说明这种主张的影响了。然而，就在这时，潜心研究钱范的人，确实存在。王献唐先生即其之一人。民国三十五年，《中国古代货币通考》脱稿。其中有详细研究钱范的篇章，是比较深入的。但白玉微瑕也未能免。先生出于对同乡先辈的崇敬与信赖，对刘喜海、陈介祺二人旧藏的齐三字刀铜范母①，本是赝品，亦信而不疑。从而得出齐国是叠铸范的创始国家的错误论断，是十分遗憾的。

原载《陕西金融》1989 年第 11 辑

---

① 王献唐先生《通考》所论钱范，大部可信，也有难以置信的，尤其是先秦之刀或布范。传世两件齐刀铜母之所以不可信，一、器过深；二、互换性差；三、与传世三字刀由环入铜事实不符。庐氏空首布石范，已由徐达元同志考证，认为系出伪作。吴大澂得自西安各布范，就其出土地望讲，并非布币行用区产地。真伪可知。有关辨伪问题，另有专文讨论，兹不复赘。

爱的信物罗汉钱

　　赵树理的小说《登记》，为广大人民所喜爱，后改编为《罗汉钱》剧本，热闹一时。其中女主人公小飞娥因情人赠罗汉钱而招致丈夫张木匠痛打，这是印象最为深刻的一幕。罗汉钱成为象征自主婚姻的信物，表达爱情的纪念品，因而受到广大群众的喜爱和珍惜。罗汉钱的广泛流传，引起人们研究兴趣。如罗汉钱的起源、罗汉钱含有黄金、以及可以驱凶避邪的说法等，引出不少讨论的文章。其焦点集中在什么是罗汉钱，也就是寻求罗汉钱的"源"。

　　传说大体有三种：一是康熙六十寿诞铸的万寿钱；一是年羹尧西征缺饷，就地用罗汉熔铸的钱；一是在罗汉身躯中发现的康熙钱。

　　罗汉钱即万寿钱说，举出三枚古钱作为证物，以说明罗汉钱的来历。一是康熙通宝大钱，背文圣寿万安。介绍者说，这枚大钱原流传在苏州民间，特在此提供给广大泉友。又说：此钱面文康熙通宝，背文圣寿万安，书法苍劲有力。旧谱均未见刊录，由背文可推知是为康熙帝祝寿而铸。二是康熙重宝。介绍者说，是从马定祥先生收藏的拓片中看到的康熙重宝钱。为罗汉钱的真实由来找到较可靠的依据。又说康熙重宝是康熙六十寿辰时铸的"开炉钱"，我们把它与罗汉钱作了反复比较，证实两种钱的书法笔画特征完全一致。三是康熙通宝小平钱。介绍者说，被称为罗汉钱的是专指一种康熙通宝的小铜钱而言。其实它是专为康熙帝六十寿辰而铸的一种钱币。

以上三种都与康熙帝有关，与其六十寿诞有关，但都没说出哪种康熙钱是罗汉钱的证据。

罗汉钱为年羹尧所铸说，来源于北京王连洲所著《谁来说清罗汉钱》。

罗汉钱出身躯中说法来源于杭州西湖灵隐寺知客僧朗悟。朗悟好金石，嗜古钱，好客健谈，卢沟桥事变前后在世。介绍者说，马定祥在杭州邂逅朗悟。得罗汉钱之秘奥。说清道光年间，杭州重修净慈寺，庙内和尚忽在罗汉躯体内发现一大串崭新的铜钱，全是万寿钱，是康雍年间施主布施的钱，即康熙通宝小平钱。寺僧便借此机会大事渲染，说身佩此钱有罗汉保佑，可以延年益寿，驱邪避祸，大受善男信女的喜爱，纷纷布施，以换取此钱，于是称为"罗汉钱"。虽指明是康熙通宝小平，排除了两枚大钱，问题范围缩小了，但此事发生在道光年间，而不是康熙年间，显然是后人为万寿钱取的新名，并不能说明是康熙小平钱本名，依然未能解决它的"源"的问题。

戏剧《罗汉钱》是用罗汉钱起画龙点睛的作用，至于是否以康熙万寿钱却与剧情无关。但从传统认识来说应该是指康熙小平钱。本来罗汉是佛教词语，是修行成果之一，佛教教义出家要作苦行僧，要禁欲。所以罗汉与爱情是搭不上边的。在人们心中罗汉钱虽成为爱的信物，问其究竟，也无法说清。

在溯源问题上，实在难于说清的时候，不如回来讲罗汉钱的实物，现公认康熙通宝是罗汉钱，我们姑且同意此说。但康熙通宝钱有许多不同版别，是用多种模子铸出的。大体有两种，差异在于"熙"字写法上。写法作"熙"的数量虽多，但不被后人称作罗汉钱。此外罗汉钱确还有与众不同之处。清唐西源说：右康熙通宝钱一品，"熙"字作"熙"，背满文"宝泉"二字。西源按：此品铜色颇佳，世谓之罗汉钱，俗甚爱重，往往挑取用以打造成器，明亮有宝色，故流传至今甚少。唐西源之说载在清咸丰三年刻本《制钱通考》一书中，是现知罗汉钱的最早记录。其中"俗甚爱重"，只举了用以打造成器一种事实，实际在这一百多年中反映爱重的事例很多。如舍不得花掉，留作女儿出嫁压箱底用，作压岁钱、打戒指当结婚信物，山西农村爱俏小伙衔在嘴里，如同镶金牙一样时兴，直到中华人民共和国成立初期偏僻处还有流行。

罗汉钱内含金说，从实物观察，有黄金色，这可能正是被人爱重的原因。王连洲曾委托中国造币公司，对罗汉钱作光谱定性分析，结果表明完全不含金，主要由铜、锌组成，其余是铅、铁和微量锡、铋等。因为罗汉钱不含金，熔金罗汉之说不能成立。

原载《天津文史》1992 年第 1 期（总 13 期）

武德钱文制词的考察

唐武德间新铸钱币究竟读作"开元通宝"还是"开通元宝",历来有不同说法。笔者认为,应读作"开通元宝"。从历史背景看,当时创制新钱,其意不在纪念新纪元,而是结束钱币混乱状况;从历史上看,开通元宝的含意与战国以来直至南北朝时的钱文一脉相通;从后世钱和外国钱看,钱文读法也都是继承唐钱的;从文献记载看,唐人和后人也都认为应该旋读。因此武德钱文应旋读作"开通元宝"。

图1   图2

图3   图4

一、欧阳询制词的记载及读法分歧

武德钱文的制定，史有明文记载。《旧唐书·食货志》：

> 开元（即开通元宝。下同）钱之文，给事中欧阳询制词及书，时称其工。

这条资料所记开通元宝的制词人，是欧阳询。它是钱币史上，最早见于正史的、有关钱文制词人、书写人姓名的记载。虽对欧阳询制定"开通元宝"的细节，只字未提，而对其读法，有说明：

> 其词先上后下，次左后右（左右方向适与今人相反。下同）读之。自上及左回环读之，其义亦通。

这两种不同读法，前者即顺读，后者即旋读。作为历史文物的武德钱，是当时统治者在经济方面施政方针的最有权威的历史见证。在纂史时，对它的不同读法，不同文义，可能导致混乱这一点，是意识不到的。由《旧唐书》的记载，可以知道，武德钱文读法，当时已出现分歧。若据《旧唐书》脱稿时间推断，当不晚于后晋开运二年（945 年）。初铸时如何读法，唐人有无两种读法，史书没有记载。《旧唐书》提出两种读法，只能代表五代时情况。

唯其读法史载早有分歧，后来学者对钱文文义的认识，理解又各有不同，千百年来，或主张旋读，或主张顺读，或认为读法差异，无关紧要；或根本不管与初唐"废五铢，行新钱"有什么关连、对欧阳制词本意有无影响等。所以，读法长期得不到解决。

日本学者倡旋读说，主要依据日本皇朝十二钱。十二钱都是仿唐钱制造的，其中最早的和同开珍，铸于唐景龙二年（708 年），最晚的乾元大宝，铸于后周显德五年（958 年）。因其都是旋读，故而主张应该旋读作开通元宝。

1944年，上海《泉币》杂志上发表文章[①]，力主顺读为是，旋读为非。有云：

> 案钱文应以顺读为正，作开通者不过流俗有此一种读法耳，并非率更制词本来如此也。近来东亚钱志力主旋读，颇足混淆听闻，爰为辨正如左。

作者语气肯定，但并未因此而使主旋读说者放弃自己主张，仍然各是其是，以迄于今。

不同主张，各有不同的论据，本属事理之常，而武德钱文的两种主张，并不是因为各有论据，才有分歧的。两说都是就钱文四字立论的，就钱文论钱文，不谈初唐历史背景，未免失之于孤立、片面，是舍本逐末的方法。

本文试图从钱文发展的历史了解中，认识并理解钱文文义；从唐初历史背景来认识、理解欧阳制词内容。有了这两方面的了解，就可能弄清武德新钱——开通元宝的文义和读法，进而肯定欧阳制词的本旨所在，以就正于专家、学者。

二、历史背景

李渊，仕隋，袭爵为唐国公。隋大业末，于长安立炀帝孙侑为帝，遥尊炀帝为太上皇，自为大丞相，进封唐王。及宇文化及杀炀帝，渊即废隋帝自立，是为唐高祖，建元武德。仍用隋五铢旧钱。四年七月，废五铢，行新钱。《旧唐书·高祖纪》，有如下记载：

> 武德四年秋七月丁卯，废五铢，行开元通宝钱。

---

① 载《泉币杂志》第二十二期，民国三十三年一月版。

这是钱币发展史中一大变革。第一，它革除了行用七百年之久的五铢钱；第二，结束了自战国秦以来，行用半两等纪重钱文的历史。《新唐书·食货志》叙述了当时钱币行用状况：

高祖入长安，民间行线（应作綖）环钱，其制轻小，凡八九万才满半斛。武德四年，铸开元通宝。

图5　　　　　　　　　　　　　图10

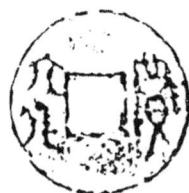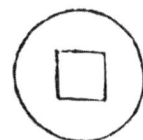

图6

图7

图11

图8

图12

图9　　　　　　　　　　　　图13

宋孔平仲《孔氏杂说》中，有隋末钱币混乱的记载：

> 隋末，钱币滥薄，民间不胜其弊……

《隋书·食货志》所记更详：

> 是时（开皇十八年，598 年），钱益滥恶，乃令有司括天下
> 邸肆见钱，非官铸者，皆毁之，其铜入官。而京师以恶钱贸易，
> 为吏所执，有死者。数年之间，私铸颇息。大业以后，王纲弛
> 紊，巨奸大滑，遂多私铸，钱转薄恶。初，每千犹重二斤，后
> 渐轻至一斤。或剪铁镙、裁皮、糊纸以为钱，相杂用之。货贱
> 物贵，以至于亡。

由此可见，隋末钱币滥恶的情况。唐承隋末钱币混乱之余，采取
"废五铢，行新钱"的决策，正是欧阳询秉承皇帝意旨，为新钱拟定
钱文的历史背景和依据。

三、欧阳词义渊源

为寻求欧阳新钱文义的渊源，首先应回顾我国钱文文义的发展
情况。

钱文的文义，在正史中，是没有只字记载的。由于史书缺乏记
载，不得不通过实物来作了解。不过，这种解释，都是千年之下的
后人的推测，容有理解上的失误。

刀布是我国早期铸币，它由无文字阶段，发展到有文字阶段。
有文字阶段早期文字极为简单，有的文字还不能认识，其文义是很
难肯定的。稍后的文字，多认为是地名、国名和一些尚不能解释的
内容。晚期的铆布，正面纪地并纪单位；三孔布正面纪地，背面纪
重并纪有用意不明的数字。后起的圆形钱币，圆穿的圜（音元，

yuán）金和方穿的圆钱，分别出现在布币和刀币行用区。圜金中的漆垣一釿、圆钱中的賹六化、賹四化，也是面文纪地并纪单位；一化则单纪单位，半两单纪重①，先秦钱币文义，大体如此。秦统一六国，废止各种形态的钱币，而统一于圆钱，钱文一以半两为文，推行于天下。从此，以纪重为钱文，使用长达千年之久，并成为唯一的钱文文义②。其中，单是以五铢为文的纪重钱，就铸行了七百四十年。在这段时间里，虽然出现过非纪重钱文，如王莽和三国吴大帝的纪值钱③，李寿的纪年号钱④，赫连勃勃的纪国号兼纪年号钱⑤等。不过，它们犹如昙花，瞬现即灭。在铸行数量和时间上，也都不能和纪重为文的五铢钱相抗衡。萧梁铸大吉五铢、大富五铢、大通五铢，陈铸太货六铢，北齐铸常平五铢等钱，都是在纪重文义的基础上，增添了以吉语为内容的新结构，这是钱文文义的新变化。北周为了实行减重，改铸大钱，索性抛弃纪重为文的传统，别出心裁，铸了布泉、五行大布、永通万国等三钱，在钱文文义的历史上，是一次重要的改革，又是欧阳制词的蓝本。

李唐的政治、经济、文化等，与北周有继承关系。在钱币文化继承关系上，开通元宝钱的文义，立足于"开通"的意义上来看，正是因袭北周三种钱文的结果，直可视为北周钱文文义的继续和发展。同时，欧阳所处的历史时代，唐室正是为实施施政方针，才命欧阳制定钱文的。这是他不能不采取以"开通"为主的钱文文义的原因。为此，追溯、理解北周钱文文义，是很有必要的。

萧梁铸大吉、大富、大通，北齐铸常平等五铢，陈铸太货六铢，都是打破传统钱文文义所创的新结构。为北周钱文改革，开辟了道路。

---

① 布币和圜金中的几釿，圆钱中的几化等，一说为纪值。
② 纪重圆钱中，以半两为最早。旧系始铸于秦始皇二十六年统一中国后。今据考古资料知始铸于统一之前，并推定为惠文王二年。
③ 有大泉五百、大泉当千、大泉二千、大泉五千。
④ 钱文"汉兴"二字。有直读，横读两种。
⑤ 钱文"大夏真兴"，大夏为国号，真兴为年号，合国号，年号于一钱。

图14

图19

图15

图20

图16

图21

图17

图22

图18

图23

图24

　　北周在十八年中，曾经三次改换钱文。[①] 而这些钱文文义，都反映着统治者的心愿，是件郑重的大事。所以，史书上有明白记录。这虽然是出于主观愿望，标新立异，也不是无源之水的。除上述南朝梁、陈和北齐各种钱文，与之有关外，还可追溯到新莽时代。新

---

　　① 北周在保定元年（561年）铸布泉钱，建德二年（574年）铸五行大布钱，大象元年（579年）铸永通万国钱。三钱的铸行，相距十八年。

莽钱币中的布泉和各种布币的文义，都是流布如泉的意思。至于明白以"通"字入钱文的，则有萧梁的大通五铢。《魏书》又有："太和五铢，乃大魏之通货，不朽之恒模"的话。通货就是流通的钱。这都给北周钱文文义以一定影响，说明北周各钱的文义，是有其根源的。

北周第一种钱文——布泉的文义是流布如泉的意思。要在纪重钱文为主的岁月里，改用以流通为主的钱文——布泉，是因为它是以一当西魏五铢五枚的大钱，实际是减重钱。减重钱在民间使用，是有阻力的，改变文义，便是很大的欺骗。

第二种，五行大布，可分两部分来探讨。先说五行，它是五行说出现以来，常见的词，在医学、天文、地理、音乐等方面，都可找到与它相关联的词意。如《礼纬·稽命征》①："古者以五灵配五方；龙，木也，凤，火也；麟，土也；白虎，金也；神龟，水也。"《史记·天官书》：天则有日月，地则有阴阳。天有五星，地有五行。"《唐志》②："五行之为物，其见象于天，为五星；分任于地，为五方；行于四时，为五德；禀于人也，为五常；播于音律，为五声；发于文章，为五色；而总其精气之用，为五行。"上文所举，五灵也好，木金火土水也好，统统都是五行的代表物。五行在不同情况下，代表着不同内容，特别是《唐志》说："分任于地，为五方"的话，可见五行有表示四方的意思。再说大布，大布的布，仍然是流布的意思，大布就不是小范围的流布，是扩大范围的流布。把五行和大布合成钱文，就含有向四方扩大流布的意思。和布泉的文义相比，它向前迈了一步，提出流通的范围，这是布泉文义中所没有的。由于提出流通范围的要求，流通范围扩大了，流通的意愿，也提高了一步。因为五行大布是以一当布泉十枚的大钱，当值的加大，正是严重减重现象，推行起来，阻力自然比布泉为更大，统治者的主观

48

---

① 见《太平御览》卷 873 引。
② 见《渊鉴类函》卷 12《五行》引。

愿望，只有重流通的意义，从而钱文文义也相应在升级。

第三种，永通万国，它提出的流通范围，不但比五行大布的五行——四方，即天下、本国全境要大，而且进一步要求流通万国了！不仅要求流通范围扩大，而且，在流通的"通"字前边，加上一个"永"字，这是对流通时间的新要求，要永远流通于万国，包括了流通的时间和空间。因为永通万国是以一当五行大布十枚的大钱，当值的再度增加，反映减重的更加严重，推行必然更难，在文义上，以流通为主的主观愿望，也在逐步升级。

这三种以流通为主要意义的钱，是有针对性的，不过文义终归是一句空话。因而，不得不在制作方面付出较高的代价，力求高质量，既好欺骗百姓，也好防范私铸。这类钱币不论铸工、文字、铜质都极精美，在钱币文化史上，是十分突出的。北周虽不是在钱文中出现"通"字最早的。而对武德间欧阳制词采用"开通"两字，是有直接影响的。但是，鉴于北周钱严重减重，不能经久流通，唐初仅取其流通之意，而废其铸大钱之实，以取代隋五铢。

再由钱文配置来看。流通之意的词，在北周三种钱文中，不仅是互不相同的，而且，还可以看出递变的痕迹。布泉单是流通之义，无配置先后问题。五行大布是由流通范围加流通之义组成，流通之义配置于后，永通万国是由流通加流通范围所组成，流通之义配置于前。这种结构，被武德新钱所沿袭，是顺理成章的。不过唐朝对流通范围的要求，是统一版图的全部，已经是不言而喻了，也就不必再加别白。

"元宝"二字连属成文，也有它的渊源。例如：王莽的大泉、大布，三国吴的大泉五百、大泉当千，石赵的丰货，陈的太货六铢等钱的文义，就是它的本源。大字是对小而言。丰有丰硕的意思，《易·丰》："彖曰：'丰，大也'"。"太"、"大"古本一字。大泉、大布、丰货、太货都可理解作大钱的意思。元宝的"元"字，也是大的意思。例如：元勋是大功，元凶是大恶人，元龟是大龟。元宝的元字，正是用这个意思。宝字在这里就是指钱而言的，元宝连文喻其钱之贵重，为国家大宝，和上述各种钱文文义，是相互一致的。

隋末，钱币混乱，小钱、私铸充斥市场。唐灭隋后，废五铢钱，在继承北周钱文文义的基础上，欧阳制词的新钱，针对小钱、私铸的现状，采用"开通"两字和"元宝"两字，合作钱文，既符合客观史实，也符合钱文文义的发展规律，是顺应历史潮流的新生事物。欧阳询制词的"开通元宝"，其本义已很明白。武德钱文的出现，是钱币史上一次重要改革。

四、唐人读开通元宝之证

（一）唐钱之证

作为历史文物的唐代钱币，既出唐人制作，其钱文读法，自应由唐人代表，是毋庸置疑的。

甲　唐钱旋读，是武德钱文——开通元宝读法的直系继承者。

唐钱读法一览表（《泉志》著录）

顺序	钱　文	读法	铸行年份	公元纪年
1	乾封泉宝	旋读	乾封元年	666
2	乾元重宝	顺读	乾元元年	758
3	得壹元宝	旋读	乾元三年	760
4	顺天元宝	旋读	乾元三年	760
5	大历元宝	旋读	大历年间	766—779
6	建中通宝	旋读	建中年间	780—783
7	咸通玄宝	旋读	咸通十一年	870

以上唐钱七种，六种皆旋读，唯乾元重宝一种例外，足证唐人读法是以旋读为主。

乙　乾封泉宝、建中通宝的宝文，实即开通元宝之简缩。从其文义、结构、读法等方面推论认定，唐人对武德钱文是旋读作"开通元宝"的。

图25

图30

图26

图31

图32

图27

图33

图28

图34

图29

图35

乾封泉宝是开通元宝铸行五十四年后，第一次改变钱文的钱。首先，它是旋读，绝不能读作"乾泉封宝"，正是开通元宝读法——旋读的继承。其次，钱文含义，仍包括开通元宝，所不同的是前边新加年号二字，遂成六字钱文，限于钱面文字布局只有四字位置，无法容纳六字，才略作省简压缩，以适应布局字数。其省简压缩之迹如图解：

（1）省简压缩的踪迹

$$\substack{\text{开}\\ \text{宝}\square\text{通}\\ \text{元}} \xrightarrow{\text{读法}} 4\square2 \atop 3 \xrightarrow{\text{文义分析}} \text{开通} + \text{元宝} = \text{开通元宝}$$

$$\downarrow \qquad \downarrow \qquad\qquad \downarrow$$

$$\text{流通} \quad \text{宝文}$$

缩作"泉"字＋省去"元"字＝泉宝……（A）

（2）加乾封年号于开通元宝之前。

$$\text{年号}＋\substack{\text{开}\\ \text{宝}\square\text{通}\\ \text{元}}＝\text{乾封}＋（\text{开通}＋\text{元宝})。$$

将（A）代入括号，乾封＋（泉宝）＝乾封泉宝。由图解可知，乾封泉宝钱文，确包含开通元宝之义在内，读法一如开通元宝——旋读，从而证明乾封时武德钱文，是旋读作开通元宝的。

建中通宝是继乾封泉宝、乾元重宝之后的又一种宝文。它的因袭之迹和钱文含义，基本与乾封泉宝相同。只是在省简压缩开通元宝钱文时，只采用流通之义的"通"字，和宝文的"宝"字，结成宝文便是通宝。

丙　大历元宝钱的文字，以"大历"替换"开通"两字的现象，正是大历时旋读作"开通元宝"的有力证据。

大历元宝钱的铸主是否是唐代宗，彭信威先生曾有怀疑[①]，认为大历钱制作不精，很像私铸。他说：

> 唐钱的钱文，应当是直（顺）读。乾封时一度违制，改为环（旋）读；旋经更正，论理不应再犯。大历钱却是环读，似乎不是官铸。然而私铸的人多是仿铸旧钱，不应当创铸一种新钱，所以这是一个还有待解决的问题。

彭先生主张武德钱文应作顺读，但他的主张，并非唐人读法本来面目。他提出私铸的怀疑，是可能的，论证又符合逻辑推理，只

---

① 见《中国货币史》1965 年版第 295 页。按大历元宝当是大历年间，在今新疆地方所铸，工艺较中原稍逊，致有私铸之疑。

是被顺读说阻挡了去路，才不能顺利地解决它。最后只好当作"还有待解决的问题"，把它搁浅了。他认为私铸不应创新，而应仿旧，则是正确的认识。

（二）日本钱之证

日本钱币是受唐代钱币直接影响而铸造的。确切地说，就是受开通元宝的直接影响。如前引日本皇朝十二钱，都是用旋读的。

日本皇朝十二钱表

顺序	钱文	读法	铸行年份	公元
1	和同开珍	旋读	和同元年，唐景龙二年	708
2	万年通宝	旋读	天平宝字四年，唐乾元三年	760
3	神功开宝	旋读	天平神护元年，唐永泰元年	765
4	隆平永宝	旋读	延历十五年，唐贞元十二年	796
5	富寿神宝	旋读	弘仁九年，唐元和十三年	818
6	承和昌宝	旋读	承和二年，唐太和九年	835
7	长年大宝	旋读	嘉祥元年，唐大中二年	848
8	饶益神宝	旋读	贞观元年，唐大中十三年	859
9	贞观永宝	旋读	贞观十二年，唐咸通十一年	870
10	宽平大宝	旋读	宽平二年，唐大顺元年	890
11	延喜通宝	旋读	延喜七年，后梁开平七年	907
12	乾元大宝	旋读	大德二年，后周显德五年	958

这十二种日本钱，都脱胎于唐开通元宝钱，又都是旋读，自然可以反过来证明唐人对武德钱是用旋读作开通元宝的。

（三）后世钱文之证

五代以来钱币，因袭开通元宝而组成新钱文。大概是因为开通元宝的文义较泛，如全部袭用不改，则无本朝、前朝之分。若存"通元宝"三字，其义仍可不变。这可能就是后汉、后周及北宋三朝，以汉通元宝、周通元宝、宋通元宝为钱文的原因。其读法自当继承开通元宝之旋读者，由宋欧阳修《归田录》的记载，完全可以证明。再从文字书法来观察，这三钱的文字并不协调，可以断定钱文并未重新书写，而是补配了第一个字（陆准、钱大昕有说。见下文）。

清陆准《癖谈序》有一段师生对话，讲到汉通元宝改范事及五代以来钱文旋读的例。《序》云：

……准因问曰："汉通泉用唐开通泉范改补，汉字甚粗俗。第唐开通钱，据《旧唐书》以为流俗误读，当作开元。乃明皇撰《唐六典》有悉除五铢，更铸开通语。以刀（似钱之讹）文为开通，见顾况《受命造唐赋》，究宜从何读也？"师（钱大昕）云："是泉原可两读，自以旁行读为正，史思明得壹、顺天，王蜀通正等泉，后唐天成、石晋天福，文皆元宝右旋读，可证也。……赵宋泉文、元宝读皆右旋，通宝文皆直下。……辽金钱用通宝者，惟辽太平、金大定，余皆文曰元宝而右旋读……"

这段对话说明：一、旁行读（旋读）唐时为正；二、唐、五代各钱之文为元宝者，皆旋读，可证明唐人用旋读，下及辽、宋、金亦皆如此。

赵宋御书钱，虽经另写，如淳化、至道之隶体者，其元宝二字，亦酷似唐开通元宝，这一现象，不仅由钱文位置，证明唐开通元宝应是旋读；而且，将开通替换成其他年号，与唐大历元宝钱如出一辙。以上历史事实，都足以证明，唐人用旋读作开通元宝。

（四）唐玄宗时用旋读

封建帝王改元，是郑重大事，国家大典。又忌讳与前代相重，与陵名相重等等。武德钱文如用顺读，则成为开元通宝，开元便成为日常最易遇到的词语。当唐玄宗准备改元、拟定新年号时，绝无采用常见词语"开元"二字作年号之理。既有改开元之史实存在，适可证明，其时必旋读而作开通元宝。高焕文《谈泉杂录》："唐开元泉，《洪志》谓当作'开通元宝'，其说极是。《食货志》：'武德四年，始铸开元钱。'嗣后明皇先天二年，改元开元。使武德间早以开元为文，何又以开元为年号耶？当与乾封泉宝同为右旋读无疑也。"

五、文献例证

（一）史书中，可证唐人用旋读

甲《唐六典》：

> 皇朝武德中，悉除五铢，更铸开通元宝。

乙《宋史·太宗本纪》：

> 太宗亲书淳化元宝，作真、行、草三体。自后每改元必更铸，以年号、元宝为文。

这一史料，叙述的是宋初情况。末句正说明宋代钱文结构，与开通元宝是一样的，只是用年号替换"开通"，稍有不同。结合《宋史·食货志》及《归田录》来看，就更加清楚。《宋史·食货志》："太祖初铸钱，文曰'宋通元宝'。"宋欧阳修《归田录》："国家开宝中铸钱，文曰'宋通元宝'。"宋通元宝只是以"宋"易"开"，淳化元宝则以年号易"开通"，都渊源于武德钱文，从而证明宋初是用旋读作开通元宝的。

（二）文献中所见"开通""开通元宝"

在文献中，用"开通""开通元宝"之例，除上文所引外，尚有唐张怀瓘《书断》："今开通元宝钱，武德四年铸，其文乃欧阳率更书也。"宋王钦臣[①]《王氏谈录》："……谓公曰：'君若无资乎？求开通（元宝）钱千余，当为君化少（妙）物。'"宋苏辙《龙川略志》："苏辙至京师，上书王介甫问铸钱。对曰：'唐开通（元宝）钱最

第一辑　钱币研究

55

---

① 见《王氏谈录》，系王洙之子钦臣记其父言，故或称洙作。

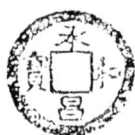

图36

图43

图37

图44

图38

图39

图45

图40

图46

图41

图47

图42

图48

善。'"宋张舜民《画墁录》："唐高祖武德初，铸开通（元宝）钱。仰（此字疑，或是"作"之讹）篆、隶、八分体……为开通元宝，亦曰开元通宝。"《通考》："唐武德初，铸开通元宝。乾封初，改铸乾封泉宝"。清赵翼《陔余丛考》："然元宝之名，其实不始于银，而始于钱。唐武德四年，铸开通元宝钱，其文乃欧阳询所书。晋天福三年铸钱，以天福元宝为文。宋太宗铸钱，尝亲书淳化元宝，作真、行、草三体，后每改元更铸，以年号、元宝为文。……可见元宝之名本属钱文，因而后代制钞用之，铸银也用之也"。清方履篯《与董方立论泉书》："自汉迄隋制五铢，有唐始终不废开通（元宝）"。清《古今钱文考略》[①]："顾司业栋高曰'乾隆四年，于鄱阳湖得宋时所覆运钱舟，钱皆宋初，杂出唐开通元宝重一钱……其轻重一准唐开通（元宝）……所见钱文之重，无逾此者，余与开通（元宝）钱略同也'。"

小　结

唐高祖武德四年，废五铢，行新钱，命欧阳询制词并书。史书既有记载，说明它是件郑重大事，史官才把它载入史册。欧阳询受命制词。当然不能轻率从事。他在考虑词意时，不但要结合废五铢，行新钱的现实状况、施政方针，回顾钱文文义的演变过程，而且要禀承皇帝的意旨、企图和要求，然后酝酿新的钱文。最后拟定"开通元宝"为文，是与历史背景、决策要求相吻合的。至于主张顺读作开元通宝之谈，从字面上讲，以开元为开始新纪元，虽也可通。但却忽略一个重要方面，即新钱文的拟定，并非孤立事物，不能脱离具体历史而存在。何况铸新钱的决策，是因当时滥恶、私铸而提出的，针对性是强烈的。钱文采用流通之义加元宝的结构，才符合要求。

附　记

1957 年，曾发表武德钱文应作旋读说[②]，从此留心有关资料。又经三十余年，分别从钱文演变，历史背景乃至决策等方面，加以

---

① 北京图书馆藏本。
② 《古钱读法》末，有《武德钱文纠谬》一节，即论应作旋读。见《文物参考资料》1957 年 2 月号。

论证，写成本文，肯定旋读是而顺读非。1990 年夏，上海陈源校长以初唐王梵志诗①见惠，竟以"开通""元宝"分别结合成词入诗，诗云："开通万里达，元宝出青黄"。由诗句可证唐人确用旋读，为余说增一有力证据，读之不胜快慰。并向陈校长致以衷心的谢意。

原载《中国钱币论文集》，中国钱币学会编，1992 年中国金融出版社

---

① 张锡厚《王梵志诗校辑》，中华书局 1983 年出版。诗系敦煌石室所出手写卷子本。

唐代钱币文化的继承①

公元 618 年五月，李渊废隋帝，自为皇帝，是为唐高祖，建元武德。仍用隋旧钱。四年七月，废五铢，行新钱。《旧唐书·高祖纪》，有如下记载：

"武德四年秋七月丁卯，废五铢，行开元通宝钱。"这是钱币发展史中一大变革。第一，它革除了行用七百年之久的五铢钱；第二，它结束了自战国秦以来，行用半两等纪重为钱文的历史。《新唐书·食货志》叙述了当时钱币行用的状况：

> 高祖入长安，民间行线（应作缲）环钱，其制轻小，凡八九万，才满半斛。武德四年，铸开元通宝。

《孔氏杂说》中，有隋末钱币混乱记载："隋末，钱币滥薄，民间不胜其弊……"《隋书·食货志》所记更详一些：

> 是时（开皇十八年，598 年），钱益滥恶，乃令有司括天下邸肆见钱，非官铸者，皆毁之，其铜入官。而京师以恶钱贸易，为吏所执，有死者。数年之间，私铸颇息。大业以后，王纲弛

---

① 《泉币杂志》第二十二期。民国三十三年一月版。

綦，巨奸大滑，遂多私铸，钱转薄恶，初，每千犹重二斤，后渐轻，至一斤。或剪铁鍱、裁皮、糊纸以为钱，相杂用之。货贱物贵，以至于亡。

由此可见，隋末钱币滥恶的情况。唐承隋末钱币混乱之余，采取"废五铢、行新钱"的决策，正是欧阳询秉承皇帝旨意，为新钱拟定钱文的历史背景。

为寻求欧阳询新钱文义的渊源，首先回顾一下我国钱文文义的发展情况。

钱文的文义，在正史中，是没有只字记载的。原因即在于，历代史官，对钱文文义，皆不重视。由于史书缺乏记载，不得不通过实物来作了解。不过这种解释，都是生于千年之下的后人的推测，容或有理解上的错误。

刀布是我国早期铸币，它由无文字阶段，发展到有文字阶段。有文字阶段，又可分为早期和晚期。早期的文字极为简单，有的文字还不能认识，其文义是很难肯定的。稍后的文字，多认为是地名、国名和一些尚不能解释的内容。晚期的鈢布，正面纪地并纪单位；三孔布正面纪地，背面纪重并纪有用意不明的数字。后起的圆形钱币，圆穿的圜金和方穿的圆钱，分别出现在布币和刀币行用区。圜金中的漆垣一鈢、圆钱中的賹六化、賹四化，也是面文纪地并纪单位；一化则单纪单位，半两单纪重[1]，先秦钱币文义，大体如此。秦统一六国，废止各种形态的钱币，而统一于圆钱，钱文以半两为文，推行于天下。从此，纪重钱文，跃居统治地位，先后长达千年之久，并成为唯一的钱文文义。[2] 其中，单是以五铢为文的纪重钱，就铸行了七百三十多年。在这段时间里，虽然出现过非纪重钱文，如王莽

---

① 布币、圜金中的几鈢、圆钱中的几化等，一说为纪值。

② 纪重在圆钱中，以半两为最早。其始铸时间，旧系秦始皇二十六年统一中国后。今据考古资料，证明始铸于统一之前，确切年代，尚待研究探索。

和三国吴大帝的纪值钱[1]，李寿的纪年号钱[2]，赫连勃勃的纪国号兼纪年号钱[3]等。不过，它们只是旁支末流，犹如昙花，瞬现即灭。且在铸行数量和时间上，也都不能和纪重为文的五铢钱相抗衡。萧梁铸大吉五铢、大富五铢、大通五铢，陈铸太货六铢，北齐铸常平五铢等钱，都是在纪重文义的基础上，增添了吉语为内容的新结构，这是钱文文义的新变化。北周为了实行减重，改铸大钱，索性抛弃纪重为文的传统文义，独出心裁，铸了布泉、五行大布、永通万国等三钱，在钱文文义的历史上，是一次重要的改革，又是欧阳制词的蓝本。

欧阳何以要用北周钱文文义为蓝本，这也是历史的原因所造成的。因为李唐的政治、经济、文化等，与北周有继承关系。不仅史书上有反映，在考古资料方面也有反映。《新唐书·兵制》："府兵之制，起自西魏、后周，而备于隋，唐兴因之。"

考古资料更为丰富，例如：在北周李贤墓的学术讨论会[4]上，提出北周李贤墓的基本形制，在唐代墓葬中，都有所反映，如：多天井、斜坡洞室墓；壁画内容主要是仪仗、仕女、伎乐、建筑；陶俑的阵势是出行仪仗等。由此可见，李唐与北周的因袭关系，是十分清楚的。在钱币文化的继承关系上，开通元宝钱的文义，恰恰是立足于"开通"的意义上来看，还不是因袭北周三种钱文文义的，可视为北周钱文文义的继续和发展。同时，因为欧阳所处的历史时代，为实施施政方针，才使他在接受皇帝旨意来制定钱文时，不能不采取以"开通"为主的钱文文义。为此，追溯、理解北周钱文文义，是很有必要的。

萧梁铸大吉、大富、大通，北齐铸常平等五铢，陈铸太货六铢，都是打破传统钱文文义而创的新结构，为北周钱文的改革，开辟了

---

① 有大泉五百、大泉当千、大泉二千、大泉五千。
② 钱文"汉兴"二字。有直读、横读两种。
③ 钱文"大夏真兴"，大夏为国号，真兴为年号，合国号年号于一钱。
④ 《李贤墓学术讨论会》，《光明日报》1984 年 8 月 5 日。

道路。

北周在十八年中曾经三次改换钱文文义①，而这些钱文文义，都反映着当时统治者的心愿，是件郑重的大事。所以，史书上都有明白记录。这虽然是出于主观愿望，标新立异，也不是无源之水的。除上述南朝梁陈和北齐各种钱文与之有关外，还可追溯到新莽时代。新莽钱币里的布泉和各种布币的文义，都是流布如泉的意思。至于明白以通字入钱文的，则有萧梁的大通五铢。《魏书》又有："太和五铢乃大魏之通货，不朽之恒模"的话。通货就是流通的钱，这都给北周钱文文义以一定影响，说明北周各钱的文义，是有其根源的。

北周第一种钱文——布泉的文义，是流布如泉的意思。所以要在纪重钱文为主的岁月里，改用以流通为主的钱文——布泉，是因为它是以一当西魏五铢五枚的大钱，实际是减重钱。减重钱在民间使用是有阻力的，改变文义便是很大的欺骗。

第二种，五行大布，可分两部分来探讨。先说五行，它是五行说出现以来，常见的词，在医学、天文、地理、音乐等方面，都可找到与它相关联的词意。现举几条解释五行的文献如次。《礼纬·稽命征》②：

古者以五灵配五方：龙，木也；凤，火也；麟，土也；白虎，金也；神龟，水也。

《五星占》③：

东方木，其神上为岁星，岁处一国，是司岁；西方金，其神上为太白，是司日行；南方火，其神上为荧惑，□□□；中

① 北周在保定元年（561 年），铸布泉钱；建德三年（574 年），铸五行大布钱；大象元年（579 年），铸永通万国钱。三钱的铸行，中间共十八年。

② 《太平御览》卷 873 引。

③ 《文物》1981 年 5 期 62 页。

央土，其神上为填星，□镇州□；北方水，其神上为辰星，主正四时。

《史记·天官书》：

　　天则有日月，地则有阴阳，天有五星，地有五行。

《几种汉代的图案纹饰》[①]：

　　玄武，北方；青龙，东方；朱雀，南方；白虎，西方。

《唐志》[②]：

　　五行之为物，其见象于天，为五星；分任于地，为五方；行于四时，为五德；禀于人也，为五常；播于音律，为五声；发于文章，为五色；而总其精气之用为五行。

上文所举，五灵也好，木金火土水也好，统统都是五行的代表物。五行在不同情况下，代表着不同内容，特别是《唐志》有"分任于地，为五方"的话，可见五行有表示四方的意思，是很清楚的。再说大布，大布的布，仍然是流布的意思，大布就不是小范围的流布，是扩大范围的流布。把五行和大布合成钱文，就含有向四方扩大流布的意思。和布泉的文义相比，它向前迈了一步，提出流通的范围，这是布泉文义所没有的。由于提出流通范围的要求，流通范围扩大了，流通的意愿，也提高了一步。因为五行大布是以一当布泉十枚的大钱，当值的加大，正是严重减重现象，推行起来，阻力

63

① 《文物》1982 年 3 期 66 页。
② 《吉金所见录》卷九第一页引。

自然比布泉更大，统治者的主观愿望，只有加重流通的意义，从而钱文文义也相应在升级。

第三种，永通万国钱，它提出的流通范围，不但比五行大布的五行——四方，即天下、本国全境，进一步要求流通万国了！不仅要求流通范围的扩大，而且，在流通的通字前边，加上一个永字，这是对流通时间的新要求，要永远流通于万国，包括了流通的时间和空间。是在流通的意义上，要求扩大范围和时间永久了。因为永通万国钱，是以一当五行大布十枚的大钱，当值的再度增加，反映减重的更加严重，推行必然更难，在文义上以流通为主的主观愿望，也在逐步升级。

这三种以流通为主要意义的钱，是有针对性的，不过文义终归是一句空话。所以，又在制作方面付出较高的代价，力求高质量，既好流通，也防私铸。不论在铸工、文字，铜质都极精美，在钱币文化史上是十分突出的。钱文中出现通字，北周虽不是最早的，而对武德间欧阳制词采用"开通"两字是有直接影响的。

武德钱文文义，是沿袭北周钱文文义，仍然立足于流通、通行之义上，略加改进而创制的。但是，鉴于北周因严重减重，是不能经久流通的根本原因，唐初仅取其流通之意，而废其铸大钱之实，以取代隋五铢。

再由钱文配置来看。北周三种钱文，流通之义的词，不但互不相同，而且，还反映出其间递变的情况。布泉钱，单是流通之义，无配置先后问题；五行大布钱，是由流通范围加流通之义所组成，流通之义配置于后；永通万国钱，是由流通加流通范围所组成，流通之义配置于前。三种文义的变化，其配置也随着在变动，是在发展中选择并固定于流通之义在前，范围在后的配置结构。这种结构被武德新钱所沿袭，是顺理成章的。不过唐朝的建立，不再是分裂局面，流通范围的要求，是统一版图的全部，已成为不言而喻了。结合取代隋五铢，抵制伪滥私铸，制定改行新钱的决策，不能不强调新钱之为大宝，虽然铸行的是小平，不是大钱，才采用元宝代替不需别白的流通范围，以流通之义，与元宝结合成新结构，使文义既包含有流通之义，又具有新钱为大宝之义（元宝为大宝，其义见下文），正是北周钱文文义的延续和发展。

元宝二字连属成文，也有它的渊源。例如：王莽的大泉、大布，三国吴的大泉五百、大泉当千，石赵的丰货，陈的太货六铢等钱的文义，就是它的本源。王莽的大泉、大布是最明显的两例，因为它们分别是六泉、十布中最大的一种。大泉的泉（包括三国吴的两种大泉），大布的布，丰货和太货六铢的货，在钱文里，都是当作名词使用的。它们分别指的是方孔圆形的、布形的铜钱。所以，不管是泉、布、货，都一样是钱的同义词。前边所加的大、丰、太等字，又是用来形容它们的形容词。大字是对小而言的。丰有丰硕的意思。《易·丰》："彖曰：'丰，大也。'太、大古本"一字。至此，大泉、大布、丰货、太货都可理解作大钱的意思，大致不错。元宝的元字，也是大的意思。例如：元勋是大功，元凶是大恶人，元龟是大龟。元宝的元字，正是用这个意思，宝字在这里就是指钱而言的，元宝连文喻其钱之贵重，为国家大宝，和上述各种钱文文义，是相互一致的。

隋末，钱币混乱，小钱、私铸充斥市场。唐灭隋后，废五铢钱，在继承北周钱文文义的基础上，针对小钱、私铸的现状，欧阳制词的新钱，采用"开通"两字和"元宝"两字，合作钱文。既符合客观史实，也符合钱文文义发展规律，是顺应历史潮流的新生事物。欧阳询制词的"开通元宝"，其本义已很明白。武德钱文的出现，是钱币史上又一次重要改革。

原载《陕西金融》1988 年第 9 辑

丝路钱币二三事

丝绸之路，从字面讲，是丝绸输出之路。我国自古即以盛产丝绸扬名于世界，从产地外运的路，都可叫"丝绸之路"。其路，既有陆路可行，又有海路可通，都是丝绸之路，不过年代有先后，取道或有不同，时而陆路，时而海路，也可能陆路、海路同时并举。具体来讲，应当是指汉唐以来，横贯亚洲、欧洲大陆的交通要道，即陆路，东起渭水流域，西抵地中海东岸，更转去罗马等地。物转星移，这个概念，也与时变迁。由于地域广袤，岁月绵长，其文化内涵，无疑是极其丰富多彩的。至于丝路钱币研究，既是端绪万千，纷纭待理的，又蕴藏着许多尚待发掘的史料和课题，是无尽藏的所在。

甘肃省钱币学会同志，向我征稿，写成此文，求证方家。

一、天津货郎

天津市西北乡，有杨柳青镇。元时称作柳口，是运河边的村镇。明清以来，为漕运必经之路，加以人口繁衍，经济发展，成为津西北一大镇。居民以农耕为主。至清乾隆年间，以刻印木版年画，驰名远近。与苏州桃花坞年画相媲美，为南北年画两大产地。嘉庆年间开始，有肩挑担担的货郎，长途跋涉，西去新疆。

王守恂，字仁安，天津人。在所著《天津政俗沿革记》一书中，有简短记载："杨柳青地方繁富，几与前城治相埒，比之近时城治，则尚远也。然亦县治中之大镇也。其地业田者多。近代①作新疆商业，别辟生殖之地。"寥寥数语，所记正是杨柳青人谋生的新路。这条路，又与丝绸之路相重叠，所以，可与丝路钱币研究，联结在一起，在丝路之交通、商业以及钱市研究上都曾提供过许多实物资料。

杨柳青人去新疆乌鲁木齐，当地人叫"赶西大营"。乌鲁木齐，为四方商贾云集之地，天津货郎远行贸易，是有利可图的，货郎常是数人偕往，步行挑担，或乘骡马，结成商队。满载天津名产，沿途售卖。遇有利可图的货物，随遇随收，一路行进，卖买不停。返程也是如此，一往一返，行程万里，历时三五年不等。这在交通不便的西北大道上，无异于丝路驼队，在浩瀚的大漠中行进，沟通着内地和边疆的经济、文化。

货郎人数众多，往来频繁，随身带回新疆红钱，是意料中事。实际收集红钱，在天津也确比其他地区为容易，这一点是可以证明的。例如，拙藏新疆红钱（图一、图二），其中即有颇不易得的。尤以咸丰元宝，宝迪局当八十一种（图二，2），更为难得。据售钱人讲，大部系来自杨柳青人之手。

新疆红钱，近年颇有人研究，大体说来，公布资料的多，发表研究论文的少。这正是提出丝路钱币研究和建立丝路钱币研究组织的原因之一吧？

拙藏红钱，历朝都有，要以乾隆通宝钱，数量较多，差异也大。考之史实，乾隆六十年（1795年），高宗立皇十五子为皇太子，次年归政于仁宗，改元嘉庆，自称太上皇帝。当时，户部奏准乾隆，嘉庆年号钱文，各半分铸，各直省卫藏，照此一律办理。据此，乾隆通宝的铸造，除铸于乾隆年间的以外，尚有嘉庆年所铸的。就其时

67

---

① 近代，与通常所用术语之古代、近代，有所不同。其书下限断在清末，大概是由此追溯若干年前之意。

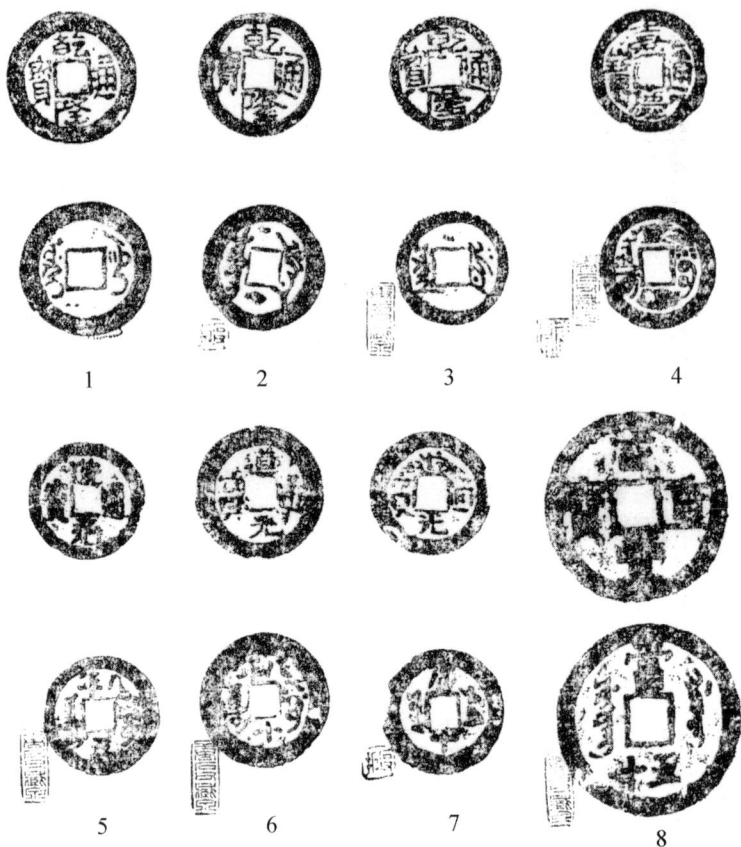

1 2 3 4

5 6 7 8

图一

间下限讲，至多相差二十五年。因为嘉庆二十五年（1820 年）八月，宣宗继位，明年就改元道光年了。但在新疆的红钱，情况却有所不同。嘉庆五年谕内阁："……现阿克苏请领祖钱式样，所有新疆等处地方，自应鼓铸嘉庆钱，以资行使。至乾隆钱，尤应永远通行。嗣后，新疆地方鼓铸乾隆钱二成，嘉庆钱八成，万世子孙，敬谨遵行勿替。"[①] 这个上谕规定乾隆钱与当时年号钱在鼓铸比例上，要按二八比例铸造，由于这个规定，此后历朝所铸，除本年号钱外，都曾铸过二成乾隆通宝钱。这便形成：一、新疆红钱中乾隆通宝最多。二、以乾隆通宝为文的钱，存在鼓铸年代不同的现象。所以，它的

————————————

① 转引自《故宫清钱谱》。

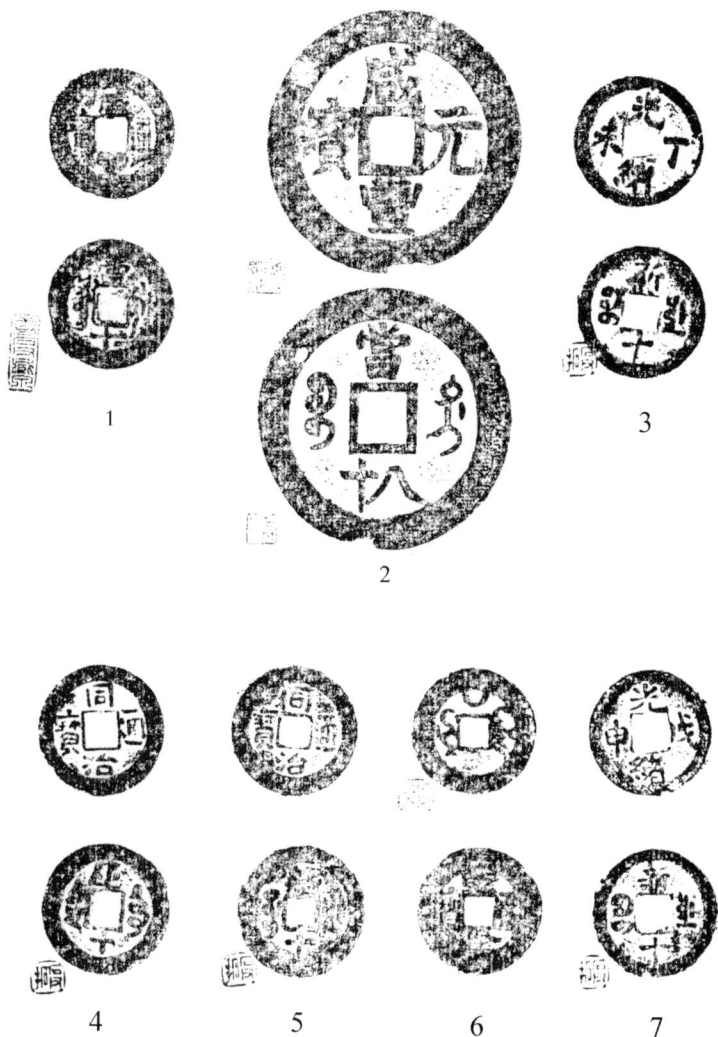

图二

钱文虽同，而铸造年代则有先后。三、实物断代，是今天红钱研究中尚待解决的一个问题。例如，同是乾隆通宝红钱，何者在先，何者居后，除可据设局先后判断者外，是很难分清的。

在红钱中，有一种正面①维文"光绪"二字，穿上有月形纹，与

① 钱币之正面、背面，一般无异说。唯此光绪、乾隆，同铸一钱上，乾隆时又不能预知光绪年号，自应以在后者——光绪为正面。

外郭相接，背面汉文"乾隆通宝"四字（图二，6），它就是光绪年间鼓铸的乾隆通宝红钱。这种钱，证明了前引上谕中"万世子孙，敬谨遵行勿替"是千真万确的。

二、北京窖藏

清道光二年二月，陈南叔在北京齐化门①小市，得古钱百余枚。刘喜海见到后，作了详细记录："大历、建中二钱，传于今世者甚少，好古者搜罗得之，颇为珍贵。道光壬午（二年）二月三日，陈南叔偶得古泉百数十枚于齐化门小市，土花锈蚀，青绿烂然。询系近畿新出土者，审视之，五铢、开元（通）、乾元最多。而五铢皆不清晰，轮郭亦不完具，且或正或幕，穿之上下有圈画，不类文字，是唐时曾铸五铢与开元（通）并行，而前人未经言及也。就中拣得大历七八枚，建中一枚，已如获拱璧，又拣得中字泉一枚，元字泉一枚，更为创见，洵奇逢也。"② 他记录的，正是北京近郊的一处窖藏，出土时地，都比较可信。他所记的中字泉和元字泉，李佐贤有解说："穿上中字，乃建中之省文，元字乃元宝之省文。唐以后钱皆有郭，此面背无郭为异。然中字与建中无异，元字与大历元宝无异，实建中钱之别品也。按大历钱今已罕见，建中尤罕。刘燕庭（刘喜海字）于道光壬午二月，在京师得近载出土唐钱，就中有大历、建中，并得此二枚，知为一时所铸，洵唐钱中绝无仅有之品。燕庭云杜诗'刻泥为之最易得'，盖当时以泥为钱模，易于鼓铸，故工人偶以此二字戏为之，非有深意，然简率至此，钱法之坏甚矣，工部所以致慨也。"③

刘喜海的记载，可以说明许多问题。它虽不能同科学发掘的出土物相比，但它毕竟还是有价值的发现。何况，它是一百七十年前

---

① 齐化门，即今朝阳门。
② 中华书局影印本《古钱大辞典》第 1340 页。
③ 《古泉汇·利八》，九页背至十页。

的资料，好不容易才被有心人保存下来。除记录了时间、地点外，还记录了钱币品种，以五铢开元（通）、乾元为最多。开元（通）、乾元之所以不加描述，大概是与常见者无别的缘故，而对五铢，因为异常，作了比较详细介绍，其情况适与龟汉二体五铢[①]相符。这是一大发现，一段仅有的珍贵资料。又介绍了两枚新奇的唐钱，不但在当时认为是稀有的，就是现在，也是极为少见的，即中字钱和元字钱。他认为唐代曾铸五铢，与开通元宝并行，虽是个大胆的论断，却是根据出土现象推知的，只不过他并不知道这不是内地铸品，而是西域铸品罢了。

李佐贤的记载，虽然对发现人说法不同，把陈南叔记作刘喜海了，那是因为他从刘喜海得知此事的，所以，对事实无任何影响。他对中字钱、元字钱的认识，以为"中"字是建中的"中"[②]，"元"是大历元宝的"元"，从而定为建中别品，还有一定道理。对大历、建中的稀见程度，作了不同的论断，与刘喜海是一致的。即使在今日，在唐钱中仍是少见的。至于认为中字等钱是工人戏作之说，则是不可凭信的。他说"洵唐钱中绝无仅有之品"的论断，大概是相信出于工人戏作的偶然机会而言的。现在，在新疆库车发现了相同的中字钱两枚[③]（图三），若出于戏作，就难以说通了。

北京窖藏出土的钱，尤其是那些稀见的几种，如龟汉二体五铢、大历元宝、建中元宝、中字钱等，在新疆库车都有出土。据不完全统计，出土龟汉二体五铢四次，十二枚；出土大历元宝、建中通宝，各三次，分别为三枚和四枚；出土中字钱一次，共二枚，在库车哈拉墩[④]（图三）。北京窖藏出土钱币内容与库车历年（次）出土钱币

---

① 龟汉二体五铢，时贤或作汉龟二体五铢，其实皆无不可。联想古有"名从主人"之说，称龟汉似更切实际。

② 中字钱，北京窖藏所出，只有木刻本，不足征信。黄文弼所得有拓本，其字与沈子搓藏建中通宝中字绝类。见图三。

③ 《新疆考古发掘报告》图版87。

④ 哈拉墩，位于库车县城东约3千米。见《新疆考古发掘报告》书。

库车哈拉墩北区遗址出土的晚期铜钱

1. 大历元宝 T12② （470）

2. 建中通宝 T10② （122） 　　　　　　　　4. 唐石父藏品

A

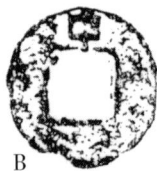  

B

3. 中字钱 T11② （405） B
　　 T10② （402） A 　　　　　　5. 沈子搓藏品

图三

内容的相同，尤其是在哈拉墩出土的大历元宝、建中通宝和两枚中字钱，竟和北京窖藏内容这样一致的现象，说明两者关系十分紧密。除非是一个铸地的钱币，否则不会这样相同的。相距万里的北京与库车，其品种能有这样的吻合、具体钱币又这样的相同，绝非出于偶然。

据以上分析，北京窖藏的钱币，来自新疆库车，是可以信服的。

包括钱币种类单纯，没有更多的内地钱币混杂其中，例如：隋以前各种古钱，以及会昌开通元宝等钱，在这一窖藏中都无发现。又可推定：一、这是由新疆库车带来的一批钱币，不曾分散，原封未动，就埋入地下的；二、窖藏埋入时间，不会晚于会昌五年（845年）。很可能是大和五年正月，卢龙牙将杨志诚作乱，驱逐节度使李载义时所埋。

三、大历元宝、建中通宝的铸地

唐代铸钱，大都见于史册，开通元宝始铸于武德四年，记载较详，连撰文、书写人姓名都有记录。其后，如乾封泉宝、乾元重宝亦都有明白记载，是因为其钱文与开通元宝迥异，故连同钱文一并记明。嗣后，历朝皆铸开通元宝，钱文并无变化，遂只记鼓铸之事，无须再记明钱文。

大历元宝、建中通宝则史册未有明白记载。遂使前人对这两种钱，议论纷纭，莫衷一是。先是没有作出肯定结论。后来竟有人引前人并不肯定之说，既不举论据，又不加深考，即当作肯定结论看待，这大概是民国以来的事。也有人提出非官铸，或出自私铸的说法。

宋洪遵《泉志》，曾著录这两种钱。大历元宝条下，引《代宗实录》："大历四年正月丁酉，关内道铸钱等使第五琦上言，请于绛州汾阳、铜源两监，增置五炉铸钱，许之。"洪遵在引文后，仅有"岂非当时铸此耶？"的话，而这句话是疑问句的语气，并非肯定之词可知。引文既没有明确所铸钱文何字，那就只能说明大历四年正月，曾有鼓铸钱币的事，而不能肯定就是铸大历元宝钱。一般说来，所铸钱文，仍当是开通元宝。建中通宝条下，引《唐书·食货志》曰："建中初，户部侍郎韩洄以商州红崖冶铜多，请复洛源废监，起十炉，（岁铸）钱十（七）万二千缗，每千钱费九百。德宗从之。……判度支赵赞采莲（连）州白铜铸大钱，一当千（七），以权轻重。"

洪遵未作结语。继引张台曰："按此钱未施用，今民间往往有之，轻小于开元（通）钱，径十（七）分，重二铢以下。文曰建中通宝，文字漫暗，铜色纯赤，肉好薄小，殊乖白铜大钱之义。"洪遵借张台之口，否定上引赵赞云云一段。此后各家引文，大概都不出洪遵所引资料，且多不加论证，不加结语。《西清古鉴·钱录》及翁树培、初尚龄、李佐贤、王锡棨等人，都是如此。在《泉币》中，刊出有关大历、建中的文章三篇，断代的话，分别是：一、"大历元宝钱，唐代宗大历年间铸。"① 二、"大历元宝，唐代宗铸。"② 三、"唐德宗钱，曰建中通宝。"③ 都是语气肯定的结论，大概也是转引前人未肯定的旧说。他们虽未涉及铸地，可是，分别定为代宗大历、德宗建中年间所铸，则是一致的。

彭信威就讲得婉转些，没有讲肯定的话。④ 对大历元宝钱，首先谈及史载大历四年铸钱事，并未说明是铸什么钱。又说制作像私铸。当时钱贱铜贵，牟利者是不肯铸私钱的。所以，这是一个还有待解决的问题。对建中通宝钱，则说建中间似乎铸过建中通宝钱。讲到史书上建中初铸钱的记载，则说可能是指这种钱，但更可能是私铸。仔细读彭信威论述，所得印象，确不同于往昔各家。这个认识，似未引起人们的重视。

彭信威只在官铸，还是私铸上，提出怀疑，又无法解决，才认为是尚待解决的问题。现在，对这一问题，有了新的资料，除上述北京窖藏已被确认外，新疆库车的资料很丰富，两者正可互相为证。在上述分析论证基础上，综合手头资料，列为后表，以供参考。

据下表，大历元宝钱径 2.15～2.4 厘米，建中通宝钱径 2.0～2.3 厘米。文字不精，铜色赤红，书体一致。就是中字钱的单字——中，也与建中通宝相同。说明内地所出与新疆库车出土品，特点是

---

① 《大历元宝背上下月》，载《泉币》第九期。
② 《大历之大历》，载《泉币》第十一期。
③ 《建中肥字异书》，载《泉币》二十六期。
④ 《中国货币史》再版本，第 294—295 页。

相同的。这些特点，既反映地方性特点，又反映铸工技术水平的低下。彭信威说可能是私铸，正是从这些特点得出来的。

顺序	钱文	文字制作	大　　小	铜色	出　　处
1	大历元宝	字画遒劲	径九分①	昏浊	宋洪遵《泉志》
2			2.3 厘米		清王锡棨《泉货汇考》
3			2.3 厘米		戴葆庭《大历元宝背上下月》
4			2.25 厘米		陈恕斋《大历之大历》
5		制作不精，类私铸	2.2，2.4 厘米		黄文弼《新疆考古发掘报告》
6			2.3 厘米		彭信威《中国货币史》
7			2.15 厘米	红赤	唐石父藏品
8	建中通宝	文字漫暗	径十（七）分 折合 2.17 厘米	色纯赤	同 1
9			2.3 厘米		同 2
10		肥字异书	2.1 厘米		马定祥《建中肥字异书》
11			2.0，2.1 厘米		同 5
12		制作粗，似私铸	2.1 厘米		同 6
13			2.2 厘米		沈子槎《子槎泉拓》

北京窖藏与新疆库车出土钱币品种的十分吻合，与龟汉二体五铢、大历元宝、建中通宝三种钱共出的现象，是值得注意的。其中大历、建中二钱铸工低下，正是彭信威论点的依据，的确与当时官铸有一定差异。就连龟汉二体五铢，也是铸工低下的。因而，怀疑出于私铸，是很有道理的。北京窖藏既如上文推定，是由新疆库车带来的，具体情况，又有刘喜海的记载："五铢皆不清晰，轮郭亦不完具，且或正或幕，穿之上下有圈画，不类文字。"它和新疆库车出土品，是完全一样的，可以肯定就是龟汉二体五铢②，其铸造技术正

---

① 宋尺约合 31.0 厘米，九分为 2.79 厘米，较开通元宝之 2.4 厘米，还大 0.4 厘米弱，故疑有误。

② 北京窖藏之龟汉二体五铢，除刘喜海所记，《古泉汇·贞四》第十页第五拓，可以参看。

是低下的。当时的西域铸工，相比朝廷官炉铸工，在技术上远不如官炉，是很自然的、正常的。彭信威所据大历、建中，从文字、版别观察，与新疆库车出土品是一样的，铸工不精，也是一样的。但是彭信威万万没有想到，还存在着边疆地区铸钱的史实，若不是有北京窖藏和新疆库车出土钱币的比较研究，也是很难发现这一奥秘的。

北京窖藏的中字钱，与新疆库车出土中字钱，无论在形制、文字风格等方面，又是那么相同，尤可作为北京窖藏来自库车的重要证明。

据以上分析，现在可以得出以下结论：

（一）史书记载中，没有，或说找不到铸行大历元宝、建中通宝的记载，二钱传世品，皆粗劣不精，则官铸之说可以否定。

（二）在新疆库车，大历元宝、建中通宝、中字钱，同在哈拉墩发现，既与北京窖藏吻合，而北京窖藏又有大量龟汉二体五铢，足以证明北京窖藏来自库车，而不是北京（内地）铸品，被带到库车的。

（三）铸工技术的低下，钱币制作不精，文字漫暗等现象，与非官铸钱相吻合，是史书无记载的一个有力旁证。由（二）项的结论，可以否定为私铸，而定为库车所铸。从而可以肯定大历元宝、建中通宝和中字钱的铸地，就是新疆库车。则彭信威所怀疑的各点，都可迎刃而解，千年纷纭之说，到此可以结束了。

原载《甘肃金融》1989 年钱币专辑·增 5 期

珍贵文物　人所乐见

二十多年前，在浙江杭州，疏浚西湖工程中，掘得一颗铜印。当时曾有《简讯》[1] 说：这颗印系铜质，长 5.5 厘米，阔 5 厘米，厚 1 厘米，钮高 7 厘米，钮阔 3.5—4 厘米。文曰"昏烂钞印"。印背上一边有"江[2]东道宣慰使司"，另一边有"至元二十五年三月造"。这是首次发现的注销废钞的实物资料，也是浙江的珍贵文物。

我国北宋开始使用交子，在世界范围来说，是个创举，是纸币发行的开端。经过两宋、金元以至明清，都曾使用纸币，文献也有明确记载。元代史料，还有加盖印章，注销昏钞的记载。这颗印的发现，和文献记载正相吻合。对钱币研究者来说，得见前人所未见的新资料，是大好事。遗憾的是，像这样珍贵的铜印，只是 1957 年刚刚出土时，有《简讯》报导，但既无拓本发表，也未说明印文字体和有无边栏等细节，不能为科研人员所利用，至今虽有若无，就这样，使它蹲了"冷宫"达四分之一世纪之久！在中国历史博物馆展出时，笔者曾经寓目，才知道印文为隶书，有边栏，当即手摹一

---

① 赵人俊，《西湖发现宋铜镜和元"昏烂钞印"》《文物参考资料》，1957 年。

② 按：元始置宣慰司，凡六道，为山东西道、河东山西道、淮东道、江东道、荆湖北道、湖南道。在两字道名中，第二字为东字者，有淮东道、江东道。此印既出杭州，杭州属江东道，故称之为"江东道宣慰司。"

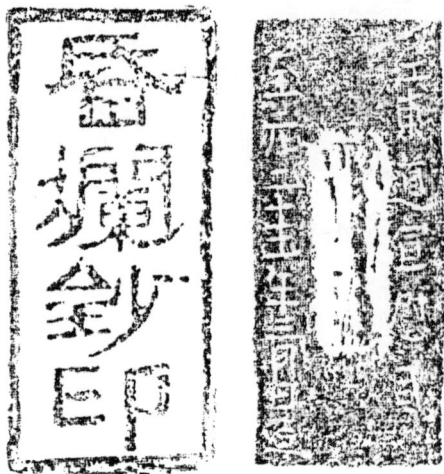

昏烂钞印。印背拓片，原印面长 8.9 厘米，宽 4.1 厘米，印背长 8.5 厘米，宽 3.8 厘米；印厚 0.9 厘米，印柄长 7.5 厘米，宽 2.7—3.7 厘米，薄 0.5—0.8 厘米，重约 428 克，质黄铜，大小与中国历史博物馆展出的不同。

图，然而，这种摹图只可帮助个人回忆，不能看作正式资料，与拓本是不能等量齐观的。有机会看到它的同志，毕竟是少数，又不能获得拓本。难怪二十多年来，既无人作过深入研究、发表正式报告①，也没看到引用它的文章，多么可惜！

我衷心地向钱币研究同志们呼吁，我们通过什么途径，才能把它公布出来，供大家研究参考呢？这是我的殷切期望。

原载《浙江钱币》3·4 合刊

---

① 据《中国考古学文献目录·凡例四》，可知仅有《简讯》并无人作深入研究。

宋铜钱丛谈

一、宋朝钱文结构遇四字年号的处理

本题涉及钱文结构、读法和布局。布局随着钱文读法的变化而变化，只有读法，才是左右布局的根本所在。钱文结构，在长期发展过程中，由无文字而有文字，由纪地而纪重。秦始皇廿六年，统一中国，推行半两钱于全国，成为纪重钱文的一统天下。到唐武德四年，开通元宝的制定，取代了纪重钱文，主要是五铢钱，结束了纪重钱的流通。并产生了宝文，创造出吉语加宝文——开通元宝的结构，是钱币史上的一次重大变革。乾封泉宝钱，是年号加宝文这一结构的开始，为后世钱文著年号开辟出广阔道路。到宋朝，钱文结构已经稳定。只有国号或年号加宝文两种，形成四字钱文的布局，两宋三百年间，很少例外。由于读法的不同，钱文中的国号、年号和宝文不能固定。如是旋读，宝文的第一字，在穿下，国号、年号的第二字，在穿右。如是顺读，则宝文第一字与国号、年号之第二字，须互相易位。这样形成的布局，如遇四字年号时，再加宝文二字，即成六字，钱面只有四字地位，无法容纳六字。如宋太宗第一年号为太平兴国。年号加宝文，即成六字，为了解决这个矛盾才有减缩年号字数之法。太平兴国时，留前二字太平，去后二字兴国，组成钱文为太平通宝，问题得到妥善解决。真宗第三个年号为大中祥符，也是四字，制定钱文时，留后二字祥符，去前二字大中，组成钱文为祥符元宝和祥符通宝，两种宝文并用。明董遹《钱谱》，以大中通宝为大中祥符时

图 1

铸，实误。清翁树培云"大中通宝（图 1），自是明太祖铸，不知者，因大中祥符之号而误列之。"可见四字钱文如何减缩是不可不知的。徽宗第一年号建中靖国，也为四字，解决办法，未沿袭用减缩年号字数的成法，而是用另拟钱文的方法来解决的。新拟的字，为代表宋朝国号的圣宋二字，加宝文组成圣宋元

图 2

宝（图 2）四字钱文，因史无明文，据传世钱文而知之。然颇有异说，董遹《钱谱》以为宋太祖初所铸；《永乐大典》则云"熙宁间铸圣宋钱。"本来《永乐大典》是历史文献，理应根据它的记载，断定圣宋钱是铸于熙宁年间的。然而，翁树培却不以为然。他说："此钱（圣宋元宝）铸于建中靖国，史无明文。然建中靖国元年十一月定明年改元，钱文既非年号，故虽数经改元，犹兼铸之。其轮阔字细者，盖崇宁、大观间铸。崇宁以后，小平钱制，多细轮大字矣。其篆草（行）字之轮阔字细者，与元符以上诸钱相类，知其靖国、崇宁初年所铸，而以较之熙宁元宝，其制作、文字、神味又有不合者，故不敢信《永乐大典》所云'熙宁中铸圣宋钱也。'"清初尚龄云："徽宗改元建中靖国，铸圣宋元宝钱。董遹《钱谱》作太祖初铸者，误。"翁氏之说，以形制、文字为据，从而阐明圣宋元宝钱所处之时代地位，及承上（承元符以上诸钱），启下（启崇观以下小平钱），继往开来的脉络，是清楚可见的。故翁氏才有"不敢信《永乐大典》所云"之结语。据此，还可推导出，另一个意思，即崇宁时仍然铸圣宋小平钱，适足以说明崇宁小平钱传世至少的缘故。

二、钱文改元更铸

图 3 　　　　　　　　　　图 4 　　　图 5

赵宋建国之初，沿袭唐开通元宝之书法、形制；效后汉、后周易开通为汉通（图4）、周通（图5）故事，铸宋通元宝钱（图3），当时年号却为建隆，知所铸为非年号钱。建隆四年（933）十一月，改元乾德。传世洽有乾德元宝（图6）隶书小平钱一种。不知者、辄次于北宋建隆之后，实是误断年代。前蜀王衍时，曾用乾德年号，并曾铸年号钱。在宋太祖改元乾德时，曾自诩"自古未有"。后来，宫中发现乾德四年款铜镜，太祖以问窦仪，仪奏曰："蜀少主之号"，验之，镜果自蜀中来。乃叹曰："宰相须用读书人。"故事说明，当时知道前蜀用乾德年号者甚少，才有君臣问答及叹曰之事。至于以蜀钱属宋，大概也是相类的事。然而对历史有心得的人，则不仅知乾德元宝钱非宋铸，且能据形制之差异加以区别。如《永乐大典》引宋叶大庆《考古质疑》云："或谓艺祖以建隆改乾德，今有乾德钱，安知其为蜀钱乎？盖我朝铸宋通钱，体制厚广，轮郭分明，自后如太平、淳化、至道、咸平以至景德、祥符、天禧等钱，莫不皆然。彼乾德形式细薄，乃与天汉、光天、咸康、广政等尔，以此知其为蜀钱也。"可见宋时必有以蜀乾德指为太祖乾德之事，否则，叶大庆何必辨之。叶氏之加以辨析，适足证其时并未铸年号钱。宋魏了翁《名义考》云："钱文改元更铸，自宋太宗始。"（注：清初尚龄《吉金所见录》转引）太祖乾德、开宝及太宗雍熙、端拱等年号，都未曾铸年号钱。《永乐大典》却载有雍熙、端拱曾铸年号钱事。《永乐大典·宋史》云："雍熙中铸钱，文曰：'雍熙元宝'真书。"又

图 6

云:"端拱中铸钱,文曰:'端拱通宝',然世罕有之。"翁树培按:"(雍熙钱)图,熙字在右。(端拱钱)图,拱字在下。"清刘喜海按:"此钱(雍熙)今世未见。"又按:"此钱(端拱),今世未见。"据此,与魏了翁说相校,知魏说可信。《宋史·食货志》云"淳化改铸,又亲查淳化元宝,作真、行、草三体。后改元更铸,皆元宝而冠以年号。"魏了翁说与史载吻合。然用史料,切不可胶柱,才可避免绝对化之弊。

高焕文,清末民初人,曾记岳矩州售端拱大钱事。他说钱乃端平大钱改字,拱字颜色略差,因以铜绿饰之,使四字如一。售与蒋敬臣,蒋始则诧为奇品,继而原物璧还。又能售给张祈伯,仍得重价。最后归金陵好古家,藏之檀椟,视若奇珍。一假钱,居然可一再售脱,终成好古家之珍藏。除蒋敬臣外,盖皆信而不疑。近来收藏家都热衷于珍品、稀品以及孤品,所以难免上当受骗。因而联想到伪造端拱钱的人,第一必定掌握收藏家的心理,喜欢珍稀孤品,其次看准宋太宗有端拱年号,而未见端拱年号钱,第三选好端平大钱作为伪钱的载体,这就只欠东风了。于是动手造出这枚伪端拱钱来。果然在高焕文的伪饰下,能售脱出手,赚到不义之财,大功总算告成了。如果了解宝钱情况的人,是不至上当的。

1956 年,辽宁省锦州市博物馆发掘一座清墓,出土文物中有古钱 51 枚,历代钱基本都有。同出的还有印章、烟壶、烟灯、烟盒、怀表等物。墓主为范子和。[①] 生前喜欢收集古钱币书画的。被人看重的是一枚建中靖国(图 7)大钱,正如文章标题所标是"海内孤品"。博物馆当局,曾多次请人鉴定。"均认为此钱实属海内孤品、珍品。"并说"与我们的鉴定意见相符"。以上结论,在文章中

图 7

---

① 常春林:《海内孤品——建中靖国钱》载《辽宁金融·钱币专辑》1991 年第 7 期。

没有结合实物作出阐述，以巩固结论，遂使结论陷于架空地位。至于"书法刚劲有力，形制精美"两句话，乃是见仁见智，不能得到统一的，无补于上述结论。因此，鉴定结论的准确性令人怀疑。从实事求是原则出发，为了弄清此钱的价值，以便做好保护、保管工作，讲一讲不成熟的拙见，供博物馆同志参考，更愿获得广大同志的批评指正。

首先建中靖国是徽宗年号，自当与徽宗钱有许多共同之处；其次，钱文是隶书，适与崇宁重宝相同，大小也和崇宁钱相若，必有可资比较之处，是可以肯定的。至于铸工精粗，本应是一脉相承的，不该精粗悬殊，才能纳入徽宗钱的行列中去。

宋朝钱文结构，已如前述，仅有国号或年号加宝文两种。此钱只建中靖国四字，全系年号，竟不见宝文，是十分罕见的。在宋钱和徽宗钱中，都无此例。宋王应麟《玉海》云："崇宁二年十月，行当十钱。"《文献通考》云："崇宁二年二月庚午，初令陕西铸折十铜钱。"可知徽宗铸当十大钱，始于崇宁二年。若建中靖国时，已有铸大钱之事，则《玉海》和《通考》，都无须记载铸大钱事，既云崇宁时始铸当十大钱，则建中靖国时必未铸当十大钱，事理至明。再检建中靖国年间所铸圣宋元宝钱，也无当十大钱，可见记载是符合实际的。至于圣宋和崇宁、大观等钱的铸工，都是轮郭深峻、肉好规整的精工铸品，此钱却未达到徽宗铸钱应有水平。总括以上比较，建中靖国钱与徽宗钱之间，还存在相当差距，而且是比较明显的。再者，建中靖国伪钱，清人是有记载的。清鲍康《泉辨》云："甚矣，作伪者之劳也。大而彝鼎，小而泉币。（其所造伪钱），则文字制作，往往占旧谱龃龉，盖未见真泉臆造者。建中靖国，则私心出奇，使人捧腹。"焉知范子和此钱，必非其类耶。

由于历史的研究，乃知古钱的生产，都是在特定时间、空间的条件下进行的，故每枚古钱都逃脱不了时代背景，真则与背景吻合，伪则与历史背景矛盾。前文曾引翁树培对圣宋元宝的论断，就是透过历史背景来看钱的。他对钱文文字、形制等，都从时空角度作了观察，才发现了圣宋钱承上启下的轨迹，是一清二楚的。在宋钱大家族里，它的衣裳、语言，无时无处不反映着是大家族中一员的。翁氏结论，既非孤立论钱的陈旧方法所可比拟，又是在动态中观察发展的全过程的，所以，结论是科学可靠的。回头来看建中靖国钱，不难发现，它在宋钱大家族中，衣裳、语言，都与众不同，明显地不是一家眷属。至于真伪，也就不辨自明了。

叶大庆说："钱文改元更铸。"只是说年号钱如此，但也并非毫无例外。真宗末一年号为乾兴，即不曾铸年号钱。可是清倪模却著录一品，他在乾兴通宝铁钱条下说："按真宗末，改元乾兴，史不言铸钱，诸家也来自有乾兴钱。余得一铁钱乾兴通宝，字书分明。"此钱仅有木刻本，真伪难辨。然而，鲍康曾说："旧泉纵敧斜简率，必饶有神致。伪作者悉力求工，能为明析，不能为模糊，能为精整，不能为姿态。执是数者，稍是别之，我俗眼已见不及是，使更数十百年，尚安能发其覆乎？"清戴熙说："铁泉最难辨，近射利者，知铜不可赝，转而范铁。鉴铁者其慎旃。"鲍、戴两氏所述，都是鉴别假钱的要领，不可不慎重从事。倪氏铁乾兴钱"字画分明"，可能就是它的要害。翁树培引《永乐大典·续通鉴长编》："乾兴中铸钱，文曰'乾兴通宝'。《宋史》乾熙元年铸钱，文曰'乾熙通宝'，亦随年所造。"翁氏按："图，熙字在下，后一条，二字俱作熙，足见其谬。"翁氏以为《永乐大典》，并不可信，由"足见其谬"句知之。

三、历朝皆铸同一钱文

传世唐钱之多，又以开通元宝为最，收藏家几无不知者。宋朝亦有其例。北宋皇宋通宝数量之多，出土宋钱可资证明。清邱峻曰："张丹《古泉记》所未考内，'皇宋通宝，乃仁宗宝元年铸。'"此说自是正确，然犹非完整之解释。读翁树培按语可知。培按：皇宋钱不止宝元年间铸也。景祐五年十一月，改元宝元，是年即宝元元年。二年三月，始铸皇宋钱。宝元三年二月，改康定元年，康定二年十一月，改庆历元年。庆历八年，皇祐六年，是年四月，改至和元年，前后十有六年之间，皆铸皇宋钱，故皇宋钱今日尚多。若康定仅铁钱，所见甚少，庆历仅见重宝大钱，皇祐钱今未见。盖康定、庆历、皇祐三种，所铸无多。（注：皇祐年间不是所铸无多，而是根本未铸皇祐年号钱。见唐石父《皇祐年号钱》载《中国钱币》1993 年第 1 期）故培谓皇宋钱不止宝元年所铸耳。传世皇宋通宝钱之多，是证翁氏结论可信。是仁宗朝自宝元年始，经康定、庆历、皇祐，共四个年号，十六年间，铸同一钱文——皇宋通宝钱。

宋初所铸宋通元宝，据《宋史·食货志》："太祖初铸钱，文曰'宋通元宝'。"王应麟《玉海》曰："国初钱立，曰'宋通元宝'。"据宋通元宝铸于"太祖初"及"国初"推之，乃建隆年所铸。

图 8

宋欧阳修《归田录》云："国家开宝中所铸钱，文曰'宋通元宝'。"元马端临《文献通考》云"开宝三年，令雅州百丈县置监铸铁钱，禁铜钱入两川，后令兼铸铜钱，一当铁钱十。"宋陆游《老学庵笔记》云："欧阳公记开宝钱文曰宋通，予按：周显德钱文曰周通，故国初因之亦曰宋通。建隆、乾德中皆然，不独开宝也。至太平兴国以后，乃以年号为钱文，而今皆然。"宋通元宝钱之铸纪年份，已涉建隆、乾德、开宝三年号。各家所述，除建隆外，皆非始铸之年。然亦有据欧阳说，便定为开宝年始铸者，实则非是。日本中桥掬泉《古钱大鉴》云："宋通元宝，宋太祖开宝年间（铸）。"即其一例。陆游说"建隆、乾德中皆然，不独开宝也"句，正说明虽属经改元，犹相继以宋通元宝为文，蝉联鼓铸，是又不独仁宗时，虽改年号，犹铸同一钱文了。魏了翁《名义考》谓"钱文改元更铸"之语，盖也有所指。即在淳化以后，犹有仁宗屡经改元，仍铸皇宋通宝之事。魏了翁之语，盖指改元更铸之钱，随年号之更易而改换，当是指年号钱而言。若宋通、皇宋、圣宋等钱，皆为国号加宝文之结构，年号虽改，而国号依然，故可经数更年号，而仍铸造不改。

与魏了翁之言，并不相悖。故于了翁的话，不可胶柱，以防横生误解。

四、宋钱的避讳

避讳是封建社会礼法的一种。臣民必须遵守，不可怠慢，如因偶然疏忽，遇应避讳字未避，就会招致严峻的祸患或刑罚。

避讳的方法，历代也有不同。避秦始皇讳政字，改正月为端月，避汉高祖讳邦字，改邦为国，避景帝讳启字，改启母庙为开母庙。唐初，玄武门之变，李世民得继大统。世民二字不连属时不避，后虽避讳，不改其字，只缺末笔以示避讳。到宋代避讳更加严格，避讳范围扩大到赵氏先世祖宗之名，多用缺末笔来表示，也有改换文字的。

宋真宗乾兴元年二月十五日，真宗患疾转剧。十九日，崩于延庆殿。遗诏命皇太子即皇帝位，是为仁宗，尊皇后为皇太后，即章献刘太后。二十一日，皇太后御承明殿，太后坐左，仁宗坐右，垂帘听政，就是这位皇太后垂帘听政时，因为她父亲叫刘通，令天下避通字讳。于是凡官名、地名的通字，都改易他字，如地名通州改崇州，通利军改为安利军；官名通判改为同判，这是历史上少有的现象。本来皇帝御名，一向都选用生僻字，以免日常使用容易犯讳，如徽宗名佶，孝宗名眘等等。钱文结构，是年号加宝文所组成，年号是不会遇到应避字样的，余下宝文不过元宝、通宝、重宝几种，也难遇到避讳的机会，所以钱文须避讳的，可说是前所未有的事。偏偏遇到宋朝章献刘太后当政，要避她父的通字讳，所以仁宗时的三种年号钱，其宝文就没有用通宝的。即天圣元宝、明道元宝、景祐元宝钱，都只有元宝，而无通宝。及至章献刘太后去世，就不再为她父帝避讳而复用通宝为文，第一种钱即皇宋通宝。

由于人们迫切希望得到珍品、孤品以及新品的心情之驱使，有时会把天圣、明道、景祐年号钱的宝文误作通宝的。如有报道说："铜钱二十三枚，有皇宋通宝……天圣通宝……景祐通宝、咸平通宝……"①
又有报道说，这次出土的真书小钱"景佑通宝"，及篆字窄穿"景祐元宝"，是在其他文献资料中未曾见到的，而在出土和传世品中也极为少见。因此，该两种钱币的出土，为北宋时期的货币提供了两枚新的品种，同时也为我国的货币史研究增添了一项新的实物资料。② 两篇报导中的"天圣通宝""景祐通宝"都是作者误识钱文，并非宋钱实有其物。若有则必非宋钱。这种情况所知只有天圣通宝（图9）和明道通宝（图10）两钱。（按：天圣通宝，黄铜，太平天国时钱；明道通宝，黄铜，大成国钱）钱文中涉及避讳的，只有仁宗天圣、明道、景祐三钱，真是少得可怜。其原因即在于钱文是年号（或国号）加宝文所组成，而年号和国号的拟定，早已考虑到要避开犯讳的字，以便于全国上下的经常使用，它本身就不存在需要避讳的因素。剩下宝文，仅只两个字，其中宝字又是最常用的字，皇帝取名时，会有意地避开宝字。至于元、通、重等字，涉及避讳的机会，毕竟是很少的。所以，宋钱须避讳的如此稀少，也是很自然的事了。

图 9

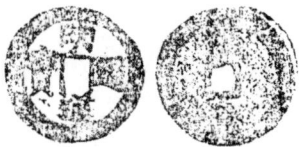
图 10

五、宋钱书体繁复空前

前代各朝，钱文简单，文字书法，千篇一律，少有改变。成汉汉兴（图12）隶书小钱，铸于钱文盛行篆书的西晋，虽是别树一帜，然为时暂短，其影响是无足轻重的。五代十国，篆、隶、楷并见，

---

① 何明《记塔虎城出土的辽金文物》，载《文物》1982年第7期。
② 刘礼纯《景祐通宝出土记》，载《内蒙古金融》。

三体之间，似乎势均力敌，无所短长。至宋朝则既有空前绝后之九叠篆文皇宋通宝（图11），又有太宗御书之淳化（图13）、至道三体钱，除隶书为以前所习用外，行书、草体入钱，都是空前创举。徽宗御书钱，上继太宗故事，先后媲美。他的书法初学唐人薛曜，曜所书《夏日游石淙诗并序》及《秋日宴石淙诗序》两种摩崖刻石，今日犹存河南省登封县石淙山岩壁上，可资参阅。后稍加变化，自成一体，号瘦金书。御书钱（图16）有崇宁通宝、大观通宝等，不独历代皇帝书法，无能与之抗衡者，即臣子书家，也未有其匹，可谓独步艺林，千古绝响。

图11　　　　　　　　　图12　　　　　　　　　图13

宋钱各体书具备，篆书实始自天圣元宝（图9），继之则有明道、景祐，三钱篆书绵密，自然大方，大不同于唐李阳冰之铁线篆。余如治平元宝（图15），篆法疏朗，秀美得中。至熙宁、元丰之篆书，点书变化，结构灵活，大小铜钱竟各达十二种之多（据《中国古钱谱》，下同），可说盛极一时了。徽宗时之政和、宣和钱，则多至二十种上下，加以铸工精美，笔画细而有力，均匀流畅，结体得宜，又不同于熙丰年间之篆书。钦宗靖康钱之篆书钱，也有多种，然论书法结构则稍逊，且多可议者。

图14　　　　　　　　图15　　　　　　　　图16

北宋开国第一钱文宋通元宝（图3）即用隶书，其书远承唐开通元宝之欧阳体；近效汉通（图4）周通（图5）之笔意，数种钱间，仅一字之差，可谓善于学书、长于摹古之作。间或有所变化，要以铁钱为甚。此后，景德至景祐年间各钱，几乎不见隶书，中断约四十年。至皇宋通宝，才再见隶书。其隶书之精美可玩者，莫过于至和元宝、嘉祐元宝、治平元宝（图17）三种小平钱，直入汉人堂奥，既洗去唐隶之弊，亦不同于宋人之隶体，独树一帜，为宋钱书

图 17

法难得之作。行草书之精美，唯太宗御书为最，独步古今，鲜有其匹。宋钱之楷书与隶书，极不易辨。例如：淳化、至道三体书钱，《宋史·食货志》："淳化改铸，又亲书淳化元宝，作真、行、草三体。"王应麟《玉海》："淳化元年，改铸淳化元宝钱，上亲书其文，作真、行、草三体。"都以隶书作真书，知宋元人真、隶不分，清《西清古鉴》："端拱二年改元淳化，及铸钱文，太宗亲书作真、行、草三体。又按真书元字亦左挑，如开元（开通）钱。"清人对真隶也不能辨，始有真书元字亦左挑的话。其实元字左（右）挑，正是隶书特征，而梁诗正及乾隆皇帝都不之知。俗称楷通宣和钱，实系隶楷混杂之作。一钱而用二体书，虽原因尚不能明，然非正派之作可知，殆也不甚区分之一例。至于误隶为楷者，后世谱录，所在多有，早已司空见惯了。以上所述，可见宋钱书法之繁复，实前古所未有，又后来所不及，世称北宋为钱文书法之黄金时代，实非虚誉。

六、皇祐年间未铸年号钱

清代乾嘉以来，收集古钱蔚然成风。在将近二百年间，多少收藏家，付出多少精力，朝思暮想，恨不得一珍品，宋皇祐年号钱，便是猎取对象之一。时光在流逝，收集到多少珍品？截至目前，可以收集到的皇祐年号钱，仅13枚，其少可知。

据史载，可知皇祐年间确曾铸钱。《宋史·食货志》："皇祐中，饶池江建韶五州，铸钱百四十六万缗；嘉邛兴三州铸大铁钱二十七万缗。"两共一百七十三万缗，以平钱为一缗计，所铸钱当有十七亿三千万枚，数量可观。今所见十三品列表如下：（图18－31）

皇祐年号钱著录表

图号	钱文	小平	折二	篆	隶	楷	旋读	顺读	出　　处	附记
18	皇祐元宝	✓					✓	✓	《丛书集成》本《钱录》摹本、木刻	乾隆
19	皇祐元宝	✓		✓				✓	《古泉丛话》中华书局影印手稿本	咸丰
20	皇祐元宝	✓					✓	✓	《古今钱略》木刻本	
21	皇祐元宝	✓					✓	✓	《泉货汇考》中华书局影印手稿本	咸丰
22	皇祐元宝			✓				✓	《泉货汇考》中华书局影印手稿本	咸丰
23	皇祐元宝	✓						✓	《古泉汇》石泉书屋木刻本	咸丰
24	皇祐元宝	✓					✓	✓	《古泉汇》石泉屋木刻本	咸丰
25	皇祐元宝	✓				✓			《古钱大辞典》医学书局石印本	民国
26	皇祐元宝	✓		✓					《古钱大辞典》医学书局石印本	民国
27	皇祐元宝				✓	✓			《古钱大辞典》医学书局石印本 《古钱学纲要》医学书局石印本	民国
28	皇祐元宝	✓				✓			《古录大全》木刻本	
29	皇祐元宝	✓		✓				✓	《古录大全》木刻本	翻图6
30	皇祐元宝	✓		✓					《古录百咏》石印本	
31	皇祐元宝	✓					✓	✓	时贤名片	

图18　　　　　　　　图19　　　　　　　图20

图21　　　　　　图22　　　　　图23　　　　图24

图 25   图 26   图 27

图 28   图 29   图 30   图 31

除图 19，戴熙自己说是伪铸，图 25、图 26 已标明〔此品伪〕字样外，其余都多少有些自夸的语句。唯图 18 的一段文字，似乎是对皇祐年号钱的考证，他说："庆历九年改元皇祐。"图 20 只说"真书径寸"是对钱的一般描述。前者只介绍皇祐年号，没有涉及皇祐年有无年号钱的事。后者只说文字和大小，不能说明钱的真伪。可见这些钱的收藏家，并未作深入探索。民国以来，收藏家对真伪的辨别，已较前提高许多。例如，方若对传世皇祐年号钱的议论说："皇祐元宝，日本谱展转相载，未见原钱，何敢遽定？友有者却非真也。"①末句话近乎总结，确是经验之谈。民国五年，郑家相集泉之初，一日，与张絅伯同宴席，席间张大谈其泉经，皇祐钱也，成化钱也，津津有味。郑曰：是钱何难得？吾家皆有之。张闻而惊喜，亟求一观，约期而别，翌晨，张早至郑家，郑出所藏一一示张。所谓祐者，嘉祐也，成化者，洪化也。张不禁为之失望。后郑忆其事而叹曰："噫！皇祐、成化，世喜真品，前辈谱录，此伪充数，致后之好泉者，日求是泉而不得，可谓受惑不浅。"② 董康为民国初收藏古钱大家。郑家相尝访之，有记云："尝闻董氏藏有皇祐元宝钱，时人极称道之，及观原品，亦属好事者所伪，可谓百闻不如一见矣。"③ 丁福

①　方若《言钱别录》，民国十七年排印本。
②　《梁范馆谈屑》，《泉币》第十二期。
③　《梁范馆谈屑》，《泉币》第十八期。

保说："今皇祐小平钱，有篆、真二种，所见皆伪，无一真者。"郑家相在《古泉汇伪品》一文中说："（皇祐钱）近日诸家所藏，或嘉祐改刻，或皇建改刻，无一真者。可证仁宗皇祐年间，并未铸（皇祐年号）钱。"

　　史载皇祐时曾铸和十七亿多枚铜铣钱，并非无稽之谈。论数量之多，今日不应如此之稀，甚至一个真品不见。但查出土记录，确实不见皇祐年号钱。出土数量最多的，当推湖北黄石市窖藏，多达110吨。其他还有多次出土，数量庞大，但都未有皇祐年号钱的报道。唯有1971年8月，在北京右安门内里仁街前进棉纺厂院内，出土宋宣和四年款铜罍一件，伴出有北宋"至道""皇祐""熙宁"等铜钱。① 这是迄今为止的，皇祐铜钱见于报道的唯一一例，读之令人心情振奋。无奈报道未公布拓本，也无描述，匡庐面目，难得一见！虽然经过多方询问，终亦未得确息，竟成为一件非常遗憾的事。也难免如郑家相故事重演，报道有误。据《中国钱币》杂志的报道，将其中二十五批加以整理，可知其分布面很广泛，是大量出土的北宋钱币资料，又是具有古钱研究水平的同志所经手，可惜也没有发现一枚皇祐年号钱。黄石窖藏和这二十五批报道资料，当反映皇祐年间铸钱的真实面貌的。从而可以断定当时未铸年号钱。

　　皇祐年间铸钱数量之巨大，与今日难得皇祐年号钱的矛盾现象，究竟原因在哪里呢？大概是因为对《宋史·食货志》原文的理解有关。原文的叙述，是铸地和铸数的概述，并没有写明钱文何字，读者每每忽略并未交待钱文何字这一点，以为承上文"皇祐中"的话，便主观认为所铸必是以皇祐为钱文的钱。正是这一误解，才铸成一桩公案，长期未能解决。翁树培在论皇宋通宝钱今日极多的原因时，曾有分析，并断定皇祐年间所铸的钱文，仍是皇宋通宝（详见前文），恰好皇宋通宝钱遗留极多，正与史载曾铸十七亿多枚铜铁钱吻合。可证当时铸钱，钱文都是皇宋通宝，不是皇祐△宝，弄清这一

92

① 张宁《记元大都出土文物》，载《考古》1972年第6期。

容易被忽略的史料内容，则皇祐年间未铸皇祐△宝钱，和传世皇祐△宝伪钱的问题，便可迎刃而解。郑家相等人所说："无一真者"和"友有者都非真也"倒是应当信从的。

七、金钱精美不让宋徽宗钱

金人占有陕西后，得到一批铸钱经验丰富的手工业工人和设备，为以后铸钱工艺帮助不小。可说是金人铸钱精整、文字秀美的一个重要原因，无论是传世众的正隆元宝、大定通宝，还是稀有的

图 32

崇庆元宝（图 33）、至宁元宝（图 32）等大钱，皆极精美，铜质纯正，轮郭深峻，文字秀丽，宋徽宗钱之精美，不得专美于前了。泰和重宝（图 34）篆书大钱，相传出党怀英之手，钱文雍容稳重，不落凡响，信是名作。传世崇庆元宝、至宁元宝，分别为篆书、楷书，制作极精，篆书文字姣好，楷书亦是传神，与徽宗崇宁重宝、通宝二品，可以媲美。

图 33

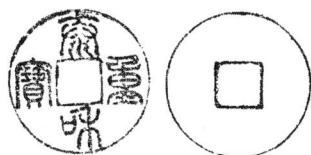

图 34

八、至宁元宝钱蒙诬五十余年

清同治六年正月，北京厂肆广文斋古钱刘曾售出至宁元宝（图 32）大钱一品，为东武王锡杰所得。其族侄王懿荣曾屡传言于鲍康，鲍既未见原钱，亦未见拓本，便臆度为崇宁改刻。李佐贤致王懿荣信，所见所云相同，故续《泉汇》时，坚不肯著录。后懿荣以拓本示鲍、李二老，仍不相信，王只得说"二老倔强如此"。鲍康《续泉

说》："至宁元宝，确系崇宁所改，不是存也。"

郑家相《梁范馆谈屑》记民国十年春正月事说：在方地山古泉串，见一篆书崇庆元宝（图33）大钱，肉间绿锈细如翠点，精致之至。随问曰："此钱是否前年先生携至沪上，而沪上同好均视为伪者耶？"地山曰："然"。时药雨亦在座，亦曰："不可信。"于是对地山曰："人皆曰伪，原以三百金为先生寿，其肯见让否？"地山大笑曰："今日及知音矣，君可谓此钱之乐也。果欲之，未尝不可，但此钱押期未满，请待三月后，当奉让。"至秋间，绹伯在津得至宁元宝大钱，即昔日王戟门得诸古钱刘者。当时诸家多疑之，李、鲍氏：非议更力，故不入《古泉汇》，致埋没久矣。绹伯持之以示药雨曰："如此绝无仅有之钱，而《泉汇》不录，李、鲍二氏何其浅陋。"药雨曰："是也，请以千金为寿。"钱遂归旧雨楼。郑家相因曰："噫！至宁、崇庆二钱，固皆可确信无疑者。前人之疑至宁，固前人之疏；今人之疑崇庆，亦今人之疏。至宁不显，崇庆几没，崇庆因至宁而无疑，至宁亦因崇庆而益信，二钱之得显于世，亦幸矣哉。"此两钱虽极精美，犹为李、鲍及沪上诸公所非议。溯自同治六年王锡杰初得之时，至民国十年，至宁元宝始定为真品时止，蒙诬已经五十余年。可见鉴定真伪，确非易事，岂可率尔定夺于转瞬刹那之间耶。若此钱者，可谓经过时间之考验者。

九、金钱可纠史误之一例

《金史·食货志》："正隆二年鼓铸。三年二月，中都置钱监二，东曰宝源，西曰宝丰，京兆置监一，曰利用，三监铸钱，文曰：'正隆通宝'，轻重如宋小平钱，而肉好文字峻整过之，与旧钱通用。"翁树培按："《金史》及《续通考》俱作通宝，而所见钱皆作元宝，则通之误可知。"翁氏结论，乃是文物纠正史书之一例。范文澜说："地下发掘对历史研究，至少有三种特殊的贡献：第一是创史，第二是补史，第三是证史。"今据正隆元宝钱以证史，虽未必定属非地下发掘所得，却与地下发掘所得无异，与范先生说"第三是证史"完全符合，是可以说明问题的。

十、承安宝货圆钱之伪

承安宝货圆钱，大概首先见于李佐贤的《古泉汇·利十五》，只在附录《未见辽金西夏钱》目录中，记有"承安宝货"，夹注"金宣宗"七字，是待访之意。彭信威《中国货币史》云："章宗承安二年，铸承安宝货银铤，自一两至十两，分为五等。每两折钱二贯。不过承安宝货没有实物遗留下来，钱币学家和收藏家所见过的承安宝货，都是铜钱，而且是方孔钱，史书虽没有说明它的形制，实际上恐怕是铤形。所以铜钱是假造出来的。"这是所知判定铜质承安宝货圆钱为伪品的第一人。若以彭先生作《中国货币史三版序》的时间起算，距 1981 年发现承安宝货银铤时，大约相隔二十年光景。他能在未见实物，单凭史书记述，就能判定铜质承安宝货圆钱是"假造出来的"这一事实，说明他是与标奇猎异的收藏家是有别的，正是这点区别，才可说明他是研究有素的学者，有远见的专家，真令人敬佩。1981 年，黑龙江发现承安宝货银铤，为彭先生之说提供了实物证据，并彻底否定了铜质承安宝货圆钱。

图 35

图 36

原载《陕西金融》1993 年第 19 辑

开通元宝钱的铸法

古钱铸造技术，源远流长，由硬型范而翻砂，又由翻砂而改用机器模压，其演进之历史，大体清楚。独于唐代铸钱方法，长期以来，多认为用失蜡法，却又无人作过比较深入的说明。近来笔者对唐人铸钱方法，略有所悟，因将有关资料，排比疏证，试图说明唐代铸开通元宝钱方法的概况，未知是否有当，尚祈海内外专家、学者，不吝赐教是幸。

前人研究古代钱币，也曾注意收集钱范，是一优良传统，而且他们研究的成果，对今天也是有用的。例如，清人就钱范有阴文、阳文两种，而发现它们功用之异。即阴文范可以直接铸钱。阳文范（不论是陶质、铜质），都不能直接铸钱，还须用它翻印泥质子范，经过焙烧，可以得到陶质阴文子范，才能铸钱。阳文范大抵是盆状中央有一圆突，分枝通向每个钱型。经过翻印，圆突形成孔洞；分枝钱型都成阴文沟槽，便是钱腔。同样的子范若干片，叠放成组时，中央孔洞连通，便是浇灌铜水的主流道，经分枝达到钱腔，冷却即成钱币。旧称范母或母范。铸工术语称为模盒或范盒。它的年代上限可追溯到西汉①，传世有半两模盒。到王莽时达到极盛。最晚的模盒有北齐常平五铢模盒，此后绝迹。齐天保四年铸常平五铢，至唐武德四年铸开通元宝，即 553 年至 621 年，相隔六十余年。此时是否仍使用模盒，虽无有力证据来说明它，但据事物发展规律推断，常平五铢模盒虽是发现实物中的最末一个，但不等于就是使用模盒时间的下限，因此可以认为，这六十余年间，仍用模盒。隋五铢仍用模盒，这可由隋五铢与前代五铢比较中得到证明。并不排斥在此期间，有新铸钱技术出现。

唐初废五铢，行新钱，是史册上有明白记载的大事件，尤其是把制词和书写人姓名都记录下来的事实，更是以往史书中所未有的。由此可见，史官对这件事是多么重视。我想促成这一事实的原因，恐怕是多方面的。诸如钱文的创新，由篆变隶的书体变化，规定每个钱的具体重量、大小等等，这一切都不是可有可无的一般性改动，而是针对当时钱文混乱、大小错杂、物价波动等等客观情况而制定的，是有针对性的措施。所以，史官才郑重地写入史册。其中是否还包括着铸钱方法的改变？虽然尚无法证明，但是，由开通元宝钱铸造工艺来看，确有不同于前代铸钱方法的现象出现。例如，钱文深峻，笔画精细，大小如一（径八分）重量较为准确（重二铢四累）等等。若仍用模盒则须经过翻印、凉干、焙烧等系列工序，其间几经涨缩，要求像这样精细的笔画，是很难保证设计原本意图的。在一定程度上说，这是可以成立的。

有人根据历代都有模盒流传，唐代却从未发现一件的事实，认为唐代不再使用模盒，是合理的推论。于是主张唐代用失蜡法铸钱说便流行起来。其主要根据大概是唐郑虔《会粹》的记载：

---

① 曾有学者，据潍县陈介祺旧藏的两件三字齐刀模盒，断定叠铸技术说"其最进步之国家，当推东齐矣"。（王献唐《中国古代货币通考》第 1590 页）但用模盒铸成的齐刀，是由刀脊一侧入铜，与传世数量庞大的齐刀由环入铜者不同；且模盒本身尚存在缺陷，其器恐出伪造。

　　询初进蜡样日，文德皇后掐一甲迹，故钱上有掐文。

　　这条资料，不但是失蜡说的根据，也是后来纷纷议论甲痕的依据。这里不去管甲痕的事。还来讲失蜡法。假设唐人真的用失蜡法铸钱，则文献里一定有相关内容保存下来，但事实并非如此，在两《唐书》里，却找不到可资印证的资料，不难看出，失蜡法恐怕不是唐代铸钱的方法。再说从失蜡法必需原材料，离不开"蜡"的实际来看，两《唐书》里也缺乏记载。据雒雷同志见告[①]：

　　蜡是失蜡铸造必不可少的原料。《新唐书·食货志》中记载：每炉在一年中所需的原料为"铜二万一千二百斤，镴三千七百斤，锡五百斤。"并没有说到蜡。铜与蜡的比重约为九比一。若用失蜡法，每炉每年至少需两千多斤蜡。《食货志》不言用蜡，也可说明当时并非用失蜡法。国家不用费时、费工、费料的失蜡法，民间私铸，当然更不会用失蜡法。所以，国家为防私铸，对载铜、锡、镴过百斤者没官。对蜡则没有什么限制。

　　以上论证了失蜡法不是唐代铸钱的方法。硬型范和失蜡法，既然都不是唐人铸钱方法，那么，究竟是用什么方法呢？
　　据近年研究成果和收集的资料，似乎可以得到解决。
　　一、锡母的认定。为考证唐代铸钱方法提供了线索。近人高善谦《锡母之探讨》[②]，就是一篇重要的文章。

　　秦汉六朝铸钱以范，有实物以资佐证。清自乾隆迄宣统……也有祖泉、母泉宝物，足资佐证。独自唐迄清雍正，既未发现钱范，也未获得祖、母名泉，然则此千余年中，铸钱之法若何？

---

①　雒雷同志的信。
② 　《泉币杂志》第十六期，民国三十二年一月版。

尚为古泉界之谜……余潜搜冥索，得上列锡泉六品[1]，色泽古旧，制作、文字悉与铜泉不差丝毫，其为官炉所铸，毫无疑议。余以为此等锡泉，即当时之母泉。

此文论定锡质开通元宝为唐代锡母，是前世为人所不知的新观点。

二、从文献的字里行间，可找到母钱的踪影。前引《会粹》中的"蜡样"，是欧阳询进呈的钱样，是前世文献中所不载的新名词，它的出现，说明铸钱技术确有变革。因为硬型范，没有预制钱样必要。高氏文章举出宋章如愚《山堂考索》和明宋应星《天工开物》两条资料，以证明他的锡母论，是可以信从的。此外，还有《续通典》：

　　晋天福三年十一月诏：应有铜者，并许铸钱，委盐铁司铸样颁下诸道。

《宋史·食货志》：

　　大观元年，（蔡）京复相，遂降钱式及锡母于铸钱之铸路钱院，专用鼓铸。

《永乐大典》：

　　大观二年，陕西转运判官张搏进锡铁钱样。

所记的钱样、钱式、钱样和锡母，都是翻砂铸钱所必需的样钱和母钱。锡母一词的出现，适足为高氏所论增一佐证，也是唐代用翻砂铸钱的又一证据。此法，较之硬型范有许多优点。它不用泥

---

①　披露唐开通元宝，金大定通宝外，尚有至道、圣宋、元祐、祥符四品。

（陶）范，可省去焙烧设备，减少工时，节约物料。而且，翻砂所用材料，锡母和细砂，都可连续、反复使用，制造技术也比较便捷。

三、更多的实物佐证。高氏文章所举锡母六枚外，还有其他更多实物，可为唐代用母钱翻砂铸钱作证明。如图示各钱，分别从三个方面来阐明开通钱的铸钱方法：

图 1　作者藏品

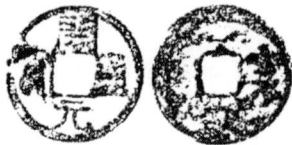
图 2　作者藏品

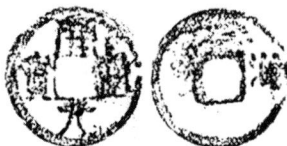
图 3　西安王家巷出土，
陈尊祥《隋唐货币》图 25

图 4　西安王家巷出土，
陈尊祥《隋唐货币》图 26

1. 背文与内外郭，分别由两次捺印而成，证明非硬型范，应是翻砂法。又有三种不同现象。第一，文字与内外郭不在同一平面上。是因两次捺印，用力大小不同，印砂深浅不一，文字遂有高于或低于内外郭的现象。图 1 蓝字、图 2 襄字，都高于内外郭，图 3 京字低于内外郭。这类现象，前人早有发现，但未有说。第二，文字所在部位，有极大随意性。先印内外郭，此时，穿上下左右四方，都是空白。后捺单字，文字出现在穿的任何一方，都是可能的。且以外郭在上，内郭在下的方向为正。① 图 3 洪字在穿右即向左，图 4 洪字在穿左即向右，图 5 京字在穿下即向上。第三，以单字为准，偏斜，高低，左右不正等现象都有。图 4 洪字的共旁，两横都与内郭形成交角，明显左倾，它上部压外郭，占外郭地位，下部离内郭较远，留有空地，其部位明显偏高。图 5 京字，下半被内郭所压，笔画不明，明显偏低。京字的平面，呈上高下低倾斜，与内外郭的平

---

① 　也有例外，以内郭在上、外郭在下的方向为正。如图 24、图 25。

面形成相交面。这是捺印时用力不均，上部强，下部弱所形成的。以上现象，足以说明背文用单字另印的事实。图二十六所示，背文蓝字，印于正面通元之间，若非单字另印，则不可能出现这种情况。

2. 背文的文字或纹饰与内外郭，是一次印出的，即用曲钱所印。但因先曾误印，部位有错，只好重印一次，以纠正前误，可是并未消除前误，才形成两次所印并存现象。陕西西安王家巷出土的唐钱，据报导[1]，埋入年限是在会昌六年（846年）三月以前。清理出会昌开通2978枚，其中为纠正前误而再印背文的八枚。又山西省博物馆藏背兴字和《泉币杂志》刊载背京字再印的各一枚。

图 5　西安王家巷出土，陈尊祥《隋唐货币》图 23

图 6　西安王家巷出土，陈尊祥《隋唐货币》图 24

图 7　西安王家巷出土，陈尊祥《隋唐货币》图 45

图 8　西安王家巷出土，陈尊祥《隋唐货币》图 46

为易于看清先后印制过程，附图用示意图，将第一次误印者用虚线表示，纠正前误者用实线表示。图 6 至图 15，均系开通元宝，这批材料与上述先印内外郭背范，再印单字者之不同处，可从虚、实线比较中看出，其纹饰或文字，都与内郭保持固定关系。附图可见，两次所印，重叠痕迹清楚，关系相同。若为硬型范，则不可能出现这样情况，只有翻砂才有可能在第一次印错后，及时发现，随即改正，终于形成两次重叠现象。图 6、图 8 至 11，月纹在穿上；图 7，在穿左；图 12，在穿下；图 13 在右下角。第一次都印错部位，经旋转母钱再印，才得调正。

———————

① 陈尊祥《隋唐货币》，国家文物局郑州培训中心讲义。

图9　西安王家巷出土，陈尊祥《隋唐货币》图47

图10　西安王家巷出土，陈尊祥《隋唐货币》图48

图11　山西省博物藏检选品

图12　《泉币杂志》第十七期插图，北京李映庵藏品

图13　作者藏品

图14　《泉币杂志》第十六期插图，天津高善谦藏

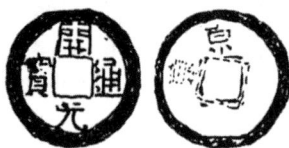

图15　作者藏品

图16　作者藏品

3. 正面钱文，出现"重影"，是因纠正前误，是有意的，或偶然失手，是无意的，却能造成重影现象。但遗留实物很少，图16是第一次印时，部位不正，明显偏左，为纠正前误而再印，留下两次印痕，出现重影。如开字上半虽稍模糊，也能看出是三扇而不是两扇的门。下半井字也能看出是三竖两横，其左右两竖较粗，是井字竖与户字竖重叠造成的。元字明显有两层，第一次印纹偏左，笔画细压在下层。宝字上半模糊，下半且字也有两层，第一次印纹偏左，笔画细，压在下层。目旁经第二次印纹调正后，笔画粗，重叠第一次印文，形成中间两横一竖。这却是有意调整才造成的。图18，印模时，钱腔完整合格，惜偶一失手，将右侧外郭重印在通字之上，通字右半被后印外郭所复盖，留下外郭痕迹，且高于钱面。这是无

意中造成的①。

图 17　《古泉汇·利八》4 页

图 18　《古泉汇·利八》12 页

图 19　《古泉汇·利八》12 页

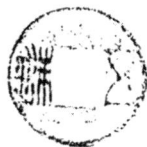

图 20　《古泉汇·利八》11 页

旧时对以上各种现象的解释，多不符合实际。如双胎五铢（图20），被认为是错范所造成的，而错范一词，也常用以解释其他反常现象。如说图 16 开通元宝是错范。其实双胎五铢和图 16，是属于两种不同方法铸成的钱币，前者用硬型范，其增笔处，是刻范时即已形成；后者是翻砂，重影是印范时发生的，都与错范无关。况且，硬型范不论如何错动，也不能使笔画增加。真正错范的标本如图 21 至 23。

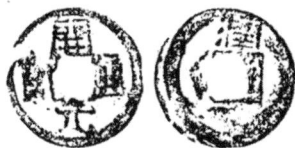

图 21

图 22

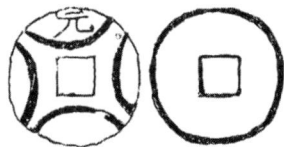

图 23

图 24

第一辑　钱币研究

103

① 这类失误，在宋钱背文中常见。旧时，多有因不明真象，也认为是纹饰。如图 19 皇宋通宝背文，穿上有一斜纹。是由钱腔被刮损，出现斜纹凹槽、铸出即为图 19 所示。传世皇宋通宝钱背文本无月纹，故不能误为纹饰。

图 25

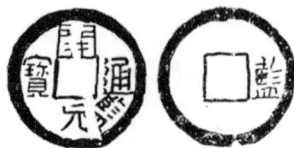

图 26

综合以上分析，可知三事：

一、唐开通元宝钱，不是用硬型范或失蜡法铸造的，是用母钱印砂成范，即翻砂法铸成的。

二、会昌开通背文，制造方法有两种，一是母钱印出内外郭背范，再加印背文单字，如蓝、襄、洪等字是单字另印的。正因为是单字另印，所以，洪字便分别在穿上下左右出现。二是母钱背文既有内外郭，也有文字，可以一次印成。如兴字、京字则两种都有。

三、唐代铸造开通元宝钱，所用翻砂法，应属早期阶段。印制过程还极原始，一个钱、一个字地印，还没有发展到"板板六十四"一板一板地印。所需母钱数量少即可解决问题，若成板印制，则一板即需母钱六十四枚。两种需用母钱数量的比，可能是几十与一之比，因此，遗留母钱实物也相应地是少量的。

原载《陕西金融》1987年第8辑

产生双胎五铢原因的推测

五铢传世极多，大小错杂，文字结构多异，是最常见的古钱。多少年来，很多人都研究过它，做出不少贡献。如对它的断代，就有几位下过功夫，作出一些论断。近年，在田野考古工作的基础上，以发掘资料为依据，参考共出文物、墓葬形制等，对两汉五铢的断代，已经有较为可靠论断[①]，是可喜的重要成果。虽然三国以后，还未得到系统整理，相信将来会得到解决的。至于各种特异现象，如合背[②]、传形、双胎五铢等等，都还未能得到恰当解释或一致的认识。

本文拟就双胎五铢（重影）产生的原因，作试探性的讨论，愿与各位同志，共相研讨，不当之处，望予批评指正。

"双胎五铢"这一专名，不知何时，何人所创。四十年前，在《泉币》杂志第七期中，读郑家相先生《五铢之研究》（以下简称《研究》），始知此名。说云：

图1　《研究》

右五铢六品……五、六铢字朱旁双竖，俗称"双胎五铢"（图1、图2），其实系"磨范"所致，非一种制作

105

---

① 《洛阳烧沟汉墓》及《满城汉墓发掘报告》的有关章节。
② 《中国钱币》1986年第四期《试谈新莽合背钱的形成》。

图2 《研究》

也。（民国三十年七月出版，第 16 页）

同刊第十期（民国三十一年一月出版）载，李华生先生《双胎五铢》一文，题目即用这一专名。这种五铢，并非两位首先发现。清翁树培（1764—1809）就曾经纪录过：

> 五铢自汉迄隋七百余年皆用之。今所见五铢钱，面有轮无郭，背有轮郭。

他又转引佚名《钱币考》：

> 自汉武元狩五年（前 118）至隋亡（618），七百三十七年，具行五铢。今钱存者，大小十余种，其重自一钱以下，或九分、七分、五分、三分不等，种类繁赜。就所见者，如面穿上或穿下横文者……或朱字作㠯形者，或背穿上有"小"字及"王"字者，更仆难数。至其模形，统同莫辨。必如《洪志》之强为分属，未免附会过甚。今将各种，列于隋末，庶几以疑传疑之意云尔。

又引文义堂云：

> 有五铢铢字之金作金者，以与从㠯者，似是一类。

《钱币考》被翁氏摘引，其作者自当早于翁树培。可见，注意这种五铢的，不只翁氏一人。初尚龄《吉金所见录》：

> 右五铢钱：铢字右旁双竖文。尚龄按："《洪志》所载五铢最多，并无朱字双竖者。"曾见海昌陈与伯藏有一品。此类钱乃

获于胶西者。（卷八，古别品）

李佐贤《古泉汇》：

（五铢）一、双五字并列（图3），二、铢字朱旁中竖双画（图4），《汇考》又有金旁双竖者。（利集卷七，十三页）

图3 《泉汇》

叶德辉《古泉杂咏》：

辉按"五铢五字有作ＸＸ字者，铢字有作鏬字者。"

李华生先生《双胎五铢》，

图4 《泉汇》

……铢字似二朱字相叠，即俗称"双胎五铢"是也。惟旧谱所列，与今世所见，多二朱字上下左右两折与中竖相叠，视之上下各有四竖。而此品朱字下段，则左右两折相叠，视

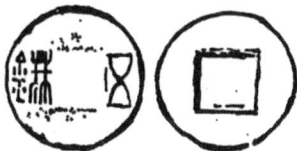
图5 《双胎五铢》
（《泉币》第十期）

之已有五竖（图5）……近年保定出土大批五铢钱中，选得同样者二品……编者曰：双胎五铢皆范磨所致，非另有此种制作业……郑（家相）君断为错范，由其背郭可征，非深乎此者，每易为所蒙耳。（王）荫嘉附记。李华生先生所揭拓片，确与前人所见不同，上举四竖，下垂五竖。

就上所引，可归纳为：

一、双胎五铢，早在乾隆年间已有人注意；

二、20世纪40年代初，始有专名；

三、产生原因为错范（磨范范磨），非一种制作；

四、又有金字作釡者、五字作ＸＸ者……

五、保定出土同样双胎五铢二品。这批资料中，只有郑家相先生《研究》涉及产生原因。然也未说明理由，只有结论。再有，便

107

是王荫嘉先生在《双胎五铢》一文后，对编者曰所加附记。把"范磨"直改成"错范"。郑、王二先生都是《泉币》杂志的主持人，分别是编辑者和校订者。所以，王先生把"范磨"与"错范"等同看待，是不会有偏差的。故知"磨范""范磨"和"错范"，三者是同一概念。

图6 《泉汇》

根据郑家相先生的论断，错范是产生双胎五铢（重影）的原因。所以应当对错范作一番观察和分析，才能看出究竟。错范现象，是由范片的错动，造成铸件发生变化的意思，也就是铸成钱币发生变化的意思。发生变化的钱币，是什么情况呢？图6所示就是错范现象。它造成的变化，是钱的内外郭挪动位置，其形状、粗细并不受其影响。而双胎五铢的位置，并未挪动或外郭稍有挪动，这两者形成的原因，不见得是同一的原因所造成。例如图2所示，外郭宽窄不同，可以用错范的原因解释，而两个字的重影现象，则用错范难以说通。

1. 就图2所示，五铢二字重影。假设是左右方向错范结果，外郭宽窄不同，就不应是左上右下的差异，而应是左右宽窄有差异，才符合错范是产生双胎五铢的论断。

2. 如图1、图4所示，仅铢字右半有重影。从图上看，是看不出错范移动的踪迹来的。而且朱字可以有重影仅是朱字双竖，金字又何以没有重影呢？错范是可以随心所欲，想错出个什么都行的吗？

3. 假设错范可以产生重影，也是存在方向问题的，而且是任何方向都可能出现的。可是见到的各例，多是在原笔画左右出现重影，上下出现重影的例很少。即如图16所示，布字的重影是在原笔画的下方，而内外部却很匀称，不会是上下错动的结果。

4. 图1、图4所示，金旁正常，朱旁重影；图5所示，铢字右半上举四竖，下垂五竖；图7、图9所示，铢字竖笔几乎都有重影；图8所示，五字重影；图17所示，泉字重影等多样变化，又岂是单用错范所能解释的呢？

  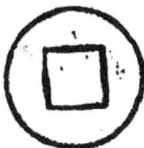

图 7 《研究》 图 8 拓本 图 9 拓本

5. 据李华生先生报道，保定出土五铢中，"选得同样者二品"。错范是铸工失误所造成的偶然现象，哪有两次偶然现象，会造成"同样者二品"之理？可见双胎五铢之"同样者二品"，不会是错范造成的。虽然，一具钱范的型腔数量不只一个，也不可能在偶然失误中，"错"出同样双胎五铢来的。

总之，钱文重影各例，都不是由错范产生，而是另有原因的。

观察双胎五铢，其釆半边都比金字占地为宽，不是等分穿左钱面的。图 5 铢字右半上窄下宽，这类钱的穿左都比穿右为宽，说明釆旁的出现，可能与占地宽窄有关。占地宽窄使钱面布局受到影响，最后决定于刻范工序。这一推想，如果认为还与实际相符，就可以进一步认为，"重影"现象的产生，就在刻范的时候。由于刻工相地所宜而造成的，这是一种情况。刻字时，因文字部位不正，已刻成浅文，发现歪斜，加以调整，使文字摆正（或匀称），就形成先刻浅文与调整深文，同时并存，造成重影，这是又一种情况。图 8 和图 16 所示，清楚地反映出这种情况。如果观察实物，两次刻文高低差别可见。这说明刻范时，其表面和刻文底部（或半截部位），确有刻文不一致的两者并存现象存在。另有一种原因，也可造成表面与刻文底部不一致的现象。在范的表面看来是一直，而底部却刻成两直，这是因为，刀刃从左右入刀所造成的，在表面是看不出双胎（重影）的。可是一经浇铸成钱币，范的表面变成钱文的根底，范的底部刻文变成钱文的表面（最高部位），原来范面的字压在钱文底部，而范的底部刻文，反而露在钱面，显现出双胎来，与范表面所见自然就不相同了。保定出土双胎五铢同样二品，正是同一钱范铸出的，又有什么不可呢？此外，增减（图 3、图 11、图 12）、易位（图 10）、缺笔（图 13、图 14）以及金旁奇小（图 15）等，也是刻范时即已形

109

成的。浇铸时的错范，是改变不了范上刻文的。

图 10 《泉汇》　　图 11 《泉汇》　　图 12 《研究》　　图 13 《研究》

图 14 《研究》　　图 15 《东亚泉志》　　图 17 《东亚泉志》

图 16 拓本

　　古今铸钱，用范不同。唐（或隋唐）以前都用硬型范，范上刻成的图象、文字，是改变不了的。后世用砂型翻砂铸钱。使用母钱币砂成型，容易出现差错，导致各种异常现象。例如重复印砂，所成砂型就出现重叠现象等。但这种失误造成的范，是不能使范（钱）的文字增减笔画。因此，可以论定，双胎五铢的产生，是刻范时所造成的。

原载《陕西金融》1987 年第 7 辑

辨异是古钱鉴别的关键

没有比较就没有鉴别，这是来自实践的经验。古钱都是在不同时间、空间里生产的。由于时空不同，必然各具特色，彼此之间产生差异。只有通过辨别异同，才能弄清年代、国属。尤其是钱文全同或局部相似的钱，都可通过辨异得到正确判断。

事实上，并不是谁都可以通过比较，就能掌握异同，判断年代、国属的。比如"治平圣宝"小铜钱，本是越南仿铸品，却有人当作元末徐寿辉的钱币，并在"徐寿辉的铸币"大标题下，和"天启通宝"钱在一起陈列展出。这样陈列，本是比较异同的好机会，布展的人辨不出混淆了两者的年代和国属，才致有错。原因就在于没能真正掌握它们的特征。而掌握特征，是需要知识的，这种知识，只有靠平日多看钱、多读谱，逐渐积累才能获得，而且是别无捷径的。所以说钱币辨异，弄清年代、国属，不是随便谁都能够掌握的。即使著作等身、学有所成的名家，也有分不清、辨不明的时候。例如：清初尚龄、费锡申都有这样错误，在《吉金所见录》《巽斋钱录》中，就曾以"治平圣宝"当徐寿辉钱著录的事。丁福保先生曾指出并予以订正过。[①] 若从《古钱大辞典》出版时起算，迄今已过四十多年，重蹈覆辙的事例仍然时有发生。江南某市博物馆通史陈列中误

111

将安南国"治平圣宝"，拟定为徐寿辉钱即是例证。类似的例子，可以说是不胜枚举的。单就以元丰（豐）①通宝当隶书元丰（豐）通宝的例证来讲，从 1995 年 1 月至 1996 年 1 月的一年中，即可举出三例，未见有人议论。

例一：在报道出土宋钱精选的文章中说，有两枚北宋隶书元丰（豐）通宝钱。

文章作比较的两钱，是元（豐）通宝与越南元丰（豐）通宝，虽然得到与越南元丰（豐）通宝"迥然不同"的结论。但只能排除不是越南钱而已，对判断两钱归属却毫无价值，且与北宋钱无关，似是走题的比较，不能达到通过辨异同弄清年代、国属的目的。

作者介绍说：元、丰（豐）是隶书，通宝是真书、紫铜质；所附拓本是元豐通宝。据此，可以肯定是日本仿铸品，可是作者不接受这一结论，仍然当北宋隶书元丰（豐）通宝作了报道。②

例二：报导出土窖藏古钱的文章说："最主要的是发现了一枚（北宋）'隶书大字元丰（豐）'，元字第二笔不挑，走部三点而不是三撇。"描述很清楚，这正是日本仿铸的元豐通宝的特征，与所附拓本相符；而不是北宋隶书元丰（豐）通宝钱。文章所说，似乎没有掌握北宋隶书元丰（豐）通宝的特征，因此，就无法分辨异同，弄清年代、国属的。然而，作者又确是当北宋钱报道的。③

例三：介绍元丰（豐）的文章说："（北宋元丰［豐］通宝）楷书旋读，元字略大，丰字为'曲'字头，通字双点，甬字上作 3 形。"这恰恰是日本元豐通宝的特征。所附拓本，正是元豐通宝钱。又说查过《古钱学纲要》，说是日本铸。根据这些，已可肯定为日本钱了。但听博物馆人说："是北宋'元丰（豐）'，非日本所铸"以后，虽然说者没讲理由和根据（也许作者未予转述），就相信是北宋元丰（豐）了。等到查《中国古钱谱》的元丰（豐）通宝钱后，便

① 豐非豊字。湖南澧水的"澧"从水从豐，由豐得声。
② 见《安徽钱币》1995 年第 1 期第 47 页。
③ 见《安徽钱币》1995 年第 2 期第 48 页。

说与"此钱无异，标为罕见品，今特介绍给泉界"，云云。于是"珍品"字样就上了标题。文章最后说"如果确系'北宋元丰（豐）'通宝钱，不失为一枚佳品"。可见虽当"珍品"介绍了，可是内心还是没谱。否则不会在文末添上"如果确系"云云了。①

以上三例，都是以外国元丰通宝当北宋隶书元丰（豐）通宝的。有的作者，作过比较才写文章，这很好。但是对关键内容，如隶书是什么样？豊字与豐字有无异同？宋钱铜质与日本钱有无区别等等，都没有通过辨异同的功夫明确出来，所以难于作出准确判断。

早在 1983 年，中国钱币学会首届学术讨论会上，我曾以《易混圆钱的鉴别》② 为题的论文，提交大会，介绍五十多组易于混淆的例子和区别要点。1984 年收入《中国钱币常识选编》③ 中；1985 年作为教材④印发给国家文物局主办的钱币骨干培训班学员。1989 年，笔者在中国钱币学会陕西分会第二届会员大会上，以《钱币研究存在问题管窥》⑤ 为题，作了学术报告，其中也讲到普通钱混淆问题。报告说：

> 又如一些普通的钱币，也常发生问题。比如天福镇宝之为越南铸、天佑通宝之为元末张士诚铸、楷书元豐通宝之为日本仿铸，都已成普通常识，依然有人将天福镇宝误归五代后晋，天佑通宝误归唐末，元豐通宝误归北宋神宗等等。在清人著作中，也屡屡出现这种错误，大都经人订正过，本不该再错，即在中华人民共和国成立以后，这类错误，依然如故。近来更有对稀有品、珍品、或称大名誉品极感兴趣的人，又将日本元豐通宝当北宋隶书元丰（豐）通宝作了报告……

原载《安徽钱币》1996 年第 4 期

---

① 《内蒙古金融·钱币增刊》1996 年第 1 期第 21 页。
② 1983 年天津社会科学院油印本。
③ 1984 年河南省钱币学会排印本。
④ 《易混圆钱的鉴别》河南郑州培训班油印本。
⑤ 1989 年 7 月《陕西金融》（增刊）。

蛇目半两

　　秦始皇在统一大业中，随着战争的节节胜利，逐步在新占领区，推行自己的制度，这便是统一度量衡、文字、货币。从传世的战国秦量——重泉量的铭文可以看出，量本商鞅时旧标准量器，始皇廿六年加刻始皇诏文，继续作标准量器使用；先秦金石文字书体，如石鼓文及秦公𣪘等文字，和泰山、琅邪等刻石已无区别，可见废六国旧制，所代替之新制，乃系秦国先前旧有的制度和文字。至于废止东方各国货币，以半两为法定货币取而代之，据度量衡、文字等情况来推测，知半两钱制，当然也是商鞅变法内容之一，至少也是在商鞅变法的影响下，开始铸行半两的。今据出土资料的观察和分析，确在统一之前即已铸行。旧时学者曾有半两始铸于始皇廿六年之说，就目前来研究状况，已是难以使人信服的了。据此，则半两钱的始铸时间，也相应地要提前许多年了。

　　半两钱属纪重钱文，自始铸以来，钱文自铭为半两，而钱体轻重、大小却极不统一。总地说来，其中原因之一，是在时间的推移中，时刻在选用最适宜的轻重、大小。直到汉武帝行五铢，才算终结。五铢的轻重大小，为后代长期沿袭使用，便说明了它的大小得中了。

　　西汉四铢半两，是传世较多的一种，蛇目半两便是这类半两中的一种。它的命名奇特，是何缘故呢？这一问题有关记载极为稀少，也是一般人所不曾留意的问题。现据仅有的三条资料，加以介绍：

蛇目半两是钱体有较宽的，仿佛是外部的阔缘，使钱肉形成高下两层，文字则半在高处阔缘上，半在低洼钱肉上。这种形制，是前人没有提到过的。被学者推崇为观察入微的翁树培，也未发现这种形制。到李佐贤著《古泉汇》时，才作为一种异制，收入利集卷二中：

图 1

（半两）一，外郭特阔，与肉相半，半两字半在肉，半在郭为异。[①]（图 1）

李佐贤只作了形制的描述，没有谈及有关探讨。到 20 世纪 30 年代末，日本学者奥平昌洪也曾记述过这种形制的半两，收在所著《东亚钱志》中：

图 2

半两十八，上下有缘，俗称蛇目。[②]（图 2）

他与李佐贤的描述，虽不尽相同，但同为一种形制，则无疑问。并就其形制命名为"蛇目"，即为这一奇特命名之始。此后，中国学者也引进了这个名词。见于近人翁齐斧《谭泉外纪》[③]：

钱之面文，拓视而阴阳半圆者，曰蛇目。（半两有之）

他的中文解释，虽与钱的形制也算相符，但非日语本意。蛇目一词，在日语中，就作环形、环状解释的成词。正因为这种半两，在日本人眼中，其形状恰与蛇目所指形状相符，是环形的，所以才有俗名蛇目的记载。可见蛇目之名，系来自日本。

① 《古泉汇》利集卷二第 9 页背面。
② 《东亚钱志》第七册第 25 页第 18 图。
③ 《古钱大辞典》总论第 109 页背面上栏。

图 3

这种半两所以形成奇特形制，是因为制范手工工人惜力，希图省工，没有在范上把钱肉挖到与阔缘相同深度，才造成高下两层。如不惜力省工，则凹下部分与高处相平，便是普通半两的钱肉。（图 3 拓片）

原载《陕西金融·钱币专辑（6）》1987 年第 3 期

天津市出土咸丰铁钱

咸丰年间（1851—1861）正当太平天国革命时期，清政府为了镇压革命，围攻太平军，军费浩大，财政拮据。于是铸行大铜钱，有当千、当五百、当百等种，都是减重大钱；印发官票、宝钞等纸币，搜刮民脂民膏。后来，还用廉价的铁铸造大铁钱，有当十、小平等种，大约开始于咸丰四五年间。铁钱行用时间短暂。在咸丰七年正月，北京市面，就有拒用铁钱的事发生，至九年，铁钱跌价已相当严重，到七月，用二百当十铜钱，即可换铁制钱一千文。

1985 年 11 月，天津市河北区狮子林大街望海楼教堂东，于地表下 1 米多深处，发现大批埋藏铁钱，约计有几十吨之多，是天津市市区出土古钱的新纪录。这些铁钱，都是咸丰通宝制钱，背面穿左右有满文"ᠪᠣᠣ"和"ᡶᡠ"二字，即"宝""福"二字，可知是福建宝福局所铸小平钱。不同版别，约有五六种，但字体都是横平竖直的宋体字。其中最大和最小的两种，前者外郭宽阔，咸丰二字特扁，通宝二字特高，为其特征。后者直径，面大于背，故剖面呈倒梯形。正面内部特宽，穿孔极小，背面内部较正面为窄，穿孔也大于正面。因而，穿孔剖面呈梯形。这种现象，是为了铸成铁钱后，容易出模而设计的。它的文字，不像最大的那样扁、高悬殊，而是四字高宽接近了。

四字中两个欠妥

《九叠篆"泉府元神"钱》[①] 的作者，把钱文释作"泉府元神"。这个释文据我看，只对一半，还有一半是错的。半对半错的释文，不仅代表两位作者的认识，还包括他们的泉友的认识。不然，就会指出错误的。

说一半是错的，是指钱文前两个字。文章说："泉字写作'崀'，泉字古写法。"先说这十个字，就不是一个完整的句子，也没有把话说明白，没有把词意表达清楚。是因为逗号后边，缺少一个"是"字，这也许是漏排造成的。估计原意是说"崀"字是泉字的古写法。如果这个估计不误的话，这句话只是结论，又因为仅此十字，并没有论证是怎样得出这样结论的语句，也没有摆出证据来，所以这句话是毫无根据的。其次，崀字，在古文字工具书里没有查到，只在《康熙字典》山部九画里，收有"嵨"字，这条下说："《字汇补》。同泉，亦作崀。"《康熙字典》不是古文字工具书，是楷书字典，在注文出现"崀"字，并没有专条解释它，也没有提供篆法或九叠篆的写法，用楷书的"崀"字去释九叠篆的字，是难于说明问题的，所以这个资料是不能解决"古写法"的问题的。虽然作者并没掌握这条资料。"古写法"似乎应该包括两个内容：一、是篆字；一、是

---

① 见《陕西金融·钱币研究》1992 年第 2 期。

年代要古，并且不是楷字的古，而是篆体的古。所以，这条根据是不适用于"枭"字的。这字本写作"𥄂"，把折叠的增笔去掉后，剩余部分作"𡴁"，就清楚地认出是"本"字了。第二字，是由"𠁥"和"𨚤"①组成的，前者不是府字的"广"而是"人"，后者不是府字的"付"而是"叩"，前后两部合而为一，就是"命"字。钱文四个字，应当释"本命元神"。

"谓之古泉第品也"的话，大概是说这枚钱有很高的价值，即"第一品"。第一品，可能有两种理解，既可理解为学术价值高，对历史上的经济、货币等方面研究价值很高；也可以理解为值钱很多。但是，本命元神钱只不过是一枚厌胜钱，终归不是参加流通的钱，对国计民生关系不大，在学术研究中，它的学术价值不可能高到"第一品"的高度，充其量是有民俗研究价值，也不会是第一品的。如果从值钱多的角度出发，封它为第一品，那也是虚伪、欺骗的商业广告，是不能跻入学术之林的。

原载《陕西金融·钱币研究》1992 年第 6 期

---

① 命字本从口，从令，现为行文方便，才这样分开的。

金字倒置五铢

　　《陕西金融·钱币专辑7》载《金字倒置五铢》说："其中有一品铢字之'金'字头朝下，径2.5厘米，穿径1.1厘米，重2.5克。"看标题，读文章，对照拓本，这钱并非如作者所说，"'金'字头朝下"，而是作者的印象，与实际不符。大概是作者用正常五铢的钱文布局，来对待这枚不正常的五铢所致。正常五铢，五字在右，铢字在左为正。单看铢字，金旁在左，朱旁在右是正写。朱字旁在汉五铢中，也有倒正之分，即上举的笔画较下垂的笔画稍短时为正。依这些常例来观察此枚五铢时，则应以图之上为下，以图之下为上，将图颠倒过来为正。即五字在左，铢字在右，铢字是反写的，这种五铢叫传形五铢。

原载《陕西金融·钱币研究》1989年第12期

龙凤通宝

　　元朝至正四年（1344 年）以来，黄河一再决口，连年灾荒，民不聊生。白莲教首领韩山童趁机发动反元起义，不幸事泄，山童被害。刘福通再举义旗于颍州（今安徽阜阳）用红巾裹头，号称红巾军。江淮人民纷起响应。十五年，福通迎立韩山童之子韩林儿，尊为小明王。国号宋，改元龙凤。

　　在反元战争中，小明王铸造了自己的铜钱以"龙凤通宝"为文。不但制作周正，文字秀美，铜质优良，而且钱体厚重，确是优质货币。这对元朝的经济力量是沉重打击，如今也成为一件珍贵的文物了。

　　龙凤是吉祥的象征，小明王年号用龙凤，铸龙凤通宝钱，是有广泛思想基础的。尽管统治阶级诬蔑义军领袖为贼寇，禁用、销毁起义军的铸币，可是还有若干遗留下来。

原载《天津日报》"钱币杂话"专栏

刀币上的刀币

刀币是春秋战国时北方燕国和战国时东方齐国使用的货币。燕刀币小于齐刀币。燕国早期的刀币，正面铸有刀币形的图画。这种象形文的刀币，《古泉汇·亨集》著录一件，系戴熙旧藏，据说是仅见之品。实际并非如此，这一件折断刀首的同类刀币，就出现在天津。

1920年前后天津一位张医师，嗜好古钱，他向"挑大筐的"（旧物小贩）买了一堆刀币，发现其中一枚铸有刀形图画，很出奇，惜刀首折断，再三踌躇买了下来。他十分珍视，秘不示人，更少拓成拓本。这张拓本，是已故陆辛农旧藏，颜色都已泛黄了。百年来，所见仅此二拓片，就是《古钱大辞典》的正编、补遗，也没有著录。

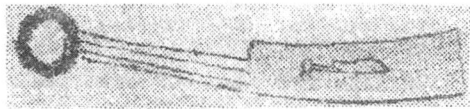

原载《天津日报》"钱币杂话"专栏

一望而知是假钱

"旧社会"有人专以造假钱为职业，他们随心所欲，杜撰钱文。他们留下的假钱，无奇不有。这四种就是他们的"杰作"：盘古通宝、有巢通宝、轩辕通宝、大舜通宝。

只要略有历史知识，一望而知这是假钱。因为盘古到舜是我国历史上的神话传说时代，生产力低下，不会有钱币出现。而且，上古时代没有文字，何况楷书，又铸在钱上？

原载《天津日报》"钱币杂话"专栏

123

漫话古钱

我国铸币的每一种形式，都随着时间的消逝，而向前进化着，并改变着它的面貌，表现出我国古代钱币绚丽多彩的各种形象。自从确立方孔圆钱为主以后，钱文的含义和书法，都有较长的发展过程。从含义上讲，唐以前以纪重为主。唐行开通元宝以后，始有"宝文"出现，为后世年号加宝文作钱文的"年号钱"奠定了基础。从书法艺术上讲，王莽的"货布、布泉"，都有端丽优美的"悬针篆"；刘宋的"孝建四铢"用婀娜多姿的"韭叶篆"；北周的"布泉"，用古朴稳重的"玉箸篆"，不同篆法，鼎足而三。至如北周"永通万国"的篆文，富丽堂皇，柔润妩媚，疏密得中，结构妥帖，实篆书钱文之华盖，乃祖国艺苑之精萃。此后名家所书钱文，层出不穷。钱文书法艺术，至北宋而叹观止矣！

我国钱币，不仅以造形、书法，名噪世界，而画钱、吉语钱，又为西方钱币所未有，独步寰宇，足为民族自傲。画钱则有打马格钱、马钱、仙佛神道钱……尤以生肖钱种类更多。《古钱汇》以为："生肖钱，或即始于唐代。"观唐墓所出十二生肖俑，身作人形，首作十二生肖，其说自当可信。吉语钱如：一面"辟兵莫当"，一面"富贵未央"等钱为汉代遗物。其后，龟龄鹤寿、千秋万岁、福德长寿……种类夥硕，不及备述。然而，这类虽具钱形，并非流通之品，也为西方所未有。

有一种"新春大吉"吉语钱，专以贺新春。钱虽小而词意深。说明我国钱币宝库内容丰富，光怪陆离，无所不包，在世界钱币行列中，能独树一帜，为神州文明，大放异彩。

原载《钱币漫话》上海教育出版社出版

见异寻源

　　在阅读各家的明刀论述中，遇到两枚反写明刀。文字、形制与常见者不同，初则诧异，继而才想追寻它的原因。

　　明刀的面背，是以手持刀柄，刀刃朝左，刀脊朝右时，向上者为刀面，向下者为刀背，燕"明"字正写，固定在刀面，不见反写例。

　　常见燕明刀都是面文明字正写，刀脊中断，向右；背文也正写，刀脊不断，向左。从未见有例外。

　　两枚反写明刀，分别见例一、例二[①]，面文、背文之字，都是反写，且而文不是明字，而是：例一为"右六"，例二为"左"。它的特点是：一、"右六"和"左"都是燕明刀背文所习见，此见于面文为异。二、文字两面皆反写。三、就正面而论，既是正面，则刀脊应中断，两例又皆不断；再看刀背，其刀脊应不断，两例又皆中断，这些既不同于燕明刀的文字和形制，也不合于燕明刀范的文字与形制，而且处处相左。这种现状，是怎样产生的呢？假设是出于燕明刀范的话，两例的正面，与燕明刀范的背文相类，当系背范所铸。其文字系明刀背文，刀脊不中断，这两点虽然完全吻合，可是与燕

---

　　① 石永士、王素芳《建国以来燕币的发现与研究》，《河北金融》1988 年增 4 号第 30—32 页。

明刀范的刀脊方向又不相符，背范刀脊朝右，铸出则必朝左，两例却又都是朝右，适得其反。这个不相协和的矛盾存在，说明两例的正面是不可能出于燕明刀范的背范的。出于同样的考虑，两例的背面，都是反写明字，刀脊中断，刀脊朝左，除了刀脊中断外，也与燕明刀范的面范，处处相左，说明两例的背面，也不可能出于燕明刀范的面范的。面、背都不出于燕明刀范，且正面就是正面，背面就是背面，两者根本不能互相转换，这个事实说明，反写明刀不是用燕明刀范所铸。

反写明刀既非燕明刀范所能铸出，那么应是什么样范才可铸出呢？那范必须是：第一，明字和另一面文字都正写，才能铸成反字；第二，面范的刀脊不断，背范的刀脊中断，才能铸成两例的样子；第三，面范刀脊朝右，背范刀脊朝左，才能解决燕明刀范所不能铸出的效果。这三种情况，都不是燕明刀范上所能找到的，只能是刻范工，在工作中有失误时才有可能出现。单独出现的可能性还比较大些，如明字正写；面范刀脊不断，刀脊朝右，背范刀脊中断，刀脊朝左等。可是，在数以万计的明刀中，似乎不曾见过这样失误。按反写明刀的要求，还要把三个错误，同时凑在一个范腔才行。但那是几率很小的，甚至可以说是不可能的。所以，这也不是产生反写明刀的原因。

以上所分析的两种原因，既然都不能成立，那么就应考虑第三种原因。面背文字都是反写，是异常现象。可是文章只字未提，是否可以认为：文章附图本来正写，不存在异常现象才不加解说的。附图既不是反写的，反写明刀拓本出现在何时？大概在交稿以后，印成以前。唯有在制版时，误将底版弄反，才成为反写明刀的。原因正在这里。

以上是在未见原刀的情况下，所作的推论，容或有误。但是两种不可能的原因，理由是充分的。而弄反底版这一原因，又是刊物上常有的事。如果这个推论幸而说对，就说明反写明刀并不存在。如果收藏单位复核这两件标本，确是两件反写明刀，并无错误，反

127

写明刀确实存在的话，那又有什么不好呢？到那时，这一切推论都成废话，也没关系。因此事实，将反写明刀选拔出来，又为钱币宝库增添了新的、特异的品种，有谁不欢喜呢？只不过还要继续追寻所以造成的原因罢了。

原载《中国钱币》1992年第2期

"大泉五十"陶范

此范原系文安王宗鲁①先生所收集，1971 年，转赠于我。范母陶质，深红色，火候较高，夹有羼合料，周沿有残损。范为正方形折角。共有钱模四枚，面背各二，面模居上，背模占下，皆横列分为上下两半。上半略低，下半稍高，形成高低各半之二层台（非面背两侧分排之范无此台）。面模、背模之高度（即厚），又在同一平面上，遂成面模厚于背模之状。这一设计之目的，为使子范在合范时，其分型面不在钱腔厚度中分线上，而是略偏于钱背一侧，以保证铸成之钱，与分枝脱落时，所留茬口，在钱背一侧，而不致影响正面光洁完整。中央有主流道，基部有四分枝，分别通向四钱模，与钱模相交处，不仅薄于模之厚度，且也薄于分枝之厚度，乃出专门之设计，以便铸成后，钱与分枝易于脱落，面模钱为阳文，篆书，正写"大泉五十"四字。面模背模皆有肉好周廓。钱模之间，上下两半各于近周沿处，上半有凹卯一，下半有凸榫一，为印成子范后，合范定位而设。钱模径 2.55 厘米，穿宽 0.8 厘米。此范为叠铸范，因为主浇注口在中央（如图）。

129

---

① 王宗鲁（1891—1980 年），河北文安人。生平笃嗜金石，尤酷爱古钱。六十年所聚，数逾五千。晚年著《泉布简说》四卷。

右范王孝甫先生旧藏後捐赠於余三年来弑拓一纸以赠

陈赫襄先生此为第二拓本

石父又识

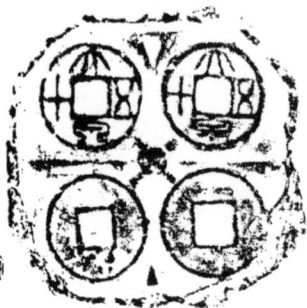

原载《新莽钱范》三秦出版社出版

方孔圆钱的终结

我国钱币产生后，经过一段时间的发展，到战国时形成四种形态，都用铜铸。其中，圆形钱有圆孔者，称圜金。有方孔者，称方孔圆钱，简称圆钱。它们分别出现于布币和刀币行用区内。秦并六国，废止六国旧钱，独行半两，方孔圆钱便成为通行全国的唯一形态了。

汉武帝行五铢，是在实践中总结经验教训后，才制定出来的。五铢钱大小适中，轻重适宜，共行用了七百多年之久。唐高祖武德四年（621年）废五铢，行开通元宝，仍采用方孔圆钱的外形和五铢的大小、轻重。直到清末，大体遵行不改，足以说明方孔圆钱的优良适用了。开通元宝的出现，是钱文内容经长期发展的结果，从而，取代了多年来以纪重为主的钱文结构，是重大的改革，有深远的影响和历史意义。它虽不是年号钱，而此后行用暂短的乾封泉宝、乾元重宝、大历元宝、建中通宝等，却是从它发展而来。到宋太宗淳化五年（994年），铸御书三体钱后，改元必铸新钱，由北宋而南宋，直到民国初年，都铸过年号钱。

方孔圆钱，不但在我国源远流长，在邻国也被长期采用。如：日本于唐景龙二年（708年）铸和同开珎（宝）；安南国于北宋开宝三年（970年）铸太平兴宝；朝鲜于北宋至道二年（996年）铸乾元重宝。这都是采用的开端，直到近代才被新型钱币所代替。可见影响邻国之早，经历时间之长。

　　一切事物，都经过发生、发展和衰亡三阶段。那么，圆钱衰亡于何时呢？在我国，光绪末年即有机制新型钱，与圆钱同时流通。民国初年，还有民国通宝的铸造，这当是方孔圆钱的末代了。在邻国，日本自明治维新、朝鲜于李朝光武年间（1897年—1906年），分别铸新型无孔圆钱，以取代方孔圆钱。唯有越南，当保大帝（1932年—1945年）统治时，还铸方孔圆钱——保大通宝（如图）。直到1945年，越南人民在胡志明领导下，建立了越南民主共和国，方孔圆钱才退出历史舞台，至此，方孔圆钱在世界上宣告终结。

原载《钱币漫话》上海教育出版社出版

铁钱三难

历代用钱，形制虽然各异，而取材用料，大都用铜，从先秦刀布，至圆钱灭亡，历时两千余年，大体如此。然而，使用钱币为时既久，加以变化频仍，取材并非是铜材的一统天下。在个别时间个别空间里，用途各异的钱，它们的取材，则是金银铜铁铅五金俱备的，尤以用铁为常见，数量也较多，铁钱研究，就成了一个新的分支。挚友姚世铎先生，决定刊行《铁钱专辑》，是有远见的，还向我征稿。撰写这篇小文，时间既仓猝紧迫，资料又分散生疏，谬误必多，尚祈读者诸公，批评指正。

铁钱铸行，从时间地区以及铸额来说，都远远少于铜钱，而区域性特点，更为突出，给收藏家的收集造成很大困难。因此，接触铁钱的机会，以及认识的深度，都不及铜钱。这种情况，在古钱研究进程中，是自古已然的。例如：萧梁顾烜《钱谱》，就曾著录过萧梁武帝的五铢背四出（图1）、五铢大吉、五铢大富（图2）、五铢大通等四种铁钱（见洪遵《泉志》引文，下文有引用）。正因为他是萧梁百姓，生长在梁国境内，才便于收集的。与近年

图1

图2

133

湖南出土西汉铁半两钱，他没有著录，是一个道理。受所处时空的限制所致。犹如今人之对铁钱，川陕易得，而燕赵难求。即如《钱录》一书，是乾隆皇帝钦定，命儒臣编撰而成的，实物来源于皇家的收藏。除著录萧梁五铢大吉等二铁钱外，在北宋部分，一枚铁钱也未收录，可见连皇家收藏，都很难得到铁钱。至于著录的二枚五铢铁钱，恐怕亦没有实物，只是沿袭旧谱而已。倪模《古今钱略》著录萧梁四出五铢等铁钱，其中五铢大吉等二品，也是沿袭旧谱的。北宋部分，虽然著录了北宋铁钱，而未见品、仅存其目者尚多。倪氏当时，交游很广，名流大家，多与相识，而且注明拓本，摹本来源的记载中，涉及的收藏家人数更多。所以，《古今钱略》一书，不仅是倪氏所藏之物，实际已成众多收藏家藏品的总汇。像这样广泛收集的谱录，尚且如此，单枪匹马的个人，就更难了，足证区域性对收藏家的阻碍是很明显的。

至于李佐贤，《古泉汇》一书，收录铁钱独多的原因，则不能不推刘喜海、鲍康为首功。因为刘、鲍都曾入川做官，才能收集众多铁钱，供李佐贤的采择。

由上文可以看出铁钱研究，还处于不够深入的阶段。姚世铎编《铁钱专辑》一事，对铁钱研究，必然会起到推动作用，我正额手称庆，企望先睹为快了。

铁钱研究的进程是缓慢的，应与上述条件有关。至于铁钱历史的深入研究，自有专家在，不容门外汉多事。但在温故知新的征途中，也看到一些规律，因撰小文以抒己见，仅供参考。

铁钱及铁钱研究可有三难：第一，行用铁钱难；第二，古代铁钱保存至今，文字清晰难；第三，铁钱研究，自来论说者少，辨真伪，断年代难。兹就管见所及，分述于次。

一、行用铁钱难

史载萧梁武帝时，才大铸铁钱，禁用铜钱。这是中国历史上政府第一次大量推行铁钱的，是公开铸币贬损的措施。[①]《梁书·武帝纪》云："普通四年（523）冬十二月戊午，始铸，铁钱。"《隋书·食货志》云："普通中，乃议尽罢铜钱，更铸铁钱。人以为铁贱易得，并皆私铸。"禁用的铜钱，除天监新铸五铢等外，包括历代铜钱，都一律禁用。在民间，尽管政府命令雷厉风行，而百姓在交易时，仍愿使用铜钱，因它比铁钱轻便，是优质货币。但很快就会发现，铜钱已被禁止流通，只有铁五铢（劣币）独占市场时，其结果必然会造成民间储存铜钱之风，以至窖藏铜钱不再使用。在这场官民交争利的形势下，对政府推行铁钱，必然产生极大阻力，是不言而喻的，也是可以事先预料的。所以萧梁政府，要了个花招，在钱文上做文章，想出：五铢大吉、五铢大富、五铢大通等钱文来。宋洪遵《泉志》引萧梁顾烜的话共二段说右大吉钱。顾烜曰："普通四年，铸大吉铁钱，大小轻重如五铢。文曰：五铢大吉，背文四出"。右大富钱。[②] 顾烜曰："普通四年，铸大富铁钱，大小轻重如五铢。文曰：五铢大富，背文四出"。右大通钱。顾烜曰："普通四年，铸大通铁钱，大小轻重如五铢。文曰：五铢大通，背文四出"。顾烜读作"五铢大吉"，不读大吉五铢，体现出改变钱文的意旨，意思是说：这枚铁五铢钱很吉利，借此欺骗百姓，使之乐于接受。类似钱文，前此则有石勒的丰货（图3、图4），后此则有北周的五行大布、永通万国等钱都是改换钱文，以欺骗百姓的。其中丰货钱，唐代称之为"富钱"。杜佑《通典》云："丰货钱，径一寸，代（石父

图 3

图 4

① 萧清《中国古代货币史》第 158 页。
② 陈浩《浙江首次出土五铢铁钱》，《中国钱币》1984 年第 2 期第 12 页，彭信威《中国货币史》1965 年第 2 版本，第 316 页，凡不注出处者，都见中华书局翻本《古钱大辞典》第 1563—1567 页。

按：代，唐人避世字讳改用'代'字）人谓之富钱，藏之令人丰富也。"可见丰货钱能令人丰富之说，流行已久，很有来历。则萧梁三铁钱钱文之意义，可以迎刃而解了。倪模《古今钱略》著录有背四出铁五铢。他说："今按：此钱今世有之，轮郭厚重，字迹微漫，背四出，径七分，重三铢六参。"（石父按：参，累之讹）1982 年，浙江省桐庐县曾出土五铢背四出铁钱大小二种。[①] 不仅证明背四出铁五铢是确实存在的，也肯定《古今钱略》著录者，是真品。

改变钱文，采用吉语这一着，原本是政府推行铁钱者的主观愿望，希望获得百姓因希图吉利，而乐于接受的效果。就这种钱文的拟定来看，政府是预先知道推行铁钱，会有阻力的，才采用新钱文。因此，对百姓来说，这一措施，无疑是一个极大的欺骗！仿佛这样作，能帮助铁钱的推行似的。那知，由于铁贱易得，政府又无法控制，私铸可获厚利，于是造成，除官铸铁钱外，又加添了私铸大宗铁钱，一齐加入流通，大量铁钱投入市场，参与流通，就出现了新的情况。《隋书·食货志》云："及大同（元年，535 年）已后，所存铁钱，遂如丘山，物价腾贵，交易者，以车载钱，不复计数，而唯论贯，商旅奸诈，因之以求利。"从普通四年推行铁钱，禁止铜钱时算起，到这时，不过十多年光景，就出现了引文所说情况，说明推行阻力之大，符合政府难于行用的预料。这就是历史上，大规模使用铁钱的结局！

五代十国时，用钱情况比较混乱。彭信威《中国货币史》云："通观五代十国的钱币，五光十色，但可以看出两个特点：第一是大额钱币的盛行，（中略）第二是低级金属的大量使用，特别是铁钱的通行。以前使用铁钱，只有个别的例子：如公孙述的铁五铢，梁武帝的铁五铢，都是小钱，五代十国则有当千的铁钱。"彭氏总结五代十国的特点之一，是低级金属的大量使用，特别是铁钱。又说到有

---

① 陈浩《浙江首次出土五铢铁钱》，《中国钱币》1984 年第 2 期第 12 页，彭信威《中国货币史》1965 年第 2 版本，第 316 页，凡不注出处者，都见中华书局翻本《古钱大辞典》第 1563—1567 页。

当千的大铁钱。当千铁足够劣币的典型了。他指出的是刘燕永安一千大铁钱（图5）（对其断代，下文有说）。刘燕铁钱，在近百年来，才较多起来，尤其是民国十二年（1923年）三月以后。前

图5

此是极为稀罕的。现在可以找到的刘燕铁钱有八九种：永安一千，是其中的一种，目前实物虽多，而文献资料太少，研究者虽有多人，都是考证归属问题的。对当时历史背景，流通情况，几乎都未涉及。

此后不久，四川的孟蜀，也铸行过铁钱，吴任臣《十国春秋》云："广政十八年（955年）十月，募兵既多，用度不足，始铸铁钱。二十五年，行用铁钱。"孟蜀铸铁钱，竟然储存七年以后才行用，其原因，史书未有说明。但是铁钱，是以低级金属铸的劣币，难于推行不便流通的情况，是历史已经证明了的。如前述萧梁行铁钱的结果，是十分明白的。那么，储存七年以后才行用的原因，大概就在这里。及至北宋平蜀，四川只用铁钱，因铁钱贱，又笨重，不便商贩贸易，于是在民间产生了私交子。私交子的出现正是铁钱不便使用的反映。

清朝咸丰（1851—1861）初年，为筹集军费，铸大钱，印纸币，还铸过大铁钱，大铁钱的面额，最大有当千的。它可说是已达到劣币的极点了。不便行用，百姓不愿接受，是理所当然的。由

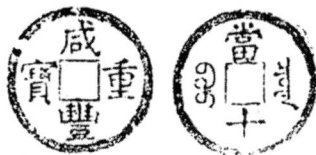

图6

于当十铁钱铸额最多，影响较大，所以，咸丰通宝当十大铁钱的问题（图6），也比较突出，是最不受人欢迎的一种。彭信威《中国货币史》云："咸丰七年正月初十，北京商人拒不肯用当十大铁钱。十一日，所有米店和另售食物的店铺，大半关闭，等于罢市。少数继续营业的店铺，也用各种办法来拒收大铁钱。譬如白面，若用当十铜钱去买，虽然价格要比制钱价格高得多，但到底还买得到真面，若用当十铁钱去买，则不但价钱要高五倍，而且商人在面中掺杂他

137

物，以致不能食用。"北京罢市抵制大铁钱事件，是在天子眼皮底下发生的，影响极其重大。自二年行大钱时起，至事件发生，不过四年光景，就发生了百姓明目张胆地拒用事件，成为铁钱难以流通的又一证据。

以上事件，说明自萧梁行使铁钱以来，天子与百姓交争利，虽然天子手中有权，最后也不得不恢复使用铜钱，或者自身灭亡。可见行用铁钱难。

二、文字清晰难

钱币学家，很早就注意并收集铁钱了。萧梁时的顾烜，就是最早的一人。相沿至清代中叶，他们都只能有少数铁钱可以过手，所以，见于著录的并不多。铁钱的大量收集时，已是道光年间的事，从刘喜海开始的。鲍康《观古阁丛稿·三编》[①] 云："南宋铁泉，旧谱所载皆无几。刘青园丈得嘉定全宝，云从来未见。自燕庭丈官蜀，始一泄其奇。盖尘埋市肆中七百余稔矣。余有其全拓，《泉汇》选载之，凡二百八十余品。"刘喜海所得铁钱之多，种类之繁，确是空前之举。为中国古钱研究提供大量新资料，并拓宽了道路，刘氏之功，实不可没。当时鲍康既屡屡得到刘氏的馈赠，自己又加意收集，也有很多铁钱。在《自题两宋铁泉拓册》中说："旧藏两宋铁钱，几与刘丈相埒，拓成一册。五芮川刺史为题曰《泉影》。泉存秦中一戚家，兵燹后，悉数失之，只《影》尚存。李竹朋著《泉汇》，复选去百十纸，《影》亦不复全矣！庚午（同治九年，1870 年）宋爰后，加意搜索，并钱友所遗，复数百品，虽不能复旧观，而选胜标新，亦足自喜。同治甲戌（十三年）九月。"又题《嘉荫簃铁泉拓册》云："戴文节谓铁泉易于作伪，独蜀中市肆铁泉盈千累百，无人过问，绝非赝作。自燕庭丈宦蜀，始一发其奇，寄余全拓二百九十三种。竹

---

① 鲍康《观古阁丛稿三编》木刻本。

朋著《泉汇》，选取十余纸，已非全璧。光绪二年（1876）三月，继动云索观之，观赏不置，珍重题识以归余。因念余旧藏，初亦相埒，乃与燕庭所收，今皆不知流落何所，两家仅存此墨本，亦不若旧日之完。物之聚散如云烟，开卷殆不无怅怅，犹喜《泉汇》已刊布海内，凡虽亡未始亡也。"两跋内容涉及四川铁钱之被学者所发现、收集，乃至收集之数量、著录和聚散种种情形，历历可见。刘、鲍所集，所拓总数可有若干？虽无确数，估计当不少于两千枚。就此而论，选出两千枚铁钱，又需要从多少铁钱中选得呢？被淘汰的量又有多少？推想其数量当是一个十分惊人的数字，鲍康《为石查题两宋铁泉拓本册》云："属人购觅；所得亦数百品，唯铁质易朽，漫漶者多。忆壬子（咸丰二年，1832 年）访燕庭京师寓斋，见几案下尚堆积数千枚，皆不可辨识，相对惘惘然。比己巳（同治八年，1869年）过成都，见铁泉依然累累，爰致书友人，兼收博取，特百十中完好明析者正无几。"鲍氏所见刘氏寓斋堆积铁钱，当是从蜀中携归者。然而，此时竟皆不可辨识。鲍氏倩友代收时，亦百十中完好者无几。可见铁钱易于锈蚀，文字清晰难。在今日报道中，也是这样情况。现选除四川以外各地报道于次。

（1）陕西：中华人民共和国成立以来西安市及郊区、咸阳、宝鸡、长安、大荔、丹凤等地出土铁钱，大部分锈结严重，结成大小不等的铁饼块，一般钱文字迹难于辨认。[①]

（2）江苏高邮：1985 年 7 月初，京杭运河高邮临城段，在航道拓宽疏竣工程中，机械施工，遇到大量硬块（铁钱结块），船身震动，随之出土大量铁钱。[②]

（3）甘肃庄浪：铁钱成串锈结在一起，绝大部分已被氧化腐蚀，

① 吴琪荣《陕西出土的北宋铁钱》，见《中国钱币》1985 年第 10 期第36 页。
② 刘恩甫等《江苏高邮出土南宋铁钱的初步清理报告》，《中国钱币》1987年第 2 期第 3 页。

残不可辨。①

（4）浙江桐庐：铁钱出土时，锈蚀严重，字迹模糊。②

（5）天津市：河北区狮子林街小学工地，发现铁钱，除少量另散铁小平钱外，已锈结成与地基相连的铁钱锈块，重量大约几吨，锈蚀严重，未予清理，原地埋入房基中。③

就上引报导看，各地出土铁钱，都有严重锈蚀，进一步说明保存铁钱，文字清晰难。

三、辨真伪、断年代难

辨真伪、断年代，是文物鉴定者的任务，也是文物爱好者（包括钱币爱好者）、文博工作者要精通的业务。二者相比，似乎要以辨真伪为首要，因为真伪不辨，就是作出年代判断，也是不可凭信的。两者分，则各自独立；合，则相辅相成。为行文方便，先述辨真伪，再讲断年代。

（1）辨真伪

传世古钱，铜钱与铁钱数量相比，铜钱多，铁钱少，数量相差悬殊（个别地区除外）。过手古钱，也是铜多铁少。因为铁钱数量少，前代学者，难免受稀奇罕见的诱惑，对铁钱格外有好感，兴趣浓厚甚至有所偏爱。由于所处时代关系，在遇到伪钱的机遇上，就大不相同了，大概所处时代越早，越可以少受骗上当。例如，顾烜著录的萧梁铁钱，就可断定都是真品，或者他就曾经使用过，也说不定。到了清代中叶以后，收集古钱成风的时候，遇到铁钱，就不

---

① 程晓钟《甘肃庄浪县出土北宋钱》，《中国钱币》1991 年第一期，第60 页。

② 陈浩《浙江首次出土五铢铁钱》，《中国钱币》1984 年第 2 期第 12 页，彭信威《中国货币史》1965 年第 2 版本，第 316 页，凡不注出处者，都见中华书局翻本《古钱大辞典》第 1563—1567 页。

③ 唐石父现场所见。

好保证必属真品了。丁福保《古钱大辞典》著录的平靖胜宝当千大铁钱，就是以假当真的例（下文有说）。戴熙《古泉丛话》①说："铁泉最难辨，近射利者，知铜不可赝，转而范铁。幸以徐氏象梅图篆为蓝本，三尺远即知若以真钱翻砂，火以烈，范以深，工以良，钢磨之，盐锈之，衣带以合之，可以炫法眼。鉴铁钱者其慎旃！"鲍康是清代最受人尊敬的一位古钱专家，鉴定水平高，眼力很强。他对前辈钱家所藏之嘉定新宝、大宝、至宝等铁钱，最初也曾认为是赝品。及至得到四川铁钱，才打消这种疑虑。他有诗②云："昔闻张氏富钱币，拓墨往往夸先鞭，（嘉兴张叔末清仪阁所藏嘉定铁钱，有新宝、大宝、至宝数品，当时尚疑其赝）赝鼎初疑出好事，真本乃今见流传。"这是鲍氏失误又经改正的一例。今人类似的失误也是有的。比如；平靖胜宝当千大铁钱（图5），首先见于丁福保《古钱大辞典》著录，是著录最早的一例。其书出版于民国二十七年（1938年），丁氏见到此钱，当更早些。收录时未标钱数多少，只标无定价二字，可见他是当作真品而著录的，并且看得十分珍贵，才标无定价的。又可证丁氏不知是一枚伪品。两年后的民国二十九年，丁氏出版《历代古钱图说》一书，就没有著录平靖胜宝当千大铁钱。这无声的行动，透露着丁氏认识转变的真实消息。虽然丁氏并没作专文辨解或文字说明，也是可以推知的。后来，彭信威《中国货币史》有一段精采的议论③，摘录于次："第三类是一枚当千大钱（石父按：系铜质），除当千大钱出杭州外，其余（石父按：包括第一、第二类而言），都是湘桂一带发现的。（中略）当千大钱有人怀疑，它不出于广西，而出于杭州；而且是在杭州有人造假太平天国钱的时候。钱背的祷天福，似乎是基督教的用语，不是天地会的用语。（中略）此外不论太平天国钱币或其他天地会政权的钱币都不纪值，而这钱忽作当千，太突然了。"彭氏只讲了自己的见解，完全出于怀疑的态

141

---

① 戴熙《刘戴合刻》。

② 鲍康《观古阁丛稿三编》木刻本。

③ 马定祥说。见图。

度，最后并未下断语，真是妙极了。正是这些怀疑点，后来都成了平靖胜宝当千大钱出于伪造的证据。自然，这些话对当千大铁钱也是适用的。此时，比丁氏得此钱，晚了将近二十年，提出的见解，与丁氏就大不相同了，认识确实大有进步。又过了二十多年，马定祥父子合编《太平天国钱币》一书的出版，才明白表示，不但铁质平靖胜宝当千大钱，是臆造的伪品，铜质的也一样。这一结论的获得，历经四十余年，丁、彭、马三家相继摸索、探讨才认识到的。辨真伪不但要有丰富的知识积累，还要经得起时间的考验，然后才能得到，可见辨真伪难！

（2）断年代难

断代是一门专业技能。具体到个人身上，则是随着年月的流逝、阅历的增长而进步的，又是渐进的，没有捷径或速成的门路的。从历史上看，是一代人又一代人的长期、逐渐积累知识的结果，后人沿着前人正确的方向，踩着前人的足迹走上去的。后来者的成功，其中必然地包含着前人心血——研究成果，少走许多冤枉弯路，径直地走向成功之路的，后人之所以能够获得成功，以至胜过前人，并不是后人的聪明才智超过前人，而是有了前人失败和成功两方面的经验，可资借鉴，才获得的。基于这点认识，来看前人断代研究的发展过程，是能得到认可的。举例说吧，前文曾经提及的永安一千大铁钱，马定祥说此伪铁钱载于丁福宝《古钱大字典》上编补遗410页，当系丁氏误以为真。它的断代研究历程是怎样的呢？

水安一千大铁钱的发现，最早记录当是金代海陵王天德（1149—1153）年间，兴建中都时发现的。元好问《续夷坚志》云："海陵天德初，卜宅于燕，建号中都，易析津府为大兴。始营建时，得古钱地中，文曰：'永安一千'。朝议以为瑞。然亦不知永安一千为何代所用钱也。"这段记载，记下了天德初发现永安一千大铁钱的事，是一条难能可贵的资料。不过发现者不是懂古钱的人，当时又没有科学发掘的知识，只能知道曾有这样事而已。与钱相关的事、物和现场状况，都没有记下来，对于它的断代，失掉了第一手资料。

由于时代的局限，现场提供的第一手资料，是他们不知收集而失掉的，才使当事的人们"不知永安一千为何代所用钱"。

图 7

永安一千铁钱的断代问题，也是元好问提出来的，但无能为力，没有解决。所以，谈不到什么学术价值。真正进行断代研究的，当是翁树培。他在《古泉汇考》中说："唐宋以来，纪元永安者，惟夏乾顺改元永安，凡三年，元年宋元符元年（1098 年），夏国多铁钱，此皆（石父按：皆，衍文）夏钱与？其曰一百，一千，盖所当之数也。但此钱既于西山房山等处掘得，苟非刘守光所藏大安山之钱，当亦辽以前物，究不敢谓是夏钱也。"开头"唐宋以来"句，已经排除唐以前之可能性。这是主北凉说者，所未见到的，虽然在翁氏之后的人，也很少具有这样见识。而且，都把永安认作年号①，去考虑应属谁铸，正好西夏既有永安年号，又多有铁钱，由这两点的巧合，才有了"夏钱与？"的话。继而又据房山掘地所得，提出"究不敢谓是夏钱也"的看法，放弃前说。虽然翁氏并未解决好永安一千的断代问题，但已缩小了可能范围，不会是唐以前物，是很可贵的。这偏偏没有引起后人的注意。倪模《古今钱略》云："按永安为西夏崇宗乾顺年号，《宋史·外国传》，崇宗在位五十四年，其改元永安，为宋哲宗元符二年己卯（石父按：永安元年戊寅，非己卯，当元符元年，非二年），史不云铸钱。翁宜泉、江秋史诸家，皆以此钱属之西夏，当有所据也。"倪氏提出"史不云铸钱"是重要根据而未作考证。便同意翁、江之说，系于西夏。对翁氏"究不敢谓是夏钱也"的见解，未予理睬。也许翁氏听说，倪氏未曾见过。初尚龄《吉金所见录》云："尚龄按：《纪元表》：后魏孝庄帝、北凉沮渠蒙逊、西夏崇宗乾顺，皆以永安纪元。此钱似难臆断。"初氏以永安为年号，考虑时间没有上限，相形之下，其识见不如翁氏。继而否定北魏、西夏说，

143

① 永安本非年号。

第一辑　钱币研究

而归于北凉。又说："唯蒙逊于天玺二年（石父按：天玺丙申七月改，次年丁酉即改天纪，只一年），弑段业自立，称张掖王，迁姑臧，又称河西王，次年改元永安（401—412），时东晋安帝隆安五年也。其铸钱与否，史不具书，然《晋书·载记》谓其登南景门，散钱赐百姓。此或其所铸。况刘青园获于凉州土中，又为姑臧旧地也。初氏为证成北凉说，引《晋书·载记》及刘青园在凉州得永安一千铁钱两点来作根据。前一点所赐之钱，并不能判断一定是蒙逊所铸，也可以用前代古钱去赏赐。所以，只是可能，缺乏证据。第二点，刘氏得自凉州之钱，本是科学合理的根据，但单据这点是不够的，何况还可能是偶然现象，所以，结论难以成立。戴熙《古泉丛话》主南唐说："永安一千铁钱，不见旧谱。惟燕亭有之，又有铜钱永安一百，以示余曰：若有考，尝赠一枚矣。"余忆陈氏《图经》有引王举《大定录》：显德五年（958），江南李氏铸永通泉货、永安五铢一条。陈氏谓永安五铢，不见他书，恐传写之误。余颇疑此钱是李氏物……燕亭遂见贻。后余又购一枚，缘校阔。"戴氏属南唐说，一据《大定录》，而认为原文有误，五铢应改成一千、一百。不过这只是推论，是一种可能，一定要有证据才可成立。又据与当时铁钱之粗重相若，这条却极可信，因时代本来相同，但这只是孤立现象。根据一个只是可能，无法肯定，一个孤立现象，其结论自然不可信。李佑贤《古泉汇》云"此钱向无定论"。继而，否定南唐、西夏、晋惠帝、魏孝庄等说。对初氏北凉说认为"此论虽创，然理较长"，可见是赞同此说的。但他也没有理会翁氏"唐宋以来"那段话，又从文字布局和内容去找历史依据说且六朝以下钱，纪元皆在上下，或右旋读，无列左右者，此永安在左右，纪直在上下，乃袭西蜀直百五铢旧式也。直一千者，又仿东吴之大泉当千也。晋时去二国未远、固宜其略同与？"于是断为北凉铸，可是北京西山大量出土的事实，难于摆脱，所以又说又或疑西山出土，乃刘守光钱。"然果系守光所藏，岂必皆守光铸。北凉钱流传至燕，讵不可藏邪？则胶固之见也。"这本来已接近解决，可惜为北凉说所困惑，未能解决，十分可惜。与他同时又是好友的鲍康，是有眼光的。曾说："旧谱属西夏，固无确证。《泉汇》定为北凉铸，然字体轮郭绝无魏晋遗意，一千尤大且厚，外轮阔几二分许，亦不似六朝以前物。"这些见解，是前此各家所未见及的新认识，极为重要。他又说"余故谓泉之时代，宜以文字、制作定。不宜以年号定也"[①]。鲍氏此话非常精辟，不同凡响。盖据年号所得结论，容易是貌似神离的，不若依文字、制作判断之可以避免流弊。[②] 然而，鲍氏并未作出判断，应属谁某，更为可贵。是知之为知之，不知为不知的态度，不强作解人，应为吾人学习榜样。袁寒云慧晚于鲍康。[③] 他对永安铁钱的见解，竟与鲍康背道而驰。他说永安一百，出凉州，故旧谱定为北凉所铸。今审其制作、文字，确出于晋末也。又一千一品，则仅见铁泉矣。"袁氏论断大错，适与鲍康所见相反，令人诧异。由此可见他缺乏实学，认识尚待深化。民国十二年癸亥，贾客某曾裹粮前往京西查访，是年三月，在大王山访得出土地点。方若据以考定永安一千等铁钱，应是唐末刘燕所铸。前之纷纭众说，至是皆被否定。

永安一千铁钱之断代，若以金天德中都发现为始，至民国十二年，长达七百七十年，退一步论，从翁树培始，至此时，也已一百二十余年，历经翁树培、鲍康等钱币学者多人，断代问题才得告终。可见断年代难。

原载《陕西金融》1993 年第 20 辑

---

① 鲍康《观古阁丛稿三编》木刻本。

② 以外国仿铸中国年号钱，充宋钱之例，在各种谱录中，几乎都曾出现过，皆因不论文字制作，只看年号相同与否所造成的。

③ 鲍康卒于光绪七年（1881），袁克文生于光绪十六年（1890）

五铢断代展望

我国古钱学发生很早，虽有千余年历史，但并非持续不断地发展起来的。在元明两代，几乎就无人研究，到清初，才又复苏，这时不少学者和著作，都不免穿凿附会之病，到乾隆末年及其以后，才出现比较有见解的学者。如翁树培、初尚龄，乃至李佐贤、鲍康等人，其成就是比较突出的。他们能取得这样成就，并不是因为得天独厚，比别人聪明，而是由于广收博采，聚集很多文献和实物资料，实事求是地观察、研究，才获得的。即使是这样，还有许多问题，虽经历年努力，仍未得解决。五铢断代问题，又何尝不是如此？因而，回顾前人研究方法，重温前人论述，或者有借鉴和启迪的作用。

一、前人研究的回顾

宋以前著作，只有转引的片段，从中可知，其断代是依靠文献；有时竟至风马牛不相及，因而，结论是犹疑两可的。其后，既据文献，又辅以其他资料。又后，从观察实物出发，紧密扣住实物作比较研究，从而走上新的道路。至于利用发掘材料解决断代问题，乃是中华人民共和国成立以后才产生的新事物。也只有在中华人民共和国才能成为现实。

为回顾前人断代的情况，现以蜀五铢等钱为例，以说明他们是如何考证的，从而，可以约略地看到发展的进程。《泉志》直百钱条引顾烜说："汉献帝建安十九年，刘备铸。"是将文献与结论揉合为一，再用自己的语言来表达的。由于论断内容单纯，语言又欠严密。把它放在任何一个钱后，都无不可。又在直百五铢条引张召说："今自巴蜀，至于襄汉，此钱甚多，皆是昭烈旧地，断在不疑。"在前人认识基础上，进而指出"此钱甚多，皆是昭烈旧地"的现象，用地望来加以论证，得出"断在不疑"的结论。确胜于单引文献的效果。到李佐贤时，通过观察、比较，对传形五铢历来属蜀之说，提出新的论断说："传形五铢，顾烜、董遹两谱，俱言蜀汉铸。今以有内郭、同直百五铢者，定为蜀钱。无内郭者，未必皆蜀制。"依论断，就可从众多的传形五铢中，分析出确是蜀铸的品种来，这是前此所不知的。不但这点，西汉五铢特征，朱旁方折，也是李佐贤提出的。他说："五铢自汉迄隋皆用之，今已难辨为某代物。唯五铢字朱旁皆圆折，此钱方折作帛，与三铢铢字相近，定为汉制。"此段引文，丁福保《古钱大辞典》（旧本下编一五二，中华本一四七五上栏）转引时作了删节，删节本是无可非议的。唯独删去"此钱"二字，为不可解。

此后方若、郑家相等都曾对五铢断代作过研究，写过文章，内容丰富，和李佐贤一样，利用了西安出土的纪年陶范母，作出比较确切的判断。而缺乏资料的其他五铢，仍然用抽象的"西汉气息"之类的语言来论证，使读者难于捉摸。此时，除利用纪年钱范，较前进步外，无更多进展。

民国二十九年，四川重庆发掘一批汉墓，有出延光四年墓砖的墓，也有出千枚五铢钱的墓。这批汉墓出土的五铢（图1，《文物》1975年第8期《江苏东海焦庄古遗址》），曾邮寄给上海泉币学社，请丁福保在召开古泉学会时，研究系何时五铢。事载《泉币》创刊号。这一实例，说明：

（1）中华人民共和国成立前时期，古钱断代研究，仍停留在旧

图1

147

有水平上，还不知、或不具备利用发掘的第一手资料的起码知识。

（2）对汉墓地层关系、随葬器物、墓室形制等关系着断代的重要性，还没有足够的认识，也不掌握断代的必要知识。因而，对出土五铢的断代，是束手无策的，只好求助于古钱专家。无异于"捧金碗去行乞"。

（3）这批出于墓葬的发掘品，在古钱专家心目中，与传世品并无区别。

（4）其结论之是否正确，姑且不论。只就事实经过，已足说明古钱断代，还没有走上科学研究的道路。

二、中华人民共和国成立后的研究

中华人民共和国成立后，考古事业迅猛发展。各地发掘量很大，写出众多报告，自是可喜。可惜，对五铢的断代，并没有新的进展，多半一仍旧说。例一，载《考古通讯》创刊号的《白沙唐墓简报》，在年代推断和结语中说："我们并不能以铜钱来作年代推断的唯一或主要的根据，但它们至少可以'消极地'帮助解决墓葬年代的'上限'问题。即至少：出第一项铜钱（常平五铢，隋五铢）的墓葬，不能早过隋代。"例二，载同上刊第二期的《江苏睢宁九女墩汉墓清理简报》，在时代推断中说："根据四十枚五铢钱的大小和它们的肉、好、孔、郭的形状，以及文字的书体，大致可以说是汉朝所铸的（陶屋铺首、玉猪、瓦当图案是汉代流行的）。据此，我们推测这墓大概属于东汉，但时代较晚，可能是东汉的末年。"

两例的作者对隋五铢、汉五铢的判断，实即前人旧说，即使不是发掘品，也可以讲出同样的论断。应当提醒的是，作者并没有想到，反过来用墓葬的断代来复核旧说。由于这种思想的存在，无疑地会影响研究的进程的。例二对借助古钱作墓葬断代的态度是合理的。问题在于铜钱本身的断代必须准确，否则也会导致错误。例三：载《文物》1975年第八期的《江苏省东海县焦庄古遗址》，就是很好例证。文章以遗址所出土的五铢作论据，断定遗址上层年代属西汉。而所据五铢是五字靠穿孔一侧有竖画的隋五铢（图2，《泉币》创刊号）。因而，对遗址上层的推断属西汉，就错了。其实不论五铢属西汉或隋，据以推论年代时，只能得出年代上限，而对下限，是毫无帮助的。

图 2

以上各例，旨在说明中华人民共和国成立后的人们，对五铢断代的认识，与前人相比，没有多少改变，有的甚至不如前人，如例三即是。这是普遍存在的现象。至于利用发掘材料，又不受前人认识束缚的人也是有的，但毕竟是少数。虽然暂时是少数，尚未成为主流，却是新生力量。沈仲常、王家祐两同志对半两、五铢的分析，就大不同于前了。当他们发表新的见解时，又往往受持有旧认识的人们所非难，用旧结论来否定新认识。这本是前进路上时常遇到的现象，并不奇怪。他们在《四川巴县冬笋坝出土的古印及古货币》一文中，曾就半两出于不同墓坑的现象，用墓坑断代来判断钱之先后，他说："事实说明了直径较小的半两钱并不晚于大者而可能还早于大者。再参照以两种墓的全面情况，都是汉以前的墓葬。由直径3厘米到3.7厘米甚至更大的半两钱，都是秦钱，而不是较轻小的就是汉钱。"又如吴荣曾同志《中国古代的钱币》一文中，论五铢的断代时，也参考了汉墓的材料，是很有说服力的。1959年《洛阳烧沟汉墓》的出版，更加明确了古钱断代，必须有发掘材料作依据的重要性，这是与会的蒋若是同志，在三十年前的研究成果。

三、展望未来

中华人民共和国成立四十年来，由于党和国家的重视，文物考古事业得到极大的发展，专业队伍日益壮大，考古收获丰硕多样，无疑是中华人民共和国的重要建树。但是，祖国幅员辽阔，文物遗址，到处皆是，相形之下，现有队伍的数量、质量，确难做到可以

149

胜任的地步，这就是客观现状！

就古钱研究来说，《洛阳烧沟汉墓》的出版，缓解了部分情况。从此，遇到五铢钱时，就搬它来"解围"。可惜三十年来，有条件的地区和单位，却不曾考虑过，古钱有明显的地域差异，只搬用其结论，而不吸取其经验，感到十分遗憾。这个经验是，在排比大量断代材料的基础上，运用其断代标准将所出古钱，也按年代序列排队，所得结论，就是本地区断代标尺。对半两和开通元宝等钱的断代，都能适用。因此，渴望得到考古工作同志的协助，早日行动起来。

前人研究是自发的，漫无计划，加以条件的局限，发展速度极为缓慢。今天，在总结前人经验的基础上，又掌握了大量前人根本见不到的、新的、发掘的资料的情况下，可以有计划地进行，以加速研究进程。有的同志就是亲自参加发掘的人，这个优越的条件，在古人梦想也是想不到的，而幸运的我们，适逢其会，所以，应当珍惜这一机遇，很好地应用它，要为考古事业竭尽忠诚，才不负今生。

古人对五铢的研究，是有功绩的。但他们又是不能超越时代的人，难免失误，所以不能苛责古人，原因即在此。对他们的态度，应当是：第一，要尊敬他们，不轻易否定他们的结论；第二，不可妄自菲薄，盲目信从旧说，而无所察觉。应该而且必须对旧说，作批判的接受。

在古钱研究队伍中，应提倡扬长避短，有重点地作专题研究。有条件的地区和个人，在研究过程中，如独自不能完成时，可组织力量进行合作，以期共同完成，弄清问题。例如：西安往年出土过大宗钱范，包括质地、功能不同的各种钱范和相关遗产。至今仍时有发现，是一大批可贵的物质文化遗产，对古钱研究有很高价值和重要意义。如不搜集、整理，任其散在各方，就将成为一堆废物，十分可惜，无法补救。据了解，现正有人在研究，西安党顺民同志即其一位，不论是学会组织或个人，大可集中精力，奋战一场，必能对古钱研究做出新贡献。在其他方面，也应如此。

要提倡中青年同志撰写文章，发表高见，以促进钱币研究。中青年同志有魄力，眼光锐敏，有独到的见解，年富力强，是不可忽视的新生力量，应当加意培养。像潢川徐达元同志，论定卢氏空首布石范出于伪造[①]；安阳谢世平同志提出"凿对文""铸对文"的新说[②]，是对前人失误或模糊认识的最好论定，应予高度评价，是广大古钱爱好者前进的方向。应当认识到，只收集而不研究，虽可能成为收藏家，而不能进入学术研究的行列。

原载《陕西金融》1989 年第 12 辑

[①]　《卢氏阴文石范辨伪》，《中国钱币》1987 年第 4 期第 12 页。
[②]　《浅谈五铢磨边、剪边、对文的区别》，《中国钱币》1986 年第 1 期第 49 页。

明钱漫话

韩宋龙凤七年（元至正二十一年1361年）二月，朱元璋置宝源局，铸大中通宝钱。是为明代铸钱之始，又是元末一支农民起义军的铸币。八月，大举攻陈友谅，大破之于江州（今江西九江），于是遣将巡江西诸州县。十年正月，称吴王，置百官，依旧用龙凤年号。四月，于江西置宝泉局，仍铸大中通宝五等钱，即当十、当五、折三、折二及小平钱。十四年正月，称皇帝，国号明，年号洪武，是为明太祖。《明史·食货志》："太祖即位，颁洪武通宝钱凡五等，当十、当五、当三、当二、当一。当十，重一两，余递降至重一钱，各行省皆设宝泉局与宝源局并铸。"前此历代铸，只单称"钱"或"铜钱"，明代才有"制钱"之名，称制钱自此始。同时称前此历代钱为"古钱"。

明代制钱，自有特点：除明太祖在即位前铸大中通宝，即位后铸洪武通宝，熹宗时铸天启通宝，兼铸光宗泰昌通宝，各有两种钱文外。其余曾经铸钱各朝，都只一种钱文，特点一。明代钱文，宝文只用"通宝"，彭信威先生说："明代钱文不称元宝，因为朱元璋的名字中有元字，要避讳，所以自大中钱到永历钱，不论大小，都称通宝。"特点二。钱文书法，只有楷书一体，至明末，在钱币上已经看不到书法工艺之美，特点三。嘉靖以前的钱都是用青铜，嘉靖时才有黄铜钱，特点四。

一、双面钱

双面钱，又称两面钱，双与两本是同一意义，可以看作一个名词。有的称合背钱为双面钱，盖以合背钱之钱文。为双（正）面（的钱文），而有是称。然而，当用这个意义的词出现时，并不写成"双正面的钱文"，只用"双面钱"来表示。可是，它却不能表达"双正面的钱文"的本意。这样"双面"就有不同的理解和解释了，大概可以有五种理解：

1. 圆形钱之兴起，不论圜金之为圆穿孔，抑或圆钱之为方穿孔，都是既有正面，又有背面，这岂不正是双面钱？事实上，也不存在不是双面的钱。

2. 圆钱既然都具有正面，背面。其规定有文字者为一面，无文字者不以为一面时，则可以有单面钱存在。这实际是以有无文字来判断是否称之为面的。如圜金、圆钱中的大部，都是这样的。

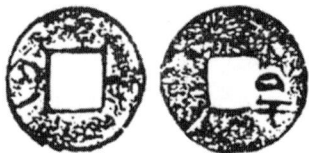

图 1

并无人把这种钱称作单面钱的。燕国一化圆钱（图1），背有吉字者，双面都有文字，规定以有文字者为一面，这种钱又何尝不是双面呢？这是又一种理解下的双面钱。

3. 合背钱，固然可以又称双面钱，而合面钱之两面有文字者，当然也可称为双面钱的。于是，两面同为正面钱文者，称双面钱，两面同为背面钱文者，亦可称双面钱。那么，当提出双面钱一词时，是指合背钱的两面都是面文的钱呢？还是指合面钱的两面都是背文的钱呢？必然出现混淆，说不清楚了。

4. 合铸钱（下文有解说），虽然一面为当时钱文，另面又铸前代古钱钱文，两面文字，本自不同，但两面却都是正面钱文，根据这一点讲，自然也可以称作双面钱的。可是，这又与合背钱又称双面钱就无法区分了。

153

5. 古钱背面，多无文字，只有肉好周郭，若依规定，有文字者为面，则背面只有肉好周郭者，就无称面资格。当它成为全面钱时，便成为无面钱了，这当然不能成立，事实上也无人存在这种认识。若排除有文字者为面的规定，它也可以叫双面钱是毫无疑问的。

总之，就上举五种认识而论，无一不可称之为双面钱了。本来双面钱应当是术语之一，是有特定含意的专名词，现在竟成了泛称，因而不能准确地表达一个概念，于是失掉了作为术语的基本要求。所以，双面钱之称，是不宜当作术语用，以免发生不必要的混乱，妨碍科学研究。以上论断，不单单在明末适用，在此前后，也都是适用的。"双面钱"既经否定，则合背钱等专名词，也应作进一步研究，以避免混淆现象。况且这些现象，并不自明代始，但却在明末集中出现，故特分述如下：

（一）合背钱：顾名思义，合背钱乃是两钱同文，其背相向，合二为一，其所成之钱，两面皆为面文者，其专名则称合背钱。

明代钱中，历朝合背钱，除永乐通宝、宣德通宝两朝，未发现外，其余都有传世实物或记载。[①]

图 2

其两面钱文，方向皆正者有之，方向不一致者也有之。如确定一面为正面时，其背面文字方向，则有向下者，向左者，向右者，尤为奇特之一例，为万历通宝合背钱，背文方向是向右上角（图 2）的，穿孔端正，不见与文字相应的内部，却是一奇。总之，合背钱在明末是极具特色的，各钱具体情况，列举如附图：图 3、图 4、图 5、图 6、图 7、图 8、图 9、图 10 两面文同方向，图 11、图 12、图 13、图 14、图 15 两面文颠倒，图 16、图 17 一面文左倒，图 2 一面文左斜。

154

---

① 弘治通宝合背钱，初尚龄《吉金所见录》卷十四，第 7 页，弘治通宝条下云："此品有两面同文者"。然无拓本。

图 3

图 4

图 5

图 6

图 7

图 8

图 9

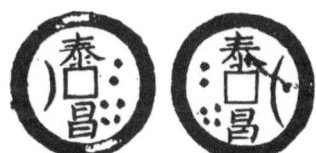
图 10

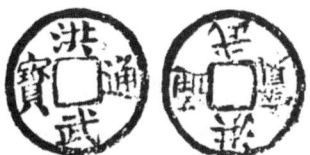
图 11

图 12

图 13

图 14

图 15

图 16

图 17

图 18

（二）合铸钱

合背钱的钱文，面背相同。例如：崇祯通宝合背钱，一面是崇祯通宝，另一面仍是崇祯通宝，这是合背钱的基本条件。但是，另有一种情况，而且是符合基本条件的。一、它的钱文，面背都是面文，是由两钱背面合二为一的合背钱。只是甲、乙两个面文合背而成，甲、乙①面文并不相同，比如：甲面文是天启通宝，乙面文是泰昌通宝，合成之钱，虽然两面都是面文，实际却是不相同的钱文，是不符合于合背钱面背文字相同的条件的，但前人依然以合背钱称之。实则由于考虑片面所致，因而是不准确的，本来不应称作合背钱的。例如：丁福保先生著《历代古钱图说》第一六三页，泰昌通宝背万历通宝钱（图18），即标有"合背"二字。按这种钱，除了面背文字不同外，其余都符合合背钱条件的，前人误称是应该原谅的。但是这种现象却是早已存在的。比丁先生在先的，清嘉与张廷济，就能看出这个差异来呢？他曾经指出："隶书皇宋通宝，一面楷书元丰通宝②，实系合铸，非胶合者。"张氏此说，虽然不是针对术语问题而说，但他讲"实系合铸，非胶合者"却道出了合背钱中，还有这么一类的事实，从而，托出合铸钱的命名，正好可以与合背钱相区别了。合铸钱实

156

① 背文方向用↑表示。

② 宋元丰通宝书法有篆、行二种，没有楷书钱，若真系楷书者，则是日本仿铸品，非宋钱。故此处以改作隶书为宜。

例，列举如附图：图 18、图 19 一面泰昌一面万历，图 20 一面天启一面泰昌，图 21 一面天启一面崇祯。

图 19

图 20

（三）合面钱

合面钱，按合背钱命名的思路，应当是两钱的正面相向，合二为一，所成之钱，两面都是背文者，其专名称合面钱。

图 21

在历代古钱中，明末制钱中，有一大批钱的背文，仅具肉好周郭，又无文字、花纹的钱，由这类钱而成合面钱时，除了形制有特点的部分钱外，是难于判断是何种钱的合面钱的，连断代也不容易。至于背面有文字的，则可根据背文，判断它是何种钱。合面钱实例，列举如附图：图 22、图 23、图 24、图 25 两面文同一方向，图 26 文一右一上，图 27 文一右一上。

图 22

图 23

图 24

图 25

图 26

图 27

157

（四）"无以名之"的钱

明末钱币中，存在不正常现象，不仅在合背等钱之外，也是在此前后所罕见的。是一批难于理解的现象，在钱币研究中，除了留下问题，需要去研究以外，只能是收藏家猎奇的对象，贩钱估客发财的凭借而已。至于当时何以制造这种不正常钱的原因、方法等，真是难以捉摸的。它与合背钱等一样，只可说明明末钱币制度的混

图 28

乱以外，并没有多少研究的价值可言。例如：正面崇祯二字，背面通宝二字钱（图 28）正面、背面各有两字空位，致使年号加宝文的钱文结构，被割裂为亡，违背明钱常制，要追究它的原因，恐怕

是既困难，又没有多大意义的。无怪清歙县鲍康曾说："无理割裂，亡国之征也。"我们是无神论者，是不会相信"亡国之征也"的话的，但这种"无理割裂"的现象，倒是可以反映当时国家制度之被破坏，已达到极点了。对这类反常现象的钱币，目前尚无专有名词或术语，真是"无以名之"的一批钱，是否可以称之为"割裂钱"？尚望钱币专家、学者集思广益，为它们拟定专用术语，以便区分与合背钱、合铸钱、合面钱之不同。

1. 割裂合背钱（暂名）

由一钱面文割裂为二，然后二者背文相向，合二为一者，暂称割裂合背钱。割裂合背钱具体情况，如附图：图 29、图 30 文一面上左，一面下左，图 28 文一面上左，一面下右。

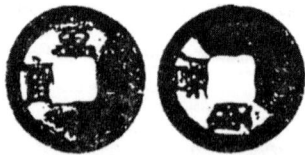

图 29

图 30

2. 割裂钱（暂名）

割裂钱，取钱文一字、二字，铸成新钱者，有背无文者，有合

背者，此是一例。尚有两种年号直排，十字相交者，又是一例。割裂钱具体情况，例举如附图：图31本崇祯通宝，一面9个天字，一面无字。图32本天启通宝，两面均四个天字，图33本天启、泰昌钱，两面均为天启泰昌四字。

图31　　　　　　　　图32　　　　　　　　图33

（五）面、背的确定

一般钱文，若系年号钱，则以年号加宝文之一面为正面，另面不论有无文字、有无花纹，或者既无文字，亦无花纹，仅有肉如不一致时好，周郭者，为背面。合背钱若系年号钱，则两面皆为年号加宝文，如两面文字方向一致，则无法区分面背，何者为面皆可。则以一面文字向下者为面，另面文字方向不一致者为背面。两者是可以互换的。合铸钱的两面，本皆面文，然时代有先后，则以年代在后者为面，年代在先者为背。合面钱之正面，背面，以合背钱为准，参照确定。

二、天顺通宝

尝读无锡丁福保先生大著《古钱大辞典》，于下编第一二六页面上栏，载有天顺通宝条，下注"图见第二"。五页。本条下列有资料两条。一为《钱汇》（应作《泉汇》），二为《杂泉》。二者内容都疑天顺通宝钱为嘉靖中补铸，《泉汇》并有薄小背平的话。按，天顺通宝钱条前接天统元宝、天统通宝条，后连天命通宝条，并未夹于明钱之中，与第二〇五页之图排列一致，即注有"安南铸"者。这些情况都说明丁先生把薄小背平的天顺通宝钱归属于安南，是完全正确的。只不过解说与钱并不吻合，使读者有莫明其妙之感。

由于天顺通宝小钱的图与解说矛盾，联想到明钱中的问题。比如曾经铸钱的和不曾铸钱的各朝包括哪些？嘉靖补铸说之究竟，以及传世正德通宝确有明铸流传等等。虽然明了者大有人在，而不明了的人恐也不少，确是议论纷纭，不过这其中又是见仁见智而已。比如，补铸之说，主张曾经补铸者，并不能举出与嘉靖钱，形制、文字，铜型相近的例来，像上引《泉汇》之天顺小钱，疑作嘉靖补铸品，在今天看来，已属可笑，谁不知那小钱是安南仿铸的？有人主张未曾实施，只有动议而纂史者便载入史册，使后人争论不休。其实，这正是史家之误，可据古钱以订史误之例。验之传世实物，也可证明未曾补铸。此是史虽载有其事，而实未见诸实行之例。也有史载未及铸，而传世却有其钱之例。如《明史·食货志》："（崇祯）末年，敕铸当五钱，未及铸而明亡。"然传世有崇祯通宝钱，背文分别为户五（图34）、工五（图35）、监五（图30），证明史载"未及铸而明亡"的话是不符史实的，由此可见，援引史书等资料时，也应加以去粗取精、去伪存真的功夫才行，否则一味信奉史书等资料，而不知其有误；虽见传世实物，也不敢信，又怎么能解决问题？或竟发生错误。

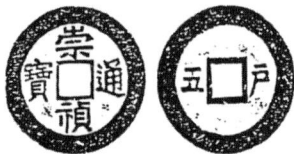 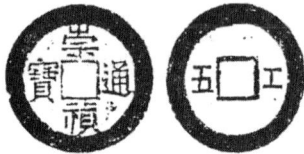

图34　　　　　　　　　　　　图35

清杭州戴熙《古泉丛话》有一段文字，他说："余家此（正德）钱甚旧，玩其制作文字，实是明钱，而铜质似隋白钱，然外间（丁先生在此补一"亦"字，蛇足）数数有此种，未见其绝少，其为武宗之钱欤？抑后世之黠者所为欤？未可知也。"近人梁溪秦宝瓒《遗箧录》，在引《丛话》一段之后说："予两枚亦确是明钱，无纤微伪态，足见传闻之词，无可深信。"友亦有藏有此钱者，与戴、秦所述同，然未能举出必非明钱或出伪作之据。姑妄言之，以待高明。

如果肯定此钱出于明铸，是武宗当年所铸，是嘉靖补铸？抑或某朝所铸，则又陷入茫茫之中，无证据以明之了。

三、明钱背文

明钱背文，早已有人注意，如近人定海方若早在六十余年前即有《明大中、洪武钱背文考》之作①已说得十分清楚，并揭出洪武背"雅""十滇"等之出诸剜改，谱中所列"治"字一种，则系日本加治木洪武，非有此监也，毋为所惑。及至明末，背文杂沓，繁复多样，如甲、乙至庚等背文，是否为纪天干，抑或别有含意，也难于肯定。即纪局者，如天启背文之府、密（图36）、镇（图37）三种，府为宣府、密为密云，镇则有二说，如大兴翁树培说："镇字金旁作金，盖宣、密二镇所铸。密云、苏镇、宣府所铸的大钱背有密、镇、府等字。"后说确胜前说，然而，苏镇是哪里，却未予介绍，颇觉遗憾。

图36　　　　　　　　　　　　图37

思宗崇祯通宝钱背文繁复，就真可以讲述者，分述如次：

图38　　　　　图39　　　　　图40　　　　　图41

1. 减笔字：崇祯通宝小平，背穿上或穿下"沪"（图38、图39）钱，背穿上、下"加"字钱（图40、图41），背穿上"户"，穿下"臼"字钱，以及背穿上下"一◇"字钱，都是用减笔字入钱的。

① 《言钱别录》民国十七年，铅字排印本。

其中一◇是一钱，户曰是户旧，是容易认出的，而"沪""加"二字则难于推测了。彭信威先生说崇祯钱是中国铜钱中最复杂的一种。文字、制作、大小、轻重、厚薄，千变万化。单就钱背的文字来说就有几十种，其中……加（嘉州）、泸（按"泸"字据钱文应作"沪"）……"因知"加"为"嘉"，"沪"为"泸"之减笔字，因而"沪"字应读作Lú。"加"字尚无问题。"沪"字因与汉字改革后的"泸"字，写法相同，于是就有人误作"沪"字，而不知是"泸"字。例如：《中国古钱谱》357页20号、21号，360页66号都误"沪"为"泸"，实是"泸"字误注。

2. 码子：背文除简笔字外，还有用码子的例（图43至47）。大概是王莽中布、壮布、第布、次布用码子以后，唯一的现象。

图42　　　　　图43　　　　　图44　　　　　图45

图46　　　　　　　　图47

3. 图画：中国钱币上，很少有动物形象出现，这是因为中国钱币是以文字为主的。非行用钱中的动物形象，则另当别论，与行用钱无关。崇祯通宝则有背文穿下作奔马的形象（图42）。彭信威先生说："这以前只有唐钱的背面偶有飞鸟形的，可谓先后媲美。"

4. 钱字：背文一◇的钱，部位多处，有穿上下各一字的，有二字俱在穿上、穿右、穿左的，还有一作乙的，说明其重为一钱，与史书所记北方所铸每文重一钱相合。背八◇的钱（图48），大小与一钱者近似，如果也是纪重的话，就与纪重一两的大钱，成为五与四之比，钱体大小明显偏小。因而推知八钱者，定非纪重。清利津李

162

佐贤《古泉汇》① 说："一◇自系纪重，八◇不可解，或即八分欤？"翁树培说，根据通字写法，考定背八钱埋为南京所馈，又说凡◇字写有二种，一作◇，其小点往往认作分字（此处文意不顺，疑有夸误），以（从）力出头，不以（从）刀也。"这段说有人误作分，但字本从力，不从刀，故知作分误。又背捌字下说盖八年南京所铸，八作捌。"时人有云："（崇祯纪重钱）……又有穿右简书八钱（图48）及穿下捌（图49）、穿上八字者（图50），这种钱并非当八文使用，而是指每钱重八分，按崇祯五年（1623年）时再定钱式，南都铸钱每文重八分。此即南京所铸。"这段考定与史书所记，南京钱每文重八分合。但与钱文之减笔钱字不合。似乎还有研究余地。

图48　　　　　　图49　　　　　　图50　　　　　　图51

5. 皇一钱：清莱阳初尚龄《吉金所见录》著录崇祯通宝，背穿上皇，穿右一◇钱（图51），无说。《古泉汇》著录一格，与初氏同。其说云："背文制字、奉制、皇字义同，犹云朝法制也。"日本奥平昌洪《东严钱志》于说中引有皇一枚钱，◇无说，又无拓本。想奥平氏承李氏而致误，实未有此钱。皇字为重字误摹，乃重一◇钱。（图52）重一钱，并非重量为一钱，其重字是重庆之重，读 chóng。李氏"皇朝法制"之说，也未确。

图52　　　　　　图53　　　　　　图54

163

① 《古泉汇》，清同治三年古泉书屋刻本。

图 55

6. 新旧：天启通宝背文有穿上新字钱，有穿上新穿右一钱，穿左一分钱。崇祯通宝背文有穿上户，穿下曰，又穿上旧（图 53）、穿上新（图 42）、穿上下新钱（图 54）等钱。新、旧二字，究竟何意。翁树培说："《明史·食货志》：'庄烈即位，用御史王燮言，收销旧钱，但行新钱，于是古钱销毁顿尽。'疑天启钱背新字，崇祯钱背新字，旧字，户旧字之类，即以新旧铜分别识之耳。"按这个解说，则新、旧字是纪铜料新旧的，纪铜料新旧的例，是前所未见的。万历通宝，背矿银小银钱，图 55 实开其端，谓此银乃开矿所得之银，并未转手，就地铸钱时，即用所得之银，区别于转手所得之银。这是一种理解。有人说："背白及户白者指南京户部旧厂，新指新厂。"又是一种理解。

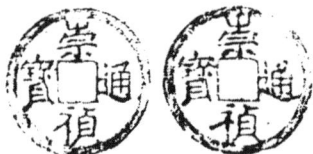

图 56

图 57

图 58

图 59

图 60

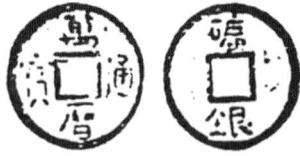

图 61

7. 四手：此钱系民国十四年春间，戴葆庭先生在乐平收得者，四月二日下午又得大齐通宝于波阳。在《波阳得大齐通宝》① 一文中说："在乐平搜罗数天，得崇祯背似四手二字等泉。（崇祯背上四字，背左似手字，嫌费解，现陈恕斋君谓系'旧、◇'之误，即旧钱监所铸一钱重者是也，是泉归王荫嘉君收藏）……附大齐通宝及崇祯'旧、◇'拓片于后。"此文对背文有二说，戴先生以为似四手二字，陈恕斋先生说系旧◇之误，《中国古钱谱》未释。近日又有作："四沪"者。此钱未见第二枚，无从比较。即就目前各说而论，四手也好，旧◇也好，四沪也好？都未能做出适当解释。不过四手虽"颇费解"，而其字笔画清楚，认为是四手二字，不致大错，旧◇之说，并不直截了当，又安知不是穿凿附会？至于四沪之说，不论沪字是什么减笔，其左半二三两横右侧，并无小坠封口，断作户字旁，还有困难。

原载《陕西金融》1992 年第 18 辑

---

① 载《古泉学》第三期，第 40 页。

第二辑　辨伪存真

留心发现新品种

古钱研究，是一门科学。科学要求实事求是。所以，结论要准确，判断不能误才行。我们见到的任何古钱，都是在一定的历史条件一定经济发展阶段中产生的，它必然与历史背景相吻合。至于与历史背景有矛盾的钱，就肯定是有问题的，不是断代有误，便是识读不确，或者竟是伪品。

古钱本是当年日常使用的流通货币。铸造量大，是曾经大批生产过的东西，遗留数量也很大。又因为是商品交换的媒介，经过流通的渠道而散在四方，所以在全国各地都可能出土，而且南方政权的钱，可以在北方出土，北方的也可能在南方出土。并不排斥在本政权范围内也有出土的现象。如西夏光定元宝篆书小平钱，在西夏故地银川出土；金承安宝货在金朝故地阿城出土。都是在本地出土的实例。

经过流通的钱币，是普通的、又是数量极大的一宗钱币，根据这类钱币来说明的问题，是富有普遍意义的，有代表性的，又是最富说服力的。从这点来说，这类钱币是极为珍贵的可靠资料。应当很好地利用，发挥其可能起到的作用，是不可忽视的一批文物资料。但是，由于俯拾即是，又常常不易引起重视。尤其是在物以稀为贵的情况下，收藏家眼盯着稀有的孤品、新品，不惜重金，竞相网罗，而对于普通品则不屑一顾，是不合理的畸形状态。由于竞相角逐，

169

争购稀罕的孤品、新品，就使得许多稀罕钱币被选拔出来，成为收藏家的宝藏，是件好事。可是，也难免带来消极作用和影响。首先，因为不惜重金的争夺，为贩钱估客提供了发财的机会，应运而生的是伪造、臆造的假钱上市，包括稀罕的孤品、新品等等。贩钱估客"大发财源"了，收藏家上当受骗的人也多了，从而给研究者带来辨伪的重要任务。有时会陷入迷雾之中，难于摆脱，或竟以假当真，据以立说，结果得出错误结论，造成研究失败，令人痛心。这种影响，直到中华人民共和国成立四十多年的今天，也还没有肃清。上当受骗的人，不仅是初等的钱币爱好者，也包括教授、研究员、专家、学者等知名人士。影响学术研究，是不言而喻的。因而上当受骗者，而痛恨贩钱估客，也是很自然的事。作假欺人的行为，也确是卑鄙可耻的。然而厚利所在，必然有不顾国法的人去造假骗人，以谋取不义之财，说来确是可恨！可是，若从自身来考虑，似乎要求自己，比单纯的恨他们更好一些。古语说："魔高一尺，道高一丈"，就是这个意思。如能这样对待问题岂不更好？所以自己应该长见识，找经验，从而识破作伪伎俩，使伪品无藏身之地，才是正道。但是，作伪者终日在想方设法去作伪骗人，是不遗余力的，而研究学术的人们，却不见得用这般功夫来对待伪品。事实上，作伪"专家"的专，比我们"专"得多。基于这种现状，加上急于求得稀有的孤品、新品的心理作用，受骗上当的事，也会是层出不穷的。至于新品的判断，还要具备丰富的知识才行，对于新涉泉学的爱好者来说，哪来得及这些呢？何况又要求在极为短暂的瞬间作出判断，更是初涉泉界的人所难于做到的。

稀罕品已极难遇，孤品就更加难得。虽然都愿意获得稀罕品、孤品之类的钱币，但并非易事。在很大程度上，须看机遇。在一批宋钱中，选宋钱，得精品，是机遇。能遇到宋钱或先秦窖藏，都靠机遇。例如：王襄先生①是知名的甲骨学专家。在他之前，无人知道甲骨是什么。光绪二十五年，估客送来了甲骨，使他成为第一位发现甲骨的学者，而罗振玉却没有遇到这个机会，至于董作宾、王国维、郭沫若等先生就只能是甲骨学者，而不是第一位发现甲骨的学者。谈到发现稀罕的孤品、新品是要靠机遇的。只有接触到机会，才是有希望发现稀罕的孤品、新品的人。例如：张澍才同志，能得到孤品大康六年钱。因为是老百姓从古墓中掘出了这枚钱，可巧被他遇到了，才能得到的，这是个千载难逢的机遇。如果是由考古部门发掘的，张澍才同志就不能得到这枚孤品了。稀罕品在各钱币书刊上发表的很多，是不胜枚举的。

新品的魔力极大，吸引着千万人的心，可是新品究竟是难得的。正因为它难得，所以才有人渴望得到它。但是，由于希望迫切，当遇到稀罕品时，难免出现情绪过分兴奋，头脑又欠冷静的情况，加上获得新品的喜悦，以致作出片面的判断。不仅前人曾经有过，今人也会遇到。甚至有的错误判断，持续若干年之后才被人识破。举例如次：

两种相反的错误判断，以假为真的例，是清鲍康对宋庆元大钱作出的错误判断。庆元通宝大钱，背文十四字。《古泉汇》著录云："此泉形制重大，背文繁多，为宋钱中仅见者。为鲍子年所藏。"鲍康跋云："余所藏庆元通宝，背文十四字之多更历来谱录未观之奇也。制作精整，色泽亦佳，以示同人，无不啧啧羡。"鲍康是咸丰元年得到的。张绚伯②于九十年后，著《庆元大钱质疑》举出五可疑，皆于历史背景不合者，始辨出大钱系伪作。以真为假的例，是清李佐贤、鲍康对金至宁元宝作出的错误判断。王懿荣云："此钱同治六

---

① 王襄（1876—1965），天津市人。字伦阁，斋名簠室。收藏并研究甲骨、金文等，为当代知名甲骨学者。天津文史馆第一任馆长。

② 张绚伯于1942年五月，发表《庆元大钱》。

年正月，见于厂肆广文斋古钱刘处，为家戟门①比部以重金购去。石查②叹息欲绝。后属言于鲍年翁③。鲍未见拓本，乃臆度为崇宁改制。续《古泉汇》时，坚不肯着录，竹朋④在东来信，所见相同，后懿荣以拓本示之，仍不信也，二老倔强如此。"鲍康云："竹朋又寄有至宁原稿拓本。戟门故物，云似崇宁所改。余细其字体，宁宝两字，却类崇宁，大体相若，只元字独异，略兼行体。"廉生⑤则云："色泽甚旧，但旧泉改刻，埋置土中，青绿亦复易致，余未经目击，终不敢定也。"李佐贤云："至宁元宝，确系崇宁所改，不足存也。"五十八年以后，即民国十四年，方君著《古化杂咏》时，始有"谁云至宁崇宁改，如此谰言何可听"之句。至宁元宝才得雪崇宁改制之诬。

误识钱文的例。《钦定钱录》有天赞钱，实即赙四化、赙六化之误识误读，从而作出辽天赞钱的错误判断。《钦定钱录》是由乾隆皇帝敕编的。因此，有清一代学者，无人敢加评论，错误相沿有五十余年。目前这已是尽人皆知的钱，不再误读作天赞了。又如：《景祐通宝出土记》，报道过宋景祐通宝钱。后来又在《谈瑞昌县出土的一批宋代窖藏铜钱》中，再提到这枚景祐通宝钱。文章说："1982 年 8 月，瑞昌县范家铺出土一批宋代末期窖藏铜钱，很重要，特别是景祐通宝钱的发现，填补了史书失载的空白，除景祐通宝外，大部分是目前出土的宋代钱币中之新品。"又说："景祐通宝真书小平钱，史书未录。"就文章意图看，与《出土记》没有差别，都讲景祐通宝是新品。我曾根据史料介绍过情况，当时宋仁宗年幼登极，章献刘太后临朝称制。刘太后的父亲名字叫刘通。因避刘太后父亲的讳，

---

① 戟门，清王锡棨字，山东诸城人。著《泉货汇考》。

② 石查，清胡义赞字，河南光山人。

③ 鲍年翁，为对鲍康之敬称。康字子年，故称年翁，安徽歙县人。著《观古阁业刻》若干卷。

④ 竹朋，清李佐贤字，山东利津人。著《古泉汇》。

⑤ 廉生，清王懿荣字。

而不能用通宝为宝文，故铸钱只有景祐元宝一种。可见，宋钱是不会有景祐通宝存在的。在上引两文中的拓本，都模糊不清，究竟是否景祐通宝呢？为此，中国钱币学会领导同志，曾到瑞昌县博物馆检视原钱，认为是景祐元宝，而误识作景祐通宝的[1]，因此，新品之说不能成立。我很理解作者的心情，他希望能发现一枚新品，是很好的愿望。可是，大前提必须是实事求是，判断无误。

钱市爱好者、收藏家的见识，是千差万别的，差别有时是很悬殊的，再加上偶然的失误，所以，各家鉴定结果也是大不相同的。如南张（叔驯）北方（若），以及张䌹伯、郑家相等先生，对稀品的态度，也是见猎心喜，不能自已的。随时都想获得新品（"出谱"的钱）。就是他们经眼的钱，也难免失误！方若旧藏的宁字和宝字布，从形制、文字、铸工等方面看，都是前所未有的，令人感到新奇。方若诗云："爱读厉家《文字记》[2]，多收奇布抵游秦。"可见他认为是出谱的。张䌹伯、郑家相两先生，曾于民国八九年间，在方家看钱时，即曾指出两布皆伪。方若不但不信，反而在十四年收入《古化杂咏》中，二先生曾说："方若一向从善如流，唯对二布，自信心很强。"现在，宝字布藏中国历史博物馆，既未入一级品，也不是二、三级品，而是掺杂在参考品之中的伪品。证明七十年前，张、郑二先生判断是正确的。当时在方若心目中，既认为是新品，就不会认出是伪品。恐怕他是为新品所迷惑，而不能自拔的结果。郑先生在《辽钱考》中，载有契丹文大钱一种，在当时尚是初见品，是出谱的新品。但是，郑先生既不识契丹文，也未见过契丹文，贸然定为契丹文大钱，也是一次失误。张叔驯、张䌹伯、郑家相三先生和方若，都难免有过以赝为真的事，说明名家失误也是所在多有的，又怎能苛责于普通钱币爱好者呢？

以上举例，企图说明辨识新品并非易事。发现新品，更属难能，

173

---

① 见《内蒙古金融》。

② 厉鹗《程振华庄先秦货布记》，手稿今藏上海博物馆。

不能只凭丁福保先生《古钱大辞典》有无著录来判断是否新品，要知丁先生编辑之初，只是东拼西凑，并无去伪存真的工夫，在短短的几数年中，以三五人之力，也无法遍征传世品于全国，其疏漏、错误是随处可见的。及编《历代古钱图说》，删削伪品极多，自较《辞典》为胜，失误较少。可是参与编辑的戴葆庭先生，后来又鉴定出若干伪品、后铸品，写成《历代古钱图说校正》一文，可见鉴定之难。

新品之发现，首先应具有比较广泛的钱币知识，遇到异品时，要求可以判断：一、不伪；二、有无著录，著录者鉴定功夫如何？然后才能定出是否新品。

新品究竟在哪里？谁也不知在哪里，只有靠机遇和丰富的见识。机遇本是可遇不可求的，丰富的见识，则靠长期积累，并非可以速成的。设或见识有限，纵然新品就在眼下，也不一定能抓住它。由于新品是稀罕的，概率就必然低。这稀罕的东西，又是可遇不可求的，也就是说客观实际，是有新品的存在，要靠我们的广博知识，去辨识它罢了。积极积累知识，提高见识，好留心去发现新品种！

原载《天津钱币》1992 年总第 6 期

依字断币

老友姚世铎先生，连续寄我台湾《宣和钱钞》杂志。读之再三，始悟姚先生所论中心，乃在"依字断币"四字。讨论对象，是 1986 年《陕西金融·钱币研究》第 6 期发表之石币。同年第 9 期发表拙稿《品味扶风石币》，姚先生撮其要旨，称为"依字断币"云云。嗣后，参与讨论、见于文章的，颇有见闻，议论纷纭。《宣和钱钞》第 16 期，姚先生发表《关于"依字断币"的问题》，引出三个问题，而"依字断币"才是中心议题，是主要矛盾所在。因再举八布六例，以阐明"依字断币"之普遍性，顺便讲到形制、铸造、质地等，以增强判断之准确性。

一、益字原始布（图 1、图 2）[①]　原始布之名，系时贤所命名，其年代当早于空首布。此两布面文各有一"益"字，位置相同。与同铭空首布（图 3、图 4）相比，笔画臃肿乏力，蜷曲龟缩，极不舒展。周郭缺乏"如锥画沙"之爽利效果，尤以背郭左

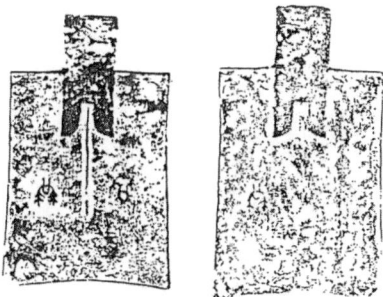

图 1　　　　图 2

175

---

① 图 1 据《古钱大辞典》，图 2 据《中国历代货币大系》。

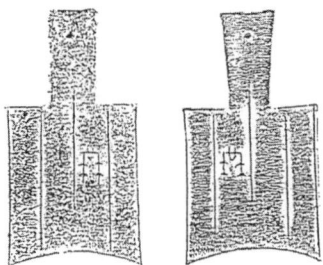

图3   图4

肩上边最为明显，矜持游移，形成弯曲现象。显示出铸工低下，与先秦铸币工人的技术，相去甚远。銎伸入布身，大概是原始布突出的特征。然而，在布币发展进程中，却没有找到它给空首布留下什么痕迹，继承关系不能衔接。这些原始布，都是传世品，没有出土记录和地层关系。因而，称之为原始布似乎缺乏根据，结合上述之文字、边郭、铸工等缺陷，都可说明是件伪品。既然断定为伪品，原始布之命名便毫无意义可言了。

二、宝字布（图5）和宁字布（图6） 后一布为合背，两布共三字。文字点画皆有误：宝字布之"宝"字，"宀"下"贝"上是两个"缶"字，写法不同，都有错误。左方"缶"字由"𦉥"误作"⊕"；右方"缶"字由"缶"误作"王"。宁字布正背两面的字，都难找到"宁"字从"心"、从"皿"的踪影，显然是三个错字。两布的"宀"都是楷书的写法。文字既不同于先秦写法，书法又缺乏先秦小布之遒劲精神；与釿布（图7）书法亦无相似之处，竟至无笔意可言！又经八十多年磨损，棱角露出黄色铜质，假锈脱落，原形毕露。据方若云："相传出甘肃庆阳境。"庆阳东距布币行用区道途遥

图5   图6   图7

远，不用东方布币，向无出土布币记录，是非布币行用区。二布既在非布币行用区内出土，加以不符布币文字、形制等等现象，因而可以肯定出于伪作无疑。张绚伯、郑家相两先生，早在八十年前在方家看钱时，曾当面告诉方若，二品皆伪造。而方若坚不以为然，后且收入《古化杂咏》中（事见《梁范馆谈屑》），这就是空前绝后的两枚假布！

三、邲阴金化午布（图8） 千千万万布币中，未有阴文文字者。此阴文，明显反常，且文字欠精神，文意难解。依方若释文，第四字笔画有误，实非"化"字。或说系砝码，亦不合。先秦权及砝码，都有法定重量，经增损后方能使用。传世大

图8

魏、旬邑两秦权皆出范铸，而无检验增损痕迹，证实是两件伪品。邲阴布无检验增损痕迹，若认定为砝码也是伪品。铭文虽似布币常见之地名和"釿"字，然其字拙劣，无轮郭，形制亦不同于方足布。就以上各点判断，当是伪品。方若不知，仍收入《古化杂咏》中，足证方若受骗尚不自知。

四、皇周布（图9） 布文二字，原释"皇周"，二字颇有唐宋人篆书风格。与尖足布、方足布文字大不相同，形制不符，造形不美。又是陶制品，即异于布币用铜浇铸之法，而用陶土烧制，便难于实现一般等价物的职能，因此它不是货币，而是伪币。丁福保先生在拓本下标明"此品伪"字样。可是原有跋文却说："匋制也，制与六国布同。"可见收藏家是受骗了。

图9

五、白字不空首布（图10） 面文仅一"白"字。古文白字，左右对

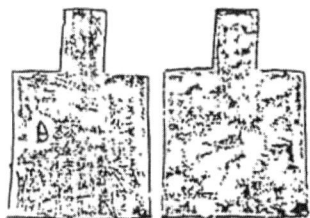

图10

称。先秦古器文字，如玺印、陶器、金文之铭文皆然。此布独不对称。布面宽阔，运笔本极自如，何以不对称？因念及六国制钱工人，天天从事铸币、刻字，技术熟练，自不待言，其铸品绝不至如此低劣。而作伪钱贩，其技术远逊六国工人，只能铸出如此低劣品。字形既不美观，笔力又不流畅。至于形制，既不同于空首布，銎之厚度过薄，亦不似平首布，布首厚于布身数倍。说者谓：此乃空首布、平首布之过渡型。然而，竟难以纳入布币演进行列之中，使主过渡型之说落空。但是，作伪者岂能前思后想，料到这些？清李佐贤先生说："伯字减笔，或系伯国所铸软？二品均小而首不空。因其形制与空首者同（而入此）。"看来李先生也受骗了。

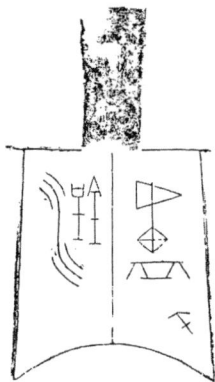

图 11

六、卢氏涅金大空首布（图 11）　面文四字，笔画方折、圆折互见，"卢"字中间部分，更不调和。笔画呆板，全无先秦铸币出于陶（泥）范犀利之感。布身巨大，似小布放大之状，不失布币真型。然仍有蛛丝马迹可寻。如两肩左右，布身以外之流铜，本是铸币过程中自然形成，粗细、长短，本无一定。可是作伪者，却在制范时，专门设计，造出一似边郭延长之状，却与真品相违，铜质又非青铜，从而露出作伪马脚。此种以体大标奇之伪品，骗过不少进京赶考的人。相传是清同治末年北京商人所造。

上举八布六例，足见先贤亦曾受骗，受骗并不自今日始；也不会从今日起便无受骗之人，或无制造伪品之事。扶风石币之出现，即可说明受骗者仍在继续被骗之中，伪品制造者之多，"盛况"空前。现在扶风石币正在争论之中。然而，根本问题还在石币本身，不必旁求，诸如出土地，是否汉墓，是否冥币等等，都不必管它。只管看：第一，是否软弱无力，有无错字或雷同，以及楷书笔意……都可据以判断真伪；第二，形制是否与时代符合；第三，铸工是古法是今法，铜质是否青铜等等。至于出土地点，在扶风，在岐山，无关紧要，因持有人可以随便说，是难以相信的。但两地都非布币、刀币行用区则是一样的。试想，此地古人不用布币、刀币，因而没有留下布币、刀币，就是挖遍全县的地方也不会得到布币、刀币，这是符合逻辑的。如若在这里获得刀币、布币，除非是科学发掘获得，都不能轻信其真。

原载《钱币博览》1999 年第一期（总二十一期）

项梁半两

　　项梁，战国时楚国下相（今江苏宿迁西南）人。本楚国贵族项燕之子。秦二世元年（前209年），陈胜揭竿而起，四方群起响应。梁与侄羽，杀秦会稽郡守殷通，起义于会稽郡治所——吴（今江苏苏州），有兵八千人，为秦末农民起义领袖之一。后任张楚上柱国，率兵渡江西进。陈胜失败后，拥立楚怀王之孙，名心者为王，仍称楚怀王，以为号召。曾败秦大将章邯。终因轻敌，败死于定陶（今山东定陶西北）。

　　项梁一生，对后世颇有影响，他作为农民起义的领袖，更为人所景仰、怀念。在中国古代史教学中，需要有关文物，以充实教学内容。

　　1964年，《历史教学》第二期上，刊登过项梁半两钱的图像，并说明："秦末以陈胜、吴广为首的农民大起义，终于爆发了，'项梁半两'钱，就是楚地起义军使用的货币。图像下方，注明断代及实测数据说："项梁半两，秦。径4厘米，重15.7克。"

　　随着时间的消逝，钱币研究也在向前发展。由于半两钱的研究，采用考古学的方法，

项梁半两钱

秦。径4厘米，重15.7克。

不单靠文献，而是利用出土资料，如墓葬的形制、地层关系、共出文物组合等来进行，所得结论，与前人多有不合，使人对半两钱必须重新去认识。这是1955年前后开始的事。三十多年来，新的研究成果，对旧认识所作的否定，是学术研究的更新，是值得称赞的进步，十分可喜。但是，接受前人结论较多的人，对这个更新，多数人是不易接受的。我在当时，也是不同意新论断的，而是后来才逐渐接受的。然而，新的研究成果，毕竟是颠扑不破、推不翻的。具体讲来，有如：

一、半两钱始铸年代

战国秦墓多伴出半两钱，铸行年代上限，因而提前许多年，始铸于始皇二十六年（前221年）的旧说，被事实所否定。1979年，四川青川50号墓①发掘，据伴出木牍纪年，推定半两钱始铸于秦惠文王二年，适与文献记载惠文王二年"初行钱"相吻合，始铸年代，因得到考古学的证据而被承认。从而旧说也被否定。

二、半两钱实重与文献记载

近时发掘表明，半两钱轻重不一，大小错出，早在先秦即已如此。旧时，以大且厚重，文字高挺者属秦，小而轻薄，文字平漫者属汉的标准，不仅被否定，而且年代的上限，也明显提前，是旧日所意想不到的。即文献记载之"识曰半两，重如其文"，也应予以重新认识。② 以上新结论的获得，不能不说是因为采取考古学方法才获得的。

项梁半两钱的研究，与半两钱研究，是息息相通的，加以出土

---

① 四川省博物馆《四川青川县战国墓发掘简报》，《文物》1982年第1期。

② 吴镇烽《半两及其相关的问题》，《考古与文物丛刊》，1983年第3辑；《中国钱币论文集》。

资料，未发现直接解决项梁半两钱的资料，只好就一般半两钱研究成果，进行考察，看它是否与出土的、断代在秦代前后的半两钱有共同之处。

基于上述要求，试从重量、直径上作一比较。据吴镇烽同志实测，在断代属战国秦及秦代的众多数据中，选取最重者六例①以作比较，结果是：《历史教学》公布的数据，比六例都既高又大。与最重的 9.50 克相比，重 65%，与最轻的 6.01 克相比，重 161%，与平均重的 7.48 克相比，重 111%。与直径最大的 3.40 厘米相比，大 17%，与直径最小的 2.83 厘米相比，大 41%，与平均直径的 3.18 厘米相比，大 25%。

陕西西安西汉王许墓出土有两枚大半两钱，重达 80 克，径 5 厘米，都比吴同志实测重得多，大得多，然而，那是汉物，不是秦物，也不是流通钱币，是不能相比的。此外，出土资料，未见超过六例的实测数据。其半字的写法，又是趋于简化的篆字，是西汉半两钱所常有。这些都说明，项梁半两钱，不是秦末之物。将它定为项梁所铸的钱，从时间上讲，也不能成立。这是与出土资料的比较研究，所得结论。

回顾前人涉及项梁钱的记载，对于判断上述结论，会有参考价值，至少可以弄清定项梁钱钱文为半两，是如何提出的。

---

① 六例数据：

	重量（克）	直径（厘米）	出土地点
1)	6.01	2.83	始皇陵北侧鱼池村遗址
2)	6.75	3.20	秦都雍城高庄前 6 号墓
3)	7.00	3.30	四川郫县战国墓
4)	7.60	3.40	始皇陵西侧赵背户村修陵刑徒墓
5)	7.90	3.20	始皇陵侧郑庄石料加工场遗址
6)	9.50	3.30	四川青川 50 号墓
7)	平均值 7.48	3.18	

项梁曾经铸钱的事，见西汉陆贾《楚汉春秋》[①]："项梁阴养死士九十人。参木者，所欲计谋也，木佯疾，于室中铸大钱也。"这是自宋洪遵《泉志》引用以来常被后人转引的，并且是仅有的一条文献记载。只是说项梁所养士中的参木，曾以装病为掩饰，在室中铸大钱。故事情节单纯，只能知道项梁曾铸大钱的事，至于具体情节，则无法得知。遂使后人作出种种猜测。

洪遵是最先著录的人，其标题仅作"右项梁钱"共四字，并未涉及半两字样。他除引《楚汉春秋》原文外，未加说明或按语，足见洪氏的审慎态度。所以不作任何推论，应是未见过实物的缘故。明人徐象梅为《泉志》所补图，仅作无文圆钱，大概也因未见实物。清翁树培也和洪遵一样，仅引《楚汉春秋》原文，无说。翁氏又引无名氏《钱币考》，有云："其文疑为半两。"刘喜海在《古泉汇考》中所加按语云："项梁既有铸钱之事，焉知非即明月（今释明化），一刀（今释一化）之类乎？"

至丁福保《古钱学纲要》才指明钱文为半两，语意肯定。丁氏按云："此时之大钱，指秦半两而言，至今二千一百余年，秦铸与项铸已不能分别。"认为项梁钱的钱文为半两，概即始自丁氏。1986年，杨科《对项梁"铸大钱"的新探》[②] 一文，大体与丁氏说相同。

上引各说，可以归纳为四种情况：

一、不作猜测，如洪遵、徐象梅、翁树培。不涉及钱文何字。徐氏图作圆钱，已涉猜测，好在未有文字，却是以说明项梁钱的钱文，尚不可知，较随意猜测似胜一筹。

二、疑为半两，如《钱币考》。原文是疑问句，并不肯定，不能证明《历史教学》所揭图像是正确的。

三、疑为明化、一化，如刘喜海。今据出土材料证明，明化、一化，都属战国时燕国钱币，即使原文不是疑问句，也是不能成立

① 《楚汉春秋》，已佚。清人洪颐煊、苑泮林等都有辑本。
② 《中州钱币论文集》，1986 年 6 月出版。

第二辑 辨伪存真

183

的，何况本是疑问句呢？

四、皆定为半两，如丁福保、杨科。丁氏语句虽极肯定，但无论据，未加论证，不能说明其说之确，仍属猜测一类，也难相信。又缀以"秦铸与项铸已不能分别"的话，更无法据以区别何者是项梁半两钱，虽是水中明月，镜里红花，却给人以极大影响。

总观前人涉及项梁钱的记述，除都未披露钱图①，无可援据外，实际都未讲清项梁钱的究竟。回看《楚汉春秋》原文，本来就没有留下项梁钱的描述，如形制、钱文、轻重、大小等。在既无其他文献可以补充，出土资料中，又无直接材料证明项梁钱的真相之情形下，从半两钱中寻找项梁钱的设想本身，就缺乏根据。至于《历史教学》所揭图象，是否根据丁氏并无证据的那句话，虽不能肯定。但是，选直径 4 厘米这样的大钱，与丁氏按语有关，也未可知。它与出土资料中的半两钱差异之大，文献中又无丝毫线索，可以证明钱文定为半两。《历史教学》的项梁钱是难以相信的。

对项梁钱的研究，到目前，依然未能离开书本，这种研究方法本身，就有缺欠。而能补足这种缺欠的，确属第一手资料的，如发掘所得资料，却常被研究者所忽视，实是当前研究一大障碍，是应当急起直追的。

原载《陕西金融》1991 年第 15 辑

---

① 徐象梅补图，虽作圆钱图形，但无文字外，其余都未有图。

幽香袭人实难即

——渴望发表北京出土皇祐钱

大凡嗜好古泉者，难免有"好奇斗富"之弊。旧时，古钱市场上，名泉异品，随在多有。然并非易如探囊取物，随手可得。而实际则既可求，又不可求——可遇不可求。谓可求者，当年贩泉贾客，成竹在胸，某甲某乙，何有何无，了如指掌。收得异泉，便可立断，投诸谁何。随即送上门去，及至成交，主客尽欢握别，当此之时，各乐所乐，皆大欢喜。至若拔奇品，擢异泉于冷摊、小市、尘封、污秽之中，得者既乐，售者亦喜。类此奇缘，真可遇不可求，其此之谓欤？人称"买俏货"。售者虽赚银钱，实却输眼，而买者之独具慧眼，于斯益信，故非其人不得其乐。

而今，此类乐趣，仍可在文物报道中享受一番。每见报道珍品异泉，兴致亦自不浅。例如：《中国钱币》创刊号，刊出九叠文皇宋通宝，即属稀见之品。由北京高桂云同志报道，除披露拓本，又作具体描述，使人一目了然，有如亲见。此类报道，为读者喜闻乐见。他如：四川青川秦墓所出半两，澄城坡头所出汉五铢铜范四十余件；辽上京所出契丹文银钱等等，无不散放幽香，飨人餍欲。凡我古泉爱好者、古泉专家，皆喜读之。

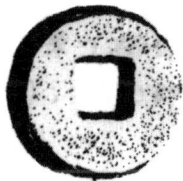

185

曾有文章报道①出土"皇祐"钱云：

> 1971年8月，北京右安门内里仁街，前进棉纺厂院内，挖
> 槽取土，距地表 3.5 米左右深处，发现古文化遗迹……发现铜
> 罍……铭文："唯宣和四年八月甲辰……"与罍伴出的，还有宋
> 定窑影青瓷残片，"至道""皇祐""熙宁"和金"正隆""大定"
> 铜钱等遗物……

读至所出铜钱有"皇祐"时，不禁拍案叫绝。何则？如此稀世之珍，
今竟发掘得之，诚喜出望外者矣！况北宋钱币出土最多，而稀见如
"皇祐元宝"者，实未有所闻。《古泉汇·卷四·嘉荫簃泉说》：

> 宋钱近世出土者，动以千万计，类皆习见之品……若"皇
> 祐""康定"……各泉，千万中不一见也。

古人所见如此，今湖北黄石市所出窖藏铜钱②，多达二十二万余斤，
亦未闻发现"皇祐"钱之事。居然于北京掘得之。泉界同志，闻者
莫不欢欣喜悦，堪称古钱研究之重大发现。

旧谱著录皇祐元宝，约有十品之谱，录之以资比勘：

1.《吉金所见录》："右仁宗皇祐元宝钱，篆、楷二种。"

2.《古泉丛话》："右皇祐元宝……此钱与康定元宝皆绝少……皇
祐钱则概未之见。徐问翁云：'汪子坚有二枚'但闻其语而已。余家
此钱，亦伪铸。"

3.《古泉汇》："皇祐元宝，亦仁宗钱，篆、楷二品……今皇祐
钱甚少，大者更不见。"《古钱大辞典》："（篆书）此品伪。"《古泉汇
伪品》："（篆书）此钱已流入日本，亦系伪物。真书在罗（罗振玉）

---

① 张宇《记大都出土文物》，《考古》1972 年第 6 期。
② 《黄石市发现宋代窖藏铜钱》，《考古》1973 年第 4 期。

处，系皇建元宝改刻。"

4.《观古阁泉说》："薛氏子复示所刻……皇祐元宝，篆书、正书二种，皆楚楚有致。"

5.《泉简》[①]："［皇祐元宝］此北宋钱罕见者，……《泉汇》注曰：'今皇祐钱甚少，大者更不见。'厥品如折二，大者也。戴文节故物。按：与《丛话》摹写本点画不同，未必即系戴熙故物。《古钱大辞典》卷五、第280页，第三图；无定价。"

6.《古钱大辞典》卷五，280页，第二图："［隶书］此品伪。"

7.《泉苑菁华·古泉丛话》：说同2。按此拓系丁福保所配，当是刘喜海藏品。与原书摹写本，点画不同，未必即戴熙故物。

综上所录，皇祐元宝篆书六品、楷书三品、隶书一品，共十品。除（6）所录二种出薛刻，系伪作，无须更考外，所余凡有评论，几无不指为伪品者。历来泉家于皇祐元宝，少有信而不疑者。如翁树培云："培按皇宋钱，不止宝元年间铸也……前后十有六年之间，皆铸皇宋钱，故皇宋钱今日尚多……皇祐钱，今并未见……"

方若云："皇祐元宝，日本谱辗转相载，未见原钱，何敢遽定？友有也，都非真也。"

郑家相云："近日诸家所藏，或嘉祐改刻，或皇建改刻，无一真者。可证仁宗皇祐年间，并未铸钱。"

彭信威云："皇祐年间（1049—1053）史书说曾铸皇祐元宝铜钱大钱，但没有遗留下来。"

于以见国内外诸谱所载，皆难置信。

现北京既掘得"皇祐"又有共出土文物之佐证，自属真品无疑。若据以校旧谱所录，藏家所有，真赝自可立辨，使一桩积久公案，得以澄清，泉界同志，能享此乐，实应归功于发掘同志，敬表谢意。

或疑"皇祐"向即稀有，报道之"皇祐"恐系出于讹误，而实无其物。此种疑虑，究其原因，不外手民误植，作者笔误，遂将

187

---

① 袁克文《泉简》甲编、北宋上，页一。

唐石父文集

"皇宋通宝""嘉祐元宝"之类宋钱，误为"皇祐"，且报道仅录年号，省略宝文，前者误"宋"为"祐"，后者误"嘉"作"皇"，容或有之。至于以"宋"误"祐"，以"嘉"误"皇"，两者字形相去甚远，手民似难有此误。执笔者于宋钱一无所知，亦难有此误，且此钱在报道中，并非重点。据理推之，认为报道偶有疏误，恐未必符合实际，难免臆断之讥。分析及此，益信"皇祐"出土消息之不容置疑。

然而，报道于此稀世之珍，既未作只字描述，又未披露拓本。出土至今，已逾一纪，仍未见具体报道，致使幽香徒增袭人之感，垂涎难抑，而不得庐山一面，益增怅惘！奉恳文章作者，每发有关古钱报道，能否加以描述？并发拓本（摄影本与拓本同发犹妙，单发摄影不妥），以飨读者。若以原大以保持古钱真面目，尤可使人备觉亲切。果能若此，则功德无量，为古钱研究，增加无限风光矣！

附：关于皇祐元宝钱，最近出版的《中国历代货币》图册十七页刊出了一枚彩色照片，在说明中指出："皇祐元宝，宋仁宗皇祐年间（1049—1053 年）铸，此钱传世绝少。"但对刊出的这一枚皇祐钱是否属于真品，钱币界的争论甚大。千家驹先生在《中国钱币》创刊号上发表的《评〈中国历代货币〉》一文中便指出："……选择不够严格，参杂个别赝品或有待考证的，如 …… 17 页'皇祐元宝'……等，其中有的可以确定是后人伪造的，有的则尚待考

证……当然，对于古钱币的辨伪工作是很难的，收藏家与鉴赏家的意见往往不一致，众说纷纭，莫衷一是。以上我不过是提出来，供大家参考。"

现将《中国历代货币》图册中所刊载的皇祐元宝翻刻于右，以供读者研究，讨论。

原载《泉币之友》1986 年第 6 期，上海油印本。

燕刀特殊"明"字可重合例令人生疑

先秦刀布，传世极多。同一铭文习见不鲜。燕刀之"明"字[①]（图1—5），齐刀之"齐法化"，空首布之"武"字，尖足布之"平州""兹氏"，方足布之"安阳""平阳"，圜金之"共"字、"恒"字，都是同一铭文数量很多的先秦钱币。但是，两枚或多枚同一铭文钱币可以重合的却不曾见过。现就三枚特殊明字刀可以重合的传世拓本加以分析研究，以求弄清问题。虽然，只据拓本，未见实物，必将影响对铜质、锈斑等方面的观察判断，自是一大缺点。至于关键性的、可以说明问题的，乃是拓本所反映的具体画面形象，因而根据拓本所作分析是经得起推敲的。

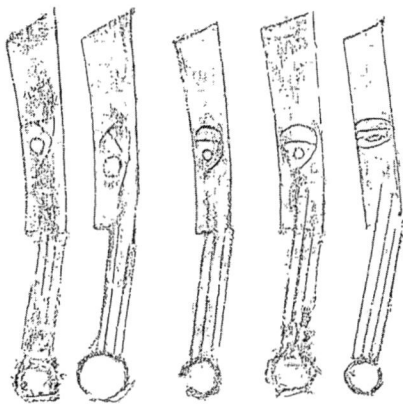

图1 图2 图3 图4 图5

[①] 燕弧背明刀面文，多释"明"，其他释文虽多，几乎无人信从。陈梦家先生在《考古学报》第10册发表《西周铜器断代（二）》谓："我们可以肯定所谓'明刀'实即是燕国的刀货；而所谓'明'字可能是'匽'字的简写。"李学勤先生则以为如果释匽，在燕国金文中之匽、郾又无作"ⵙⵙ"者。

清代歙人鲍康为一代钱币大家，对先秦铸钱工艺之论述向来为学者所推崇。近时发现之先秦各种钱范或为鲍康所未见。然而，据范以复按鲍说，似乎尚难提出可以否定其说之证据。他曾说：

> 顾有范之泉，如半两……货泉之属，其笔画皆不甚悬殊，以一范可铸千万泉也。独列国之布，其文多至百余种，而尖足布之平州、兹氏，方足布之平阳、安阳等流播尤多。余目击数百枚，其笔画肥瘦、参差，几无一相肖。若一布有一范，当必有千百范，何近代藏泉家无一列国布范也？……他如磬折刀、尖首刀，制作慕纷，亦概不闻其有范。古人往矣，余不得而质之矣！特以意揣之，疑当时制度尚简，初无一定之范，工人于铸泉时，就沙土上以意刻字，旋刻旋铸亦旋弃，故参差弗齐。沙土不能经久，致后世无传焉。不然，何以纷纭其若是！①

此是鲍氏一百二十余年前之说，当代学者对此又有何高见？承河南省文物研究所李京华先生见告："在春秋战国时泥范的观察中，看到范上分型剂是涂过几次的，证明一范可以连续使用几次。"按李氏之发现，有考古资料之依据，是可信赖之说。而鲍氏"旋刻旋铸亦旋弃"之说，乃通过众多实物之观察，从中总结所得之经验谈，也是相当有基础之论。两家之说，看似矛盾，其实李氏所据所讲并非铸钱之范；鲍氏所论是先秦刀布实际情况之反映。而且，鲍氏立说至今又百余年，其笔画肥瘦、参差，几无一相肖者，依然如故；未见可以重合之实例，亦依然如故。原因不难设想，一范可铸几次，就会铸出几枚可重合之刀布。当出范之初，自可暂时相聚一起，一经参加流通，便即分散，如此反复若干次后，它们便各自东西，相聚难期了。这就是说，鲍氏从观察刀布中所得"旋刻旋铸亦旋弃"之结论，在未曾发现可重合例时，不仅不能否定其结论，倒是支持

---

① 《观古阁泉说》第22页，同治十二年刻本。

了鲍氏之结论。

今日为寻求可重合刀布，参考李氏发现，以刀布泥范也可使用几次为前提，则寻求可重合刀布当在铸成未分散之成批刀布，即被埋进墓葬或窖藏中又被今天科学发掘所得的成批刀布中去寻觅，乃是最理想之条件。因此，曾注意到大批同铭刀布、圜金的发现和报道。例如：（1）山西闻喜出土七百多枚共字圜金；[①]（2）河南鹤壁出土三千多枚公字锐角布和五千多枚垣字圜金；[②]（3）河南宜阳出土三万多枚武字空首布；[③]（4）北京出土明刀极多，据高桂云先生报告：中华人民共和国成立四十年来，先后出土四十余批。仅朝阳区呼家楼一次出土即多达五千余枚，其中残破、碎片尚不计在内。[④] 在上述发现中，可惜未找到可重合之例，令人十分遗憾！岂料在最常见的资料中，竟然发现了三枚明字刀，明字可以重合，真是喜出望外！这就是《古钱大辞典》著录的、与众不同的明字刀。三枚编号分别是1068（图6）、1101（图7）、1123号（图8），三刀都以"明"字写法特殊为其特点，为行文、印刷之便，减少刻字的麻烦，称这种刀为"特殊明字刀"，称这种写法的"明"字为"特殊明字"。其实在我发现之前，已经有人根据特殊明字立论了。文章说：

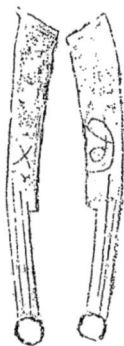  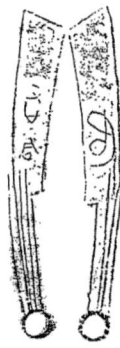

图 6　　　　　　　　图 7　　　　　　　　图 8

① 由朱华先生陪同在山西省博物馆及侯马工作站看过。
② 承刘荷英先生见告。
③ 为公安部门量刑作鉴定时所见。
④ 高桂云等《北京市出土战国燕国币简述》，1983年10月油印本。

　　燕币面文明字的书体，仍可找得到犹存古形的几种（引者按：仅一种）……此四（引者按：四当作一）种燕刀面文，一望可知不是由日月组成的字，犹存晏、匽的原始形状（引者按"原始形状"未有论述，亦未举证以明其为"原始形状"）。①

　　也有人说：丁福保《古钱大辞典》著录有三枚所谓"明"字刀化，给我们研究"明"字刀的面文明字提供了线索。这三枚刀化，细审不伪……②

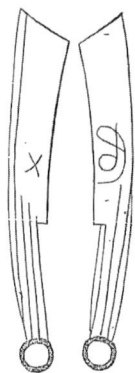

图 9

　　二位先生用特殊明刀为依据，另创新说，在百家争鸣、自由讨论中，必将有助于学术研究，自是大好事。

　　在所能接触的材料中，除这三枚以外，还见到《古泉汇·亨集》著录的一枚明刀（下称"《泉汇》明刀"，图 9）③，竟与 1068 号刀之面文、背文相同，不仅是相同，其"明"字亦属特殊明字，而且可以重合。背文也可重合。《泉汇》明刀长 135 毫米，1068 号刀长 120 毫米，相差 15 毫米。两刀大小不同，可见必非同出一范。既非同范，特殊明字又可重合，倒是一件稀罕的事。然而，根据铸工情况分析比较，铸造时间必有先后，既有先后，难免有因袭关系，才能重合。如若《泉汇》明刀因袭 1068 号刀，后者笔画不流畅处已为前者所修改，而变得流畅，然可能性极小。若 1068 号刀因袭《泉汇》明刀，则完全可以使流畅之笔，变为不流畅，这倒是事理之常。只是《泉汇》明刀刀身长大，因而，刀身不能重合，而且不会是同一枚刀的两张拓本，而是两枚特殊明刀的两张拓本。

　　特殊明字刀从形制、文字书法等方面看，应该属燕刀系统。既

① 中国古文字研究会第四届年会论文，铅印本。
② 《中国钱币论文集》第 1 辑。
③ 《古泉汇》亨集卷四第 2 页，同治三年自刻本。

非齐刀，亦非赵刀。在燕刀系统中，也不是针首刀、尖首刀，而是明刀。在明刀中，不是磬折刀，而是弧背刀。[①] 特殊明刀的归属既定，它们与弧背明刀是否一家？在观察三枚特殊明字刀的拓本中发现，与弧背明刀在以下几方面是有不同的：

1. 刀长偏短

《古钱大辞典·古钱图例言》第六条云：本编之图，悉仍原钱大小。据此可知三枚特殊明字刀均为原大。就拓本测得刀长依次为120毫米、123毫米、121毫米。弧背明字刀刀长在137～140毫米；《泉汇》明刀长135毫米；明字五刀泥范型腔长140毫米，五刀长度相同。[②] 今将数据制为刀长比较表列下：

		最　长（mm）	最　短（mm）
	特殊明字刀	123	120
	弧背明刀	140	137
	相　差	17	17
参考	《泉汇》明刀	135	/
	明字五刀泥范	140	/

注：最短的特殊明字刀与弧背明刀相比，短20毫米。

据上表两种明刀最长、最短相差都为17毫米，最大差距为20毫米。观明字五刀泥范型腔又可知，型腔长短有一定标准，可见同铭刀长应当一致，不该参差不一。然而特殊明字刀三刀相差明显，即凭目力也可看出偏短，在《古钱大辞典》拓本中，与相邻弧背明刀（图10、图11、图12）相比也可看出特殊

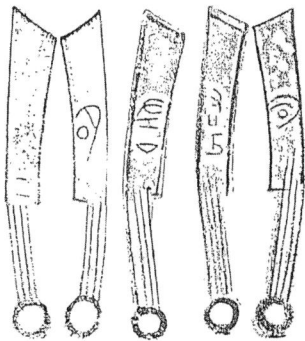

图10　　图11　　图12

---

① 《古币文编》著录时，明字下注"刀弧"，即弧背明刀之略，中华书局本。
② 明字五刀泥范，1978年河北易县燕下都遗址第10号遗址出土。

明字刀偏短。

2. 刀脊不断①

弧背明刀在刀脊一侧，其郭至刀身与刀柄相接处即断，断处呈隆起或增宽，乃实用刀之遗痕，为尖首刀、弧背明刀、磬折明刀所沿袭，且不与刀柄之郭通连（图1—4）。特殊明字刀在刀脊一侧，其郭不断，无隆起或增宽之痕迹，且与刀柄之郭通连，恰与《泉汇》明刀相同。

3. 刀柄之二直文微屈，不平行

弧背明刀刀柄二直文，以直线平分刀柄之宽为常。因出自工人熟练之手，而能刻画笔直。特殊明刀刀柄二直文，既微屈，又不平行，且偏向刀脊一侧，三枚皆同。与《泉汇》明刀也同。微屈现象说明非出自先秦工人熟练之手，不可能有"如锥画沙"之效果，这正是难以摹仿之点。

4. 明字多一尾笔

燕国弧背明刀，"明"字"月"旁有方折（图1）、圆折（图2—4）之分，虽变化万千，枚数以万计，而"月""日"从无讹变增笔之例。高桂云先生以为面文乃国家法定，其形体虽因时间流逝而有变易，由尖首刀而弧背明刀，而磬折明刀，其"明"字却一脉相承，不见讹变增笔例。特殊明刀之"日"旁由右侧向上，增一尾笔，与"月"旁相交于上方并越过之。在《先秦货币文编》和《古币文编》二书所收"明"字中，前书收九十余例；后书收五十余例，特殊明字仅一例，皆列入著录中。"明"字写法之奇当以特殊明字为最，大有鹤立鸡群之概，分外引人注目。然而，在燕刀"明"字发展历程中却又毫无痕迹可寻，难与史实相符。

5. 总体观察，不似先秦泥范产品

燕刀系统之铸法皆出泥范，有出土燕刀泥范（图13）可据。泥

194

───────────

① 与刀刃相对而言，共另一侧，改称刀脊，较称刀背为胜，可避免与刀面、刀背之刀背相混淆。

范铸品出于熟练工人之手，以其娴熟之技术处理泥范，铸燕刀，其成品给人以挺拔有力、毫无矜持之感觉，大小且有一定规范。传世弧背明刀长短相差大约不超过 3 毫米。三枚特殊明字刀短于弧背明刀 17～20 毫米。及多处不似燕刀之点外，"日"旁增一尾笔，尤为燕刀所未见。三刀同铭，可以重合，理应出自同范，然而大小参差，背文不一，说明必非同出一范，不出一范又能重合，令人生疑。

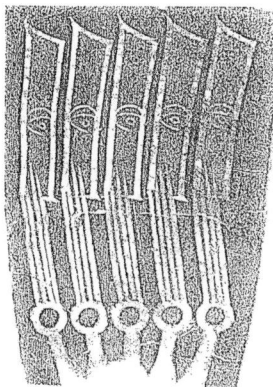

图 13

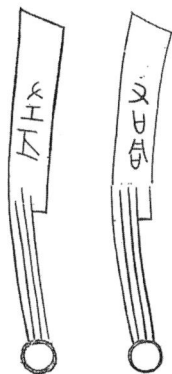

图 14　图 15

6. 特殊明字刀之蓝本，盖出自《古泉汇》亨集卷四（图 12）

特殊明字刀与弧背明刀在文字、形制等方面之不同已见上文。1068 号刀与《泉汇》明刀相比就不同了。除大小不同外，面文、背文都可重合，形制方面，刀脊不断，刀柄直文微屈，不平行等，也为 1068 号特殊明字刀所沿袭，可见 1068 号刀是沿袭《泉汇》明刀的产物。再就 1101 号刀、1123 号刀分析，面文与 1068 号刀同，背文则见于《古泉汇》亨集。1101 号刀背文"左□"在亨集卷五第 13 页（图 14），1123 号刀背文"右同"，在亨集卷七第 3 页（图 15），都系弧背明刀背文。可见面文、背文形制都出自《古泉汇》。至此，可以总结为：

一、《古泉汇》著录中，弧背明刀数量很多，其中只有一枚特殊明字刀夹杂其中。此刀与弧背明刀不同之处又都为三枚特殊明刀所承袭。

二、《古钱大辞典》著录之三枚特殊明字刀与弧背明字刀间杂排列，与相邻弧背明刀相比，不同之处和《泉汇》明刀与弧背明刀同。

三、特殊明字刀传世三拓本（《古钱大辞典》著录）之特殊"明"字虽可重合，形制又同，而背文互异，大小不一。就其共同点而论，应出一范；就其不同点而论，又无同出一范之可能。这一矛盾现象，绝非铸行弧背明刀期间所应有。出土明字五刀泥范型腔大小画一，说明三刀大小不一必非与弧背明刀同时所铸。

四、特殊明字刀貌似弧背明刀，其差异各点在明刀发展过程中都无反映，又找不到递变痕迹，无法纳入明刀发展史中。换言之，即明刀发展史中根本没有特殊明字刀之地位。关于这点，对《泉汇》明刀也是适用的。

附记：本文写作中，承李京华、朱华、刘荷英诸先生提供资料，在此郑重致谢。

原载《钱币博览》1997 年第 4 期

新奇的发现　可疑的图版

1982 年第六期《文物》所载简报一则①，发表二拓新奇莽钱（附图）。左读大泉新在初铸，传形大布奇在空前，读之倍觉兴奋。

一、可喜的结论。两钱是常见钱中的"异品"。左读大泉是常中见异的常见品，并不新鲜。只是《简报》发表的是大字圆肩，肥郭阔缘，大样（估计应厚重），与错刀、契刀环是同一形制，当是初铸品，使人耳目一新。常见品大字不作圆肩，或作圆肩，也必轻小，均较晚出，向无如此肉厚体大者。大布黄千而作传形，则是初次发现，故奇。

《古泉丛话》："闻丁龙泓有传形货布，甚珍秘之。近时货布虽多，传形则未之见也。"《古泉汇》于引文后云："今未见。"可知传形莽布罕有。至如传形大布黄千，则自《泉志》以来，所见谱录，都无记载。《泉币杂志》，系标奇斗异的园地，也无所见。收藏家藏品中，虽未能定其必无，但就所见各家泉拓、寿泉集拓等，也不见此品。今四川三台出土品中，竟有一枚，钱体博大，不似后铸，自属珍贵稀有之物了，此是对《简报》出于完全信赖的态度，作出的推论。

二、可疑的插图。《简报》与图版有矛盾，合之，不起相辅相成

197

---

① 《四川三台县东汉岩墓内发现新莽铜钱》，《文物》1982 年第 6 期。

的效果；分之，可以各自独立。这样精品，《简报》中只字未提，看来执笔者是不知这个特殊现象的。矛盾正在这里，因此，作者没有认识它的特殊，可是又选中它作插图。是否这批钱都是传形的？因此，作者对所选两钱，认为并非特殊。如是这样，拓本便有问题了。不是图版用印书办法印出，便是拓本在制版过程中，把底片弄反，果真如此，则《简报》的两枚莽钱"异品"便不存在了。

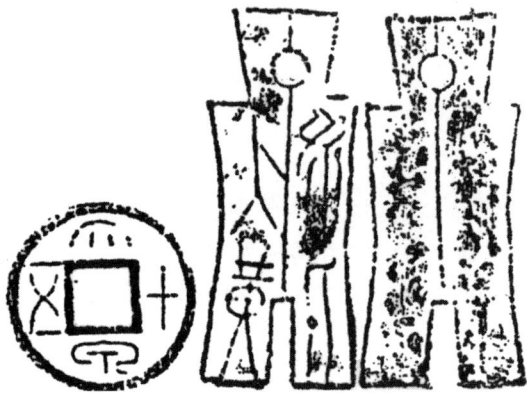

　　三、左读与传形。传形是古术语之一。前人解释说："如纸背传模"，就是说文字是反写的。后来在传形这个概念中，又析出一个新认识，就是左读与传形是有别的，不能统称传形。有一批篆字，正面看和反面看，笔画没有区别，都是相同的，叫作反正体。例如：半两、大泉五十等。旧时这类钱也称传形是不确的，应叫左读。

原载《陕西金融·钱币研究》1986 年第 8 期

伪造农民政权的钱

自清代乾隆、嘉庆年间以来，古钱研究比较兴盛，收藏者骤增，古董商人，乘机造假钱以谋利，于是伪钱充斥市场。这里只能就所知情况，作一般介绍：

1. 天统钱二种：明玉珍于元至正十七年（1357 年）西上入川，至正二十二年以重庆为都城，建国号夏，纪元天统（至元二十二年至二十五年）。

传世有天统元宝钱，篆书，小平；天统通宝钱，楷书，小平。这两种钱都见于《古钱大辞典》和《历代古钱图说》。而且，清代如《古泉汇考》《钱志新编》等书都曾有著录。

《中国钱币》发表戴葆庭遗著《历代古钱图说》校正，指出这两枚天统钱，都是伪品。

2. 大义通宝钱：大义通宝钱传世真品不少。独于某君处得见一枚，乃出大定改范。

3. 龙凤通宝钱：当三一种，鸟字与外郭之间有一小点，伪造者无此小点。小平有翻铸者。

铜觿

　　读《陕西金融·钱币珠专辑7》一文《汉长安城西直门外出土郡国、赤仄五币钱的探讨》，除了解到这一新情况外，还有报道的一枚"看来不是钱"的钱。文章说："Ⅲ型一枚（图11）。无字、面有外郭、无穿上横划、背平素无郭、两侧有较长的柄，铸造精整。……Ⅲ型虽是钱型（？）而无有文字，两边残留长柄、铸造精美，看来不是钱。"就文字叙述和拓本所反映情况，不禁使我想起，往年收集到的一件和《古泉汇·贞十一》著录的三件同类器物。李佐贤未定名，也未及用途，有云："诸品形制绝奇，而诸谱未载。"据《古泉汇》及我所藏品的形制，可以将《探讨》图复原。这种器物正如作者的分析，它不是钱，却是一件铜觿。《说文》：觿字下云：佩角锐端，可以解结。《诗·卫风·芄兰》：芄兰之支，童子佩觿。《传》云：觿，所以解结，成人之佩也。人君治成人之事，虽童子犹佩觿早成其德。《礼·内则注》：觿貌如锥，以象骨为之。综上所引，可知觿是一端尖锐的锥，用途是可以解绳结。与本器形正符。可知它确不是钱。

　　由出土情况推断，铜觿当属西汉时物，至少可知，其上限不晚于西汉。

　　铜觿为什么与铜钱同时出土呢？要回答这个问题，可以从这件铜觿尖端残损的现象上去考虑。铜觿的功用，是可以解结的，可以起作用的部位是它的尖端，尖端一经残损，就失去解结的功能，而变为废物。余下的主要是铜觿中部的钱形部分。而这部分不但形状与五铢相似，而且大小也接近一致。因此，完全可以掺进五铢钱里，混杂使用。于是废物又变为有用的钱了。这次与五铢钱同时出土，它已不再是解结的觿，而是具有通行货币身份的钱，才被埋藏在地下的。正符合与五铢共同出土的现象。

原载《陕西金融·钱币研究》1989 年第 2 期

第二辑 辨伪存真

古钱辨伪

一、伪钱种种

伪钱在古钱研究中，向来有两种不同的理解。一种认为：凡是非正统的钱，如王莽或农民起义军的钱，都称之为伪钱；另一种认为：凡是近代钱贩摹仿古钱所造的钱，都称之为伪钱。古钱是文物的范畴，应当用文物的标准来衡量，也就是要从年份是否符合它的年代，能不能反映当时历史来做标准。前者是立足于正统观念上提出的看法，与文物不相关，那些钱的年份又与它的时代相当，能反映当时历史实际的，所以不是本文所讲的伪钱。后者，则年份不够，根本不能反映当时历史实际，是地道的伪钱。从理论上讲，伪钱是以谋利为前提的，并用以欺骗古钱收藏家和研究者的钱，是以普通商品的资格，投入到商品交换中去，而不是以充当一般等价物的特殊商品的身份，参加货币流通的。换句话说，伪钱是普通商品，不是特殊商品。用这个标准来衡量，又可把历代民间私铸钱排除在伪钱之外了。因为，那些冒着生命危险，偷偷地去铸钱，并不是为了生产普通商品，而是在生产充当一般等价物的特殊商品，并投入货币流通，而不参加商品交换，所以，它也不是伪钱。

真和伪，本来是相对立而存在的，没有真钱，哪里还有伪钱？

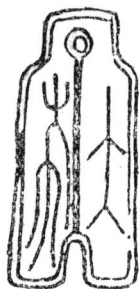
图1

图2

图3

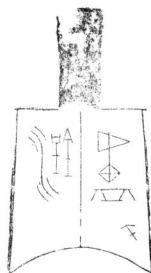
图4

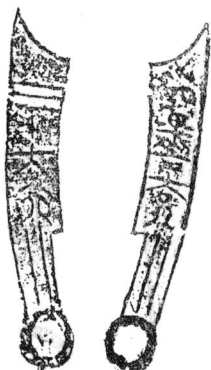
图5

图6

图7

图8

一般情况是这样的。实际上真钱一经仿造，便成伪钱。我们识破它是伪钱，就是在与真钱的比较中，分辨出来的。《西清古鉴·钱录》著录的两字莽布（图1），就和真莽布作四字的不相同，两者一经比较，真伪可以立辨。翻刻的赙六化（图2），翻砂的赙四化（图3），与真钱放在一起，就很容易辨出哪个真哪个伪了。这都是有真才有伪的例。哪里知道，造伪钱的人，并不管这些，他们不需要真钱做根据，也可以做出伪钱来。而且，为迎合"主顾"心理，可以随心所欲地制造伪钱，实际上是并无真钱的伪钱。他们在摸清"主顾"有好奇、求全等心理后，特准备一批对路商品，以谋厚利。于是，便制造出特大空首布卢氏涅金（图4）、特小节墨刀（图5）、背文十四字的庆元大钱（图6）、盘古通宝（图7）、重十二朱（图8）、承安

203

宝货①等等。为使"主顾"配齐年号钱，就把不曾铸过钱的年号，铸成年号钱。②又为配套整齐好看，把清康熙通宝背文宝南、宝广、宝台三种紫褐色小钱，改铸成青铜大钱，好供应求全的"主顾"。至于压胜钱，品类繁多，铸造年代先后不齐，是另有目的而铸造的，不是流通货币。因此，他们不惜工本，选料精，做工细，只要求成品精美。收藏家收集这类钱时，好像没有考虑过真伪问题，又仿佛无所谓真伪。

二、作伪钱的时间上限

伪钱的出现，是以有无市场为前提的。在古钱研究刚刚兴起时，是不会有人制造伪钱的。现知最早的古钱研究者，首推萧梁时的顾烜，著有《顾氏钱谱》，可惜久已失传。它的内容，只能通过后世转引的零散资料，了解一些概况，已无法弄清全部内容了。他所收钱币的真伪，也无法了解了。但从当时尚属研究的早期来估计，是不会有伪钱的。唐开元、天宝年间，邠王李守礼或他的家属，曾有一批古钱，从先秦的刀、布到唐开通元宝，基本上是每个时期都有一枚。这样秩序井然、又集中的历代古钱，想来不会是偶然凑在一起的。所以，夏鼐先生说是一个"收藏家"的藏品，是很有道理的。这批古钱出土于陕西西安邠王故宅③，是天宝十五年（756 年）的窖藏，可见当时达官贵人间，确有收集古钱风气。这批古钱里没有发

---

① 承安宝货钱，在黑龙江发现以前，都未见过真品，发现之后才知凡铜质圆钱，都是伪作。

② 历代钱文结构，先秦以地名为主，秦至隋以纪重为主。唐高祖武德四年（621 年），废五铢，行开通元宝开始，钱文结构中出现宝文部分，即吉语（开通）加宝文（元宝）所组成。此后，又有国号钱、年号钱等结构出现。宋太宗淳化年间（990 年），铸淳化元宝钱后，虽形成改元另铸新钱的制度，但不另铸的例也很多。如北宋乾兴、皇祐，南宋德祐、景炎、祥兴，明建文、洪熙、正统、景泰、天顺、成化、正德等年号，都不曾铸钱。

③ 《文物》1972 年第 1 期。

现一枚伪钱，可见那时还没有制造伪钱的事实。南宋洪遵著《泉志》十九卷，收录古钱 348 枚，包括他自己收藏的一百多枚。除去普通常见品，不会有伪造者外，较稀少的钱，也都与现存实物相吻合，没有可以判断必定出于伪造的钱。由此推知，南宋时，仍然没有伪造古钱的事实。元明两代，几乎没有研究古钱的学者出现，当然，不会有伪造古钱的人。等到古钱学大为昌盛的时候，收藏家、古钱学者，逐渐增多。而且，常常出现争出高价抢购的事。古钱成为极其畅销的商品，这时古董商人和钱贩们，看中古钱生意有利可图，销路旺盛，稀有古钱，又出现供不应求的现象。于是，伪造古钱之风，也就应运而生了。回顾清代以来，古钱学发展的历史，参照古钱谱录所收伪钱的变化，大体来说，道光年间的钱谱，所收伪钱逐渐增多；咸丰初年，作伪的技术，已相当可观。以此为准，则道光时作伪的人，可能不是最初作伪的人。最初作伪的人，应该再提前若干年。如果这样推论不误，则伪造古钱开始时间，应在乾隆、嘉庆年间。

三、作伪的手段

钱贩作伪，是不择手段的，只要能用得上的，无不尽量吸收，加以利用。归纳起来，不外是翻砂、改刻、贴补、打制、腐蚀等法。

翻砂是作伪的主要手段，这是因为古钱绝大多数是浇铸的[①]，翻砂可以收到与浇铸相同的效果。早期伪钱，多用此法。就其作伪的依据不同，可分据旧谱图像，自做母型翻砂另铸的；据真钱，另制母型翻砂更铸的和直接用真钱做母型翻砂另铸的三种。这类翻砂另造的伪钱，因其作伪地点不同，品种也有不同。就已发现并可确定地点的有：北京翻的十国天策府宝、乾封泉宝；沈阳翻的辽应历、

205

---

① 我国古钱以范铸为主，也有打制的，如西藏的乾隆宝藏银钱和地方银饼等。晚清则有机制的光绪、宣统等钱。

统和；四川翻的各种铁钱铜母；苏州翻的元徐寿辉天启；绍兴翻的元至正元宝等钱。

改刻也是一种作伪手段，但这是有条件的，作伪的人必须具有刻铜刻铁的技术，才能作伪，不是随意哪个人都可以胜任的。可是，因为制作伪钱，乃厚利所在，作伪的人不但可以从头学起，而且可以在较短的时间里掌握这种技术，以便从事作伪。改刻伪钱，除用旧钱改刻外，也包括铜片新刻。旧钱改刻，又分局部改刻和全部改刻两种。旧钱改刻的例子，如《古泉汇·利十四》所收南宋端平通宝，篆书折二钱，系用徽宗钱改刻①；又如用五铢改刻三铢、二铢；大泉五十改刻大泉五千、大泉五百（图9）；永历改刻大历；乾元重宝改刻乾亨元宝等等，实例极多。全部改刻伪钱，则选厚肉旧钱，按拟刻需要，磨到要求厚度，再加工刻字。如用半两改刻赀六货（图2），货泉改刻王莽壮泉四十、中泉三十及前凉凉造新泉；用小货泉改刻南朝宋永光、景和等钱，山东伪造多字齐刀，则似乎介于局部、全部改刻之间，用三字刀磨去全部，改刻成九字刀或留一化字，改刻六字刀。

图9

图10

还有就旧钱凸起铜块，添刻文字的，如《古录汇·利二》所收半两穿上下明刀（化）二字钱（图10）。全部新刻，见于鲍康《观古阁泉说》②，系西安薛氏父子所刻，有大开通元宝，皇祐元宝篆书、真书二种，至和重宝背虢等钱。

贴补是作伪的又一手段，它与改刻虽然都是在旧钱上下工夫，使之成为另一种钱，但还稍有不同。改刻是通过刀刻去做改动，而贴补是把旧钱挖去部分或全部，再用剪自旧钱的笔画或文字等，贴补上去；或用生漆填补做成笔画。例如用大定、大顺等钱，在大字

---

① 郑家相先生以为用政和改刻，陈仁涛先生以为用宣和改刻。

② 《观古阁泉说》第41页，附有《泉辨》一文，详细论述了伪钱及作伪情况，有涉及全部新刻的例子。

头上，贴补一横画，改成天定、天顺，这是小改动的贴补。也有挖去一个字或全部文字，再行贴补的大改动的贴补。譬如用五铢挖掉五字或铢字，再剪下另一钱的铢字或五字，磨薄后，分别贴补在挖掉部位上，即成铢铢或五五。北宋皇祐钱，传世没有真品，所见非翻砂即贴补。贴补则用嘉祐钱挖掉嘉字，改贴皇字；或用皇宋钱挖掉宋字，改贴祐字。郑家相先生曾见天德通宝大钱，是用崇宁通宝钱，将四字全部挖掉，另用预制的天德通宝四字贴补上去。《古泉汇·利九》著录的永通泉货钱，也是用崇宁钱改刻的。

拼合这一作伪手段，有两种做法。一种用两块半个钱，将断口相接拼成一钱，一种用两钱磨薄，磨面相贴拼成一钱。又有两种情况，一种系用大小相同两钱，磨薄面相贴拼合成钱，比较省工，但不及嵌入拼合得精巧，拼缝露在钱侧面。嵌入拼合是将一钱保留好郭，另钱去掉好廓，嵌入前钱，这种拼缝在内外廓与钱面相交处，隐蔽不显，最能骗人。合背钱比较多见。

打制系河南伪造空首布所用手段，预先制成布首和布身，用焊接法拼合成一整体。布首由四片或两片合成，布身由两片合成。文字、纹饰、边郭等都是从单片背面打压凸出成型的（图11）。

图 11

腐蚀是利用化学反应的新作伪手段，天津伪造平首布即用这种手段。先用铜片做成布形轮廓，分别用腊液或油漆描出正、背面文字、纹饰及边郭后，再用酸液腐蚀即成（图12）。

此外，还有一些做法，如铲掉背文。用淳祐当百、至正等钱，铲去背文当百或八思巴文，以充光背淳祐、光背至正。又为小钱镶边。《药雨古化杂咏》所收南唐阔缘开元

图 12

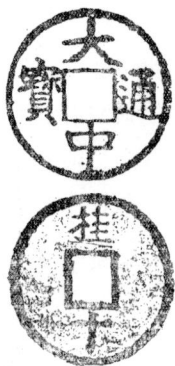

图 13

钱①，即系镶边。更有编书所需拓本，一时不易找到，就采用移花接木法。例如：大中通宝当三钱，背鄂、背济；当五钱，背桂，都是用洪武通宝背文的。②洪武通宝钱，小平、折二钱，背文京、折三钱，背文广三、折五钱，背文广五，都是用大中通宝背文的。以上系用原样不动的背文拓本相配的，有人说是误植，当然是可能的。不过，大中通宝当十钱，背文桂十，桂字系从洪武通宝当五背文剪下来的（图13），其剪贴痕迹清楚可见。③又兹氏圆足布钱文也系剪贴。总而言之，这类做法，几近作伪，毕竟是不大妥当的。

四、伪钱的破绽

古钱是在不同时间、空间里，在特定的历史条件下分别产生的。故年代、地区的不同，决定了各种钱之间都必定存在差异。例如：宋钱不同于明钱，明钱又不同于清钱；宋代铁钱，四川铸造的不同于陕西所铸的。古钱的生产，又是成批生产，有专门机构和设备，因长期铸钱实践，积累了丰富的经验，锻炼出高超的技术，产品质量具有相当水平。钱贩伪造古钱时，是个人在秘密中进行的，设备因陋就简，经验和技术又不及古人。在这样的条件下，要摹仿多种古钱，制造伪钱，就不能不遗留下容易被人识破的罅漏。即使是刻意摹仿，精心制造，也会遇到时代、铜质不能与年代相符的现象。如用紫铜、黄铜伪造宋元及其以前的钱，铜质不符，是显而易见的。如若熔化年代相当的铜钱做原料，再铸伪钱，铜质虽可相符，但钱

---

① 以钱除《方药雨古化杂咏》原本著录外，又见《湖社月刊》第61期第五页及《历代古钱图说校正》，唐部分第二十四条。

② 《历代古钱图说校正》，明部分第六十七至六十九条。

③ 《泉苑菁华·古泉丛话》合刻第七十四页背面。

的轻重、厚薄、内外部的磨治，又不易恰到好处。设或以上各项，都能做得精到，不露破绽时，钱制、文字风格，又不易仿效。这一系列矛盾，就成为伪钱的一般特征。在进一步观察作伪特征时，可以发现清晰易，模糊难，工整易，姿态难。作伪者不仅难以领会，几乎不能做到；就是接触古钱不多的人，也难以领会。只有在过手大量古钱的过程中，积累丰富经验之后，才能有所体会，特别是"姿态"二字。至于钱面的锈色，本是属于后天的，非本质的东西，对作伪时遗留的破绽，是难以起到掩盖作用的。但它毕竟还能迷惑一些人，因此，作伪的人也在尽力伪造，使它逼真，即使能造出红绿斑斓的锈色，也逃不脱"浮"字关去。再从作伪的手段观察，翻砂所铸伪钱，常常在钱体上遗留下许多砂眼，铜质不一定相符，文字常常出现圆棱，不成平面，是手工打磨造成的。如前述翻砂第一种，若用旧谱错误图像，自然容易辨出，如前引两字莽布，就是一例；次一种在制作中难免走样失真，也易认出；最后一种，虽说是真钱化身，与真钱最为接近，不可避免地也要缩小一些，这样就留下了作伪的破绽。此外，轮廓的磨治不一定能做到规整、自然。改刻伪钱，铜质色泽固易乱真，可是利用的旧钱，和所改刻伪钱的时代，如不一致，铜质也会存在问题。而且，钱风、文字等，也可能有明显的不协调。改刻部位的新旧不一，虽经做旧，也可能留下痕迹；雕刻虽然精巧，也难免露出刀痕；更为致命的要害，是改刻后的文字，常常凹陷，低于原有文字，或者较原有文字略大、略小，钱面整体布局很难协调。例如，用大泉五十改刻大泉五百（图9），百字即凹陷，用宋景德改元大德（图14），大字就显得瘦小。所以说不论改刻得多好，多精；不论是王莽钱改三国钱，宋钱改刻元钱，都因其时代的差异，而

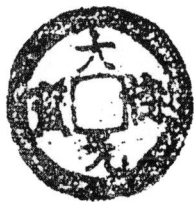

图14

在钱风、钱制、文字等上，或多或少地留下破绽。贴补的伪钱，不论技术多高，多么精巧、多么酷肖，都经不起投掷的检验。因为，真钱完整并无裂痕，投掷时出声清脆，一经贴补，哪怕是贴补一点

点，声音就变沉闷。打制的伪空首布，文字、纹饰、边廓都表现呆滞，不能做出飘洒的姿态，钱体多失之于轻飘，又因青铜不易打制，适合打制的都非青铜，注定铜质难能符合。用腐蚀法做出的伪布，文字徒有点画，不能传神，更难做出随手刻画土范的姿态，文字、纹饰、边廓都只能平浅，不能深峻（图12）。总之，凡属伪钱，都或多或少地留下一些破绽。因此，伪钱是完全可以鉴别出来的。不过，目前只凭经验和肉眼来鉴别真伪，难免出现失误，总不如采用科学手段更为可靠。采用科学手段，必须与相关学科的学者通力合作，积累必要的数据和资料。实际这一工作尚无人或很少有人去研究它。因此，这项开创性的工作，就落在我们新的一代身上。

五、作伪者的弱点

历来从事伪造古钱的人，都是文化不高的古董商人或古钱商贩。他们受文化水平的局限，对古钱学不可能有深入的研究，这是作伪者极为不利的条件，所以不断地犯错误，在伪钱上留下破绽，暴露了弱点。譬如，铸币是在长期、频繁的商品交换中，自然形成的，还须有冶铸技术条件相配合，才能实现。伪造的盘古通宝（图7），有巢通宝、大舜通宝等钱，虽然符合以古为贵的人的心理，可是那时候，还没有商品交换，冶铸技术还未发明，不曾有铸币出现，这些伪钱犯了违背历史事实的错误。铸币又是有一定形状的，如刀形的刀币，铲形的布币等，还有一定的重量。具体来说，三孔布有大小两等，大的背文一两，小的背文十二朱（铢），两枚小的等于一枚大的。传世特大空首布卢氏涅金（图4），特小的枏（图15）、南行唐背文一两的三孔布、特小的节墨刀（图5）等，这些特大、特小的钱，是违背铸币有一定重量的史实的。铸币的文字，和钱的形制有密不可分的关系。例如：圆形钱有圜金和圆钱

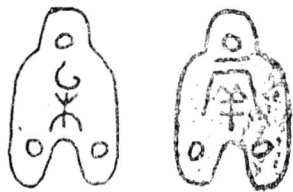

图 15

的区别，不只穿孔分圆孔和方孔，而且是分别产生在布币和刀币行用区内，行用范围十分清楚。东周钱，是布币区行用的，形制是圜金。伪造东周钱[①]，用半两钱改刻，势必留下方孔，就在形制上犯了错误。三孔布背文的朱（铢）字，写作"米"，是战国文字的特点。安阳三孔布（图 16）背文十二朱之朱，却作"半"，丢掉了垂笔，于是十二朱（铢），一变而为十二丰，就不能反映三孔布背文是纪重的实际。又如未央连结成词，是汉代镜铭、砖瓦文、印文常见的吉祥词，而且未字都写成"米"。五铢背文，在穿上下有长乐未央四字（图 17），却把未字写成"米"（朱），未央变成了朱央，就不是吉祥词了。以上的朱、未两字，都是关键性的一字，这种在钱文上发生的错误，说明作伪者的古文字学根底太浅薄了。又如清孟麟《泉布统志》所收伪钞[②]，（图18）包括初唐至明的钞券，竟多达二百余种。

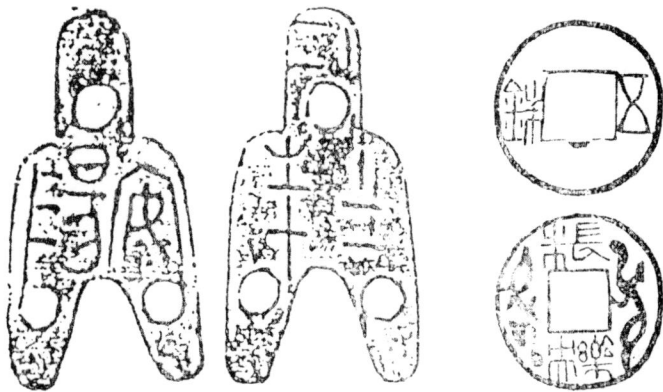

图 16　　　　　　图 17

---

①　《我国古代货币的起源和发展》图版有此图，与圆孔真品并列，可以参看。

②　道光年间木刻本。唐石父《孟麟藏伪钞举证》，《中国钱币学会第二届学术讨论会论文》打印本，有详细论证。图 18 所示大元通行宝钞有两点明显破绽，可以说明它是伪造。一、制钱一词，是明代才出现的，元钞竟用上明代的新词，伪作之证一；二、制钱肆佰，仅有数字，而无单位名称，如系真钞，怎样流通呢？伪作之证二。

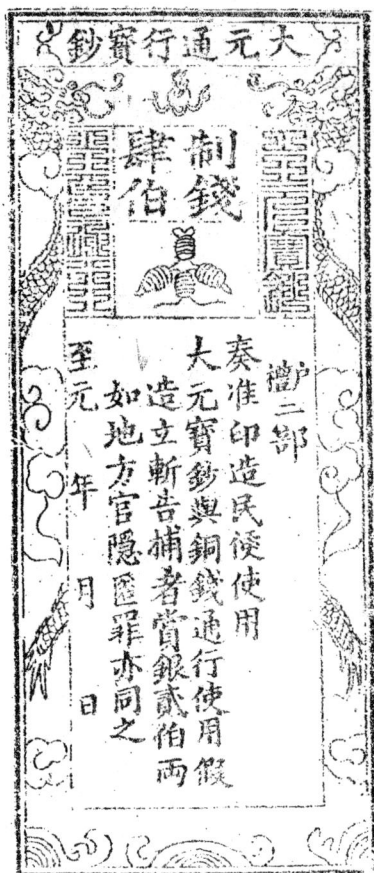

图 18

其中错误累累，多属于文物一般的知识，如官印的演变，雕版的历史，书法流变以及典章制度等内容。作伪者无知，还是情有可原的。收藏并编辑成书的孟麟，竟也以假当真，实在叫人哭笑不得。这批伪钞的作伪者，很可能是以孟麟为主顾，特意为他炮制的，也说不定。

原载《贵州钱币资料》第二辑

伪钱举隅（先秦刀布部分）

　　古钱真伪的辨别，是古钱研究的基础。真伪如若不分，或据伪品以立说，所得结论，犹如空中楼阁，没有根基，经不起推敲，乃至不攻自破，终于前功尽弃，岂非徒劳而无功？尤其在传世品中，夹杂伪品千奇百怪，品种杂乱，数量极多。近来，在鉴定古钱和教学中也不时遇到这一问题。笔者学习专著、文章时，每每发现拓本或摄影中，有可疑钱图，便随手记录，汇而存之。在教学中，也曾讲过这类问题，以帮助学员提高识别真伪的能力。在此基础上，写成本文，作为普及读物。

　　丁福保先生，在五十年前编辑出版过《古钱大辞典》（以下省作《辞典》）一书①，在当时极为畅销，是古钱学者所熟知的书。近年，又再翻印，流通愈益广泛。若说钱币爱好者，人手一编，大概不是过头的话，可说是当今最常见的古钱图谱。它曾为钱币研究提供方便，是人所共知的，不必再赘一言。

　　先生此书，《例言十》云："《古泉汇》（以下省作《泉汇》）收入泉图，未能绝从伪品，如亨集……"②《例言十九》云："前条所举各书，有未免错误者，皆从删汰，不敢承讹袭谬，以误后学。如初氏

213

---

①　《古钱大辞典》1938年出版，1982年影印本。
②　见一三页背，翻本第26页。

《吉金所见录》……然唯前人之既辟途径，而言有端绪，然后继事者，乃得由间而入，别其是非。则前人用力艰，又乌可忘也？"① 《钦定钱录跋》云："《钱录》十六卷，逊清乾隆十五年（1750 年）钦定，世人义重尊亲，故皆有褒无贬，而余未敢以为然也。其沿误踵谬，附会失实之处，不一而足……余略举数则，以告读者，慎勿为书所误也。"② 在其他跋文中，又有："凡此皆足以贻误后学，故特订正之如右。"③ "以上所举各条，颇足以疑（按：当作贻）误后学，故订正之如右。"④ "余对于郊农（秦宝瓒字）先生，以世谊兼友谊，今跋是书，非敢故为吹毛求疵，亦聊以附于诤友而已。"⑤ 以上高论，足见先生对前贤谬误的态度，与关心后学的心情，是极其明朗的。

由于《辞典》流行广泛，书中伪品虽已标"此品伪"字样，而未标者，仍未能免，对于后学，实具有极大影响。专家、学者也难免误引。且真伪的辨识，贵在直言，设若知而不言，反而有悖于为学之道。往年，郑家相、张绚伯两先生在津时，每值星期日，都在方若旧雨楼相聚，方若必出藏钱共赏，品评传观。若遇伪品，便率直指出，而方若又能虚心接受，郑先生每赞方若为"从谏如流"⑥。可见前人研究，是以诚相见的。丁先生对前贤谱录，也是极为认真的，已如前述。今对《辞典》的伪品，将一仍前辈学风，以推诚相见为宗旨。想先生在九泉之下，定当首肯，不以为悖，且必掀髯而笑了。

本文钱图都取材于《辞典》，并非尽据实物，讨论必然受到局限，错误是难免的，还望同志惠予斧正。

作伪者惯用的方法，经过长期的接触，反复的观察、体会，久

---

① 见一六页，翻本第 31 页。
② 见一〇〇页，翻本第 310 页。
③ 《泉货汇考跋》见一〇六页，翻本第 321 页。
④ 《吉金所见录跋》见一〇三页，翻本第 315 页。
⑤ 《遗箧录跋》见一〇七页，翻本第 323 页。
⑥ 《梁范馆谈屑》见《泉币杂志》第二十期。

而久之，也不难掌握。旧时收集古钱币的人，难免存有贪奇斗异的心理，估客抓住这种心理，便造出奇品异制，来迎合主顾，图谋厚利。故此，反常、异常者多系伪品。本文即着重揭示，因这种现象，进而发现其伪钱的实例，冀收举一反三的效果。

原书编号，沿用不改，以便复按。释文一依原释，不加讨论，必要时将今时新释加（）注明。

一、形制异常，有夺字，误字例

一五九，京化金，拓本。圆肩异常，夺量词"一"字，首字笔画有误，字本应作"🜚"；或认为是京字（实不确），亦有问题，岂有一布两字、一倒一正之理。在传世或出土布币中，似尚无此例。

一六三，京化一金，拓本。圆肩异常，首字笔画有误，本应作"🜚"，此种𨱏布，文字皆向下，未见倒书例。

二八八，虞（陕）金化，拓本。形制异，首宽短，裆弧度不符。夺量词"一"字。

按：此类𨱏布，或两等制，或三等制，全借量词来区别，故非系量词不可。虽然不系量词，先秦实有其例，如金文中之"匹马""束丝"，都不系量词；三孔布大型一种，背文仅一"两"字，空首布之𨱏，都不系量词。可见不系量词，并不是错误。但在分等𨱏布中，未见此例。故知，以上二布夺量词为反常。可能由于作伪者不了解情况，或偶然失误所致。传世还有𠂤𨱏布和垣𨱏布等，形制相同，布首前者方，后者圆为异，都不系量词，这类𨱏布，所见仅各有一枚，无从比较，有待地下资料，来证明它是否仅只一种，并不分等，和郮𨱏一样。

一三八，贝丘方足布，拓本。形制异常，首宽短，布身作上窄下宽梯形，与同铭布制大异。左字增一横。《古币文编》（以下省作《古币》）所收十余例，《中国历代货币大系》（以下省作《大系》）所收二十七枚均无这种写法，惟《先秦货币文编》（以下省作《先秦》）收入此字，所据正是本品。

二三二，马服吕方足布，拓本。形制异，首宽短，布身近正方，与同铭方足布不类。《大系》共收十八枚，都不是这种样子。左字点画大谬，已不成字，且臃肿无力。

按：先秦布币文字，笔画参差不一，本不足为奇。唯这两布，不仅文字有误，形制异常，而文字及轮廓，都缺乏方足布所应有的犀利风格，不能反映是出于先秦陶范所铸的产品。

二、大小反常例

二〇一，晋阳化一釿，木刻本。钱体特小为异、晋字，釿字笔画不全，大概与摹刻失误有关。

四九一，私（枏、朵）三孔布，背宰（两），木刻本。钱体特小为异。

七九五，商字实首布，木刻本。钱体特小为异。

按：二〇一为釿布，在釿布中，晋阳一种为三等制，分别为半釿、一釿及二釿。一釿者大小居中，本品通高 2 厘米。半釿，最小者，真品通高 4 厘米。两相比较，即可发现，居中一级的大小，反小于最小一级。四九一为三孔布，三孔布分大小二型，系二等制，大型者背有一"两"字，小型者背"十二朱"。本品背"两"字，应属大型，大型真品通高 6.5 厘米，小型真品通高 5.3 厘米，本品通高仅 2.5 厘米，与大型者相比几乎是三与一之比，与小型者相比要小一半还多。七九五，首既不空，与空首之制异，首有轮廓，又同平首布。或云，当是由空首向平首发展的过渡型，这倒是存在可能性的。如果属于过渡型，则其大小应介于两者之间，才能反映由大向小过渡的趋势，但它却小于平首布，可见，不是过渡型。这正是估客欲以小来标奇立异，好迎合顾客心理，岂知，反因小而暴露作伪之破绽，是作伪者始料所不及的。

八二四，卢氏涅金大空首布，拓本。钱体特大异常。钱折处角棱明显、生硬，金涅二字，弯曲，圆滑，风格截然不同，四字搭配，极不协调，当是作伪者拼凑所致。曾见六七枚之多，中国历史博物馆另有同样大小的卢氏大空首布二枚，都存在銎左右侧累累错痕现象，是不合先秦钱范结构和铸钱工艺的。

三、凭空杜撰例

二九四，窬字布、背文宁（寧），拓本。形制异，背面两个字，笔画都有误，又不类六国文字。

三三四，宝字布，拓本。形制异，宝字反写，结体、书法都和六国古文不类，却似小篆。

按：相传两布皆出甘肃，其他不在布币行用区内，情况反常，是必出杜撰之证一。《药雨古化杂咏》（以下省作《杂咏》）最先著录。先是，此书编辑之前，郑家相、张絅伯二先生，虽屡屡提及两布皆出伪作，方若始终不相信，且收入此书。[①] 这已是将近七十年前的事了。此后约二十年，丁先生著《历代古钱图说》（以下省作《图说》）时收入此两布，标价由《辞典》的六十元，提高到五百元，高出八倍以上。足见先生并不以伪品相看，且较前更加看得贵重了。《先秦》将二九四图面背文字，分别收录于六十页及一〇一页，虽标明根据《杂咏》，实即二九四图。《古币》著录，宝字既类小篆宁字两种写法，又不类六国古文，据文字断代，当晚于秦始皇二十六年（前221年）。统一文字之时，那时布币已为半两所取代，退出流通领域，即使不管形制不符的事实，文字与布币的形制，仍然是一大矛盾，也可证明其出于伪造，是必出杜撰之证二。原件现在中国历史博物馆，即方若售予陈仁涛的原物。陈仁涛在香港故去时，国家出重价将其全部购回，拨交中国历史博物馆收藏，此钱藏在楠木小匣里，可见当年珍重之情，经过两家几十年的收藏，局部磨损处，已显露黄铜质地，做工亦嫌粗糙，通体无锈。当年郑、张二先生鉴定为伪品，是完全可信的。《河北第一博物院半月刊》[②] 刊出宝字布一枚，系前天津造币总厂旧藏品之一，与方若旧藏完全相同，不知是否由造币总厂散出后，再归方若，或是另外一枚。如属后者，则

217

① 《梁范馆谈屑》见《泉币杂志》第二十期。
② 《河北第一博物院半月刊》第四十三期。

第二辑　辨伪存真

先秦布币，尚未见有如此完全一致，出于同范的例，此点适足以说明定属伪品，是必出杜撰之证三。

四○八，皇周布，拓本。形制异常，为向来所未有，且为陶质。先秦货币的铸造，用铜而未有用陶者。如认为系冥币，似尚可作出解说。然而，当时冥币，绝不应与当时行用钱币相去太远，才合乎事理常情，此布形制，文字都与同时布币无相似之处，若以"不伦不类"四字概括它，倒十分恰当，亦适以说明它是杜撰的伪品。

四、多枚重合例

八三○，宝（益）字空首布（近时称原始布），拓本。銎伸入布身，下有分支，相对一侧下端做圆角，仿佛尖足布之尖足。同样形制的，还有卢氏原始布一种。

按：近年学者、专家，经常是两种原始布同时引用。如《我国古代货币的起源和发展》，即据本图转载的。另一枚卢氏原始布，是据《半月刊》转载的。[①] 此后还有，《古泉新探》《大系》《空首布初探》[②]《古币》等。《中国古代货币发展史》（以下省作《发展史》），《先秦》只收益布。《辞典》也仅收益布一种。后编《图说》时，即不再收入。可能已悟出系伪品而不收的，这只是出于臆测，并无证据。益布现知同铭而拓本非出一器者两枚，即《辞典》与《大系》所载。另有中国历史博物馆藏一枚，合计共三枚的比较中，可以看出：（一）文字皆为面益，背甲（或释七）；（二）正背文字之部位及结构均同，且可重合，虽然笔画略分肥瘦，而笔画及其间距离的几何关系是一致的。（三）同铭空首布，如《大系》著录之469—474号，共六枚，两者文字比较，本品文字大逊，六枚之笔画，却如锥画沙，犀利爽快，毫不矜持。而本品软弱乏力，竟无先秦泥范，由刻制而成之特色。（四）钱体大小，除《辞典》略小外[③]，余二枚同大，身首四周乃至文字，完全可以重合。就这四点而论，莫说原始

① 《河北第一博物院半月刊》第十九期。
② 《河南省首次钱币学术讨论会论文选集》，《中国钱币论文集》并图二之1。
③ 《古钱大辞典》图，大概是缩本。

布、空首布年代在先，即后世小布，如最常见的安阳布、平阳布等，也很难找到这样的例。《大系》六枚，貌似相同，实无可重合者。

一〇六八、一一〇一，一一二三，𠣤刀、拓本。形制、文字都与常见明刀不同。文字点画特奇。

按：标价二角，可见并不稀少，而见于著录的，却寥寥无几，与常见明刀数量，无法相比，这中间是存在矛盾的。《泉汇》亨四、《书道全集》第一册各收一枚，与《辞典》一〇六八图同，而刀身较长大，又不相同。《平安馆泉拓》不知收几枚，系广东王贵忱同志藏书，曾复印三枚见惠。其中一枚，在《辞典》三枚之外。除去重复，共有四枚。据出土明刀的五个统计数字累计，约有五万枚之谱[1]，竟不见一枚这样写法的刀币出土。于是，以为不伪的人说："可见其少"；以为伪品的人说"证明并无此种刀币存在"。两种都有理，是非实难判断。但据这仅有的四枚刀币来观察、比较，可以看出：（一）脊的弧形，在距刀尖不远处，忽作折线同。（二）刀柄二直，左右距离刀柄边廓，左远右近；下半平行，上半右直忽向右撇同。（三）𠣤字，大弧线左端最高处向左下斜折后，成短直再左折；小圆圈左下做短直，上下分别连结两弧线，向右圈成圆圈，相交成尖状，下弧通过尖状处穿大弧直上。四枚相同，整体可以重合。这种惊人的相同，在先秦铸钱技术，靠手工刻范的条件下，是难以实现的，定四枚皆伪，当不致大误。《泉汇》一枚，与这四枚并不相同，除圆圈多一上行尾状直画外，都与常见明刀无异。尚难定其必伪，有待发掘资料之证明。远时据《辞典》三图立说者，颇不乏人。如说："丁福保《古钱大辞典》著录三枚所谓明刀化，给我们研究明字刀化的面文字"，"明提供了线索。这三枚刀化，细审不伪。"[2] 正因为不以为伪，才引出新释文来，就上文论证，恐怕是靠不住的。《东周与

---

[1] 1957 年北京呼家楼出土 2767 枚；1960 年沧县萧家楼出土 10339 枚；1963 年石家庄出土 1000 多枚；山西原平武彦村出土 1730 枚；燕下都历年出土总计 33315 枚，合计 49151 枚。

[2] 《考古与文物》，1983 年第 6 期。

秦代文明》指出："明字，有学者（指陈梦家）主张释'匽'即燕字，但燕国青铜器上的国名'匽'并不如此写。"[1] 可见借本品做桥梁，达到释匽的目的，还存在着难以逾越的障碍，即三刀系伪品，燕国铜器铭文的匽字，并不这样写。况且编《图说》时，未再收此三刀，正反映是落选结果。

据专家介绍，"晋国铸币也是很发达的，虽然一范只能铸出一件空首布，但从多层涂料看，一范可以多次浇铸，已达批量和连续生产的水平。这是我们见到最好的泥质硬型（范）"[2]。根据这样的结论，先秦布币、刀币出现重合的例，是客观存在的现象，是无法否定的。再从常见各种布币、刀币观察，长期以来，并未找到重合实例。清鲍康说："独列国币，其文多至百余种，笔画肥瘦，参差无一相肖。若一币必有一范，当必有千百范，何近代藏泉家无一列国币范也？……以意揆之，疑当时初无一定之范，工人于铸泉时，就沙土以意刻字，旋刻、旋铸亦旋弃，故参差不齐。沙土不能经久，致后世无传焉。不然，何纷纭其若是？"[3] 鲍康当时尚无陶质币范发现，故有这番议论，可见影响很大。陶范多层涂料，一范能铸几次，上文论及并已做肯定。先秦币"参差无一相肖"的论断，也是据实物观察所得，并非毫无依据。这又是矛盾，如何解释呢？一范可铸几次，可得重合的刀布几枚，一旦投入流通，就很难再遇到一起，才有鲍康的结论，正如鲍康当年观察刀币一样，是"参差无一相肖"的，并博得后人相信不疑。这种出自一范，可以重合的例，应该在数量多的传世品、出土品中，可以遇到，可是并没有找到。可见同出一范，今日再相遇的机会是很少的。曾遇两批出土的同铭先秦古

① 《东周与秦代文明》第 315 页。
② 《钱范和钱币铸造》，文化部文物局郑州培训中心讲义，第 2 页。
③ 《观古阁泉说》第 22 页，又载《古泉汇首四》第 13 页。

币，一次是山西闻喜出土七百多枚共字圜金[1]，虽未全部过手，仅就所见部分，是未发现可重合的例。一次是河南鹤壁出土 3537 枚公字锐角布[2]，经过观察比较，也未找到可重合的例。偏偏在仅有三、四枚的益布和𠂤刀遇到了重合的例，觉得更难解释。其实共字圜金和公字锐角布，既是先秦遗物，又是真品，这是毋庸质疑的。而这三、四枚刀布，则因不是先秦遗物，出于伪作，才可以重合的，正是因为作伪的人，不是用先秦铸钱工人的技术和钱范做出来的。

原载《天津钱币》1990 年总第 4 期

---

　　① 《近几年来山西省出土的一些古代货币》，载《文物》1976 年 10 期。这批钱币，分藏于山西考古研究所和候马工作站。1986 年，笔者曾分别在收藏单位观察过部分藏品。

　　② 《鹤壁出土战国锐角布币》，载《中国钱币》1989 年第 1 期。本文作者，曾对有无可以重合的例子，代做比较，无所发现，故本文未谈此事。

第三辑　津门忆往

天津的收藏家

　　吾津为三直辖市之一，而城市兴起，为时甚晚。清康乾以来，园林渐增，主人多右文好客，竟成四方名宿栖游之所。桐城方苞溪秀水朱彝尊之侨寓张氏遂闲堂，武进朱岷、钱塘厉鹗之假馆，查氏水西庄，比比皆是。于桑梓文风，实多启迪。

　　自来名宿，多有收藏，且必与其事业相表里。研经考史之家，莫不广收善本，以校异同；所收之书，尽成保藏。金石文字学者，或搜求拓本，或网罗金石，进而据以考据前古故事，是诸物者，终成金石家之珍秘。及西学东渐，博物学者，收集生物标本、奇石者，亦颇有人。虽然，怪石亦吾国文人所嗜好，而收藏富有者，又为前时所罕有。星移岁转，富商巨贾，亦争以收藏金石、书画、图籍相标榜，收藏家益众。至如贩运文物之贾客，来华之"探险者"，虽不以收藏为职志，可是过手文物众多，识见或比于学者，故并述之。

　　津沽收藏之家，古有安岐、吴人骥等之富有，声名播于遐迩。近世寓公、侨民，更不乏人。因于乡贤之外，凡曾侨寓津门、宦游斯土者，但有收藏，不同籍贯，选其著者，收入本文。不妥之处，尚祈同志赐教是幸。

　　沽上藏书之家，晚近多于往古。清康熙间，查为仁，字心谷，顺天宛平人，家于天津。因事系狱，虽身在囹圄，而读书不辍。及获释，居水西庄，置图书万卷，及金石鼎彝于其中，偕两弟以诗文相切磋。往来名士，多住其家，文风大起，是为吾津最早藏书家之可考者。余尝得明汲古阁刊十七史本《梁书》五十六卷，书脊墨书"芥园"及册第数字，因知系水西庄故物。乾隆间，有徐炌者，性敏博学，与沈峰、沈峻兄弟齐名。家富藏书。凡经披读，无不丹黄甲乙。是又吾津最早藏书家之勤于校勘者。及四库馆开，静海励守谦以藏书旧家，进书朝廷。乃蒙嘉奖并赐《佩文韵府》一部，事见《四库全书总目》。沔阳卢靖、卢弼兄弟，皆富藏书。兄靖于清光绪末，创直隶图书馆于天津，是为天津图书馆之前身。卢靖与严修皆有捐书。民国十六年，为南开大学捐建之木斋图书馆落成，又赠书十余万卷。弟弼藏书数十万卷，曾以250余种丛书，赠北平私立木斋图书馆，咸为馆藏善本。兄弟并热心图书馆之建设，在旧时实属难能可贵。中华人民共和国成立以来，如先师王襄先生、秋浦周叔弢，皆有赠书之举，化私归公，为世所称道。长洲章钰，多藏明清刻本，且勤于校雠，所著《胡刻通鉴正文校字记》，为中华书局点校本《资治通鉴》时所采用，足见为世所推重。武进陶湘藏有明闵氏套印本30余种，汲古阁、武英殿刻本百余种。因特爱开花纸本，时有"陶开花"之称。所印宋李诫《营造法式》，不仅纸墨精良，且使罕传秘籍得广流传。江安傅增湘藏书宏富，且多宋元旧椠。海盐张元济集印《百衲本二十四史》《四部丛刊》时，所选善本，颇蒙傅氏惠借。收藏之家，向多视所藏为秘籍，或竟不肯示人，遂至湮灭。以视卢氏兄弟、严修、王襄、周叔弢捐藏书以飨士人者，何相去之远也。徐炌、章钰之校雠，不仅有功前贤，尤便后学。陶湘之刻书，傅增湘之以善本助人影印，尤为出众。津门收藏图书之家尚多，仅就其事迹之有可称述者，略加叙述，遗漏正多也。

书画本传统艺术，民族色彩浓郁，向来为人所重。唐太宗之集二王书迹，宋徽宗之收法书、名画，实开收藏家之先河。吾津收藏书画之家，如大兴孙承泽，收藏之富，读其《庚子消夏记》便可清楚。孙氏在津沽置海云阁，以收藏名迹。《澄清堂帖跋》云："是帖，余付之朴儿，置天津海云阁。戊戌五月，余同内人观海，取《澄清堂帖》舟中，一日数十展。"海云阁所藏，当为三津早期收藏之记录。安岐父子，曾捐资修城，乡人义之。岐收罗晋唐以来名迹至伙，多项子京、梁焦林故物，为一时大家，后尽入清内府。今所见故宫法书、名画，颇有钤安氏收藏印者。所刻唐孙过庭《书谱》，在历朝刻本中，当居第一，足为沽水艺苑增光。石今在山东诸城县博物馆。吴人骥，字念湖，曾获唐颜真卿《竹山联句》，曲阜桂馥为刻于石，大胜旧本。《志余随笔》云："吴念湖极有收藏，悉遭回禄。"致所藏尽化为灰烬。华世奎尝得朱岷《秋庄夜雨读书图》，为查氏水西庄故物，乃乡土名迹，今在天津市历史博物馆。通县张冀，收藏亦富。曾得宋范宽《雪景寒林图》，乃久佚名画。1981年，由其子叔诚同志，捐献国家，今在天津市艺术博物馆。南海徐勤为康有为弟子，戊戌变法失败，南海作绝笔书，即付徐勤。其后，勤子良复请康氏为作跋文，石印行世。昔年徐良出所藏南海手迹，在津展出，观者皆兴望洋之叹。项城张伯驹，不惜重金，收罗隋唐真迹，使国宝得留中土，逃脱外国攫夺之手，功劳实未可湮。1956年，将晋陆机《平复帖》、隋展子虔《春游图》及唐李白、杜甫等人真迹，捐献国家，使名迹重返人民，谁不敬之？

收藏三代铜器者，如熊述甸于1950年5月捐献能匽钟。徐世昌子妇张秉慧于1958年8月捐西周铜器太保鼎、克钟、克鼎及太师鼎四件。乐陵宋哲元家藏周夔纹铜禁，已破碎，后经修复，为现存唯一铜禁，今在天津市历史博物馆。张冀于光绪三十年，在北京得西周乐器克镈，系陕西岐山出土，秘藏多年，拓本极稀，1981年捐献国家，今在天津艺术博物馆。

历代古刻，可以证经订史，宋时已有人收集。如赵明诚之《金石录》，欧阳修之《集古录》等，皆据石刻入录，其人并不收藏石刻。至清，此风大盛。天津收藏石刻者，如张锦文尝购得金匮钱咏摹刻安氏本《书谱》，嵌之家祠壁间。王贤宾收有汉《贤良方正》残石，遂名其斋曰"汉石楼"。王锡瑛家古刻极多，其唐墓志多来自晋南之长子、壶关、屯留、潞城等地。就中文章可诵者，书法隽永者，所在多有，今俱在天津市历史博物馆。王襄先生家藏古刻，以北周郝夫人墓志为最精，北朝以来造像、唐墓志各数十件，早年散出，只存拓本，未能编辑成书。秋浦周进收藏极富，尤好收藏石刻，多新出土，未见著录之品。汉居巢刘君石羊题字极佳，与曹真碑皆新出土者。三体石经残石，为宋以后最先发现之一石。后编辑成《居贞草堂汉晋石影》影印行世。

古钱，本为金石附庸。寒士嗜古，力不能致钟鼎重器者，往往有古泉癖，故人数至多。沽上最早者当推吴惠元，惠元为利津李佐贤门人，与歙鲍康友善，康曾以丰货钱赠之。咸丰元年，佐贤再入都门，旧交星散，或归道山，或旋故里，正伤感间，惠元介绍鲍康于李氏，终成莫逆之交。在《古泉汇》编辑中，以及《续泉汇》之合作，鲍康都出藏泉、拓本，供编辑采择，此等无私胸襟，令人肃然起敬。徐士銮为惠元表弟，亦好泉。同治末，出守台州府，仍时通鱼雁，与鲍康相咨询。康云："同阁徐苑青士銮，出守台州，书末云近亦收泉，咨询良切，癖嗜之染人如此。"辑《古泉丛考》四卷，金铖为刻梓行世。缪光笏百二元泉馆所藏元钱之富，称雄沽上，著《百二元泉馆泉拓》传世。陆文郁、王宗鲁及陈铁卿三先生，收藏古泉，又有著述，惜皆尚未付梓。定海方若藏泉知名，有"北方南张"之誉。所藏珍品，多流传有自，咸收入《药雨古化杂咏》中。民国二十三年，全部售去。旋复集泉，后没收归公，今藏天津市历史博物馆。又藏汉《马君宬》，与溵阳端方所藏《延熹土圭》，并是东汉草书，皆世间尤物。江都方尔谦嗜古钱，平时身边古泉累累，足见笃嗜之深。项城袁克文亦嗜泉，与尔谦相往还，著有《泉简》。痂嗜极多，宋元旧椠，吉金拓本，金银外币，皆有收藏。此外侨寓津门之泉家，尚有海盐朱彭寿，宁波张绠伯、郑家相，美国邱文明等人，皆富藏泉，且有著述。

以上各家，收藏既富，人数亦众。其他收藏者，或所知仅一人，其所藏或非人所熟知。而特异者，或竟出人意外，专精者，往往难以聚积宏富。然而，此等藏家，苦心孤诣，焉可不记？兹就资料所有，各举一二，实难尽述也。

甲骨，在三津，当以王襄先生收藏为最富，海内外知名。先后出版《簠室殷契类纂》十四卷，附三卷；《簠室殷契征文》十二卷，附《考释》。且为学者收集甲骨之第一人，谓之为发现者，亦不为过。先生于戊戌岁，得出土之讯，翌年，始得之。天津沦陷时，先生生计虽极拮据，亦不肯出以易米。抗战胜利，有某君者，由重庆飞来，怂恿售诸外国人，谓可获得巨万，亦未为所动，宝藏如初。生前，悉以捐献国家。孟广慧与王襄先生同时收甲骨，所藏除归弟子李鹤年者外，悉归天津市文化局。王西铭，所藏甲骨，今在天津市艺术博物馆，铜梁王瓘，藏甲骨若干片，收入《殷虚书契前编》。南皮张仁蠡藏甲骨300余片，日寇投降，以汉奸罪被没收。福建何遂所收甲骨，郭沫若尝据以著书。陈梦家云藏约百三十片。上虞罗振玉收集甲骨最久且多。先后编辑《殷虚书契前编》《殷虚书契后编》及《殷虚书契菁华》三书，共收三千四百片。除在日本售去，流落异域者外，大部今在大连。英国人霍布金，同治十三年来华，历任上海、烟台、天津领事。偶于天津新学书院见所藏甲骨，为其接触甲骨之始。光绪三十四年，发表其研究结果于校刊《学院回声》五月号上。后与美国查尔方特相识，进而结成美英收买甲骨集团。英国剑桥大学藏甲骨900片，即经霍布金手购得。

古印，查仁礼收藏颇富，所藏古铜印若干钮，著为《铜鼓书堂藏印》四卷。当为天津最早古铜印谱。李麟玺号雄河，收藏古玺印极多，曾逐期发表于《河北第一博物院半月刊》。王锡璜藏秦汉印千钮，多为十六金符斋故物，后归上海钱君匋，始钤印成谱行世。

古砚，文人墨客，斯须不可与砚或离，大率有砚非止一方。其多存古砚、名砚者亦不数见。王玉璋，性爱端砚，收藏极多，弄笔之暇，摩挲不倦，故名其所居为冻云馆。徐世章，精于鉴赏，收藏甚富，藏砚亦多。如明顾从义石鼓文砚，清王岫山水端砚，林佶海天浴日砚等。姚彤章，亦喜藏砚。

古墨，宁波张绚伯，曾侨寓津门，为古泉名家，亦嗜古墨，其所藏精品，著录于《四家藏墨图录》者，凡十九笏。怀宁杨石先收藏古墨，于 1952 年 9 月，捐献天津市文化局。其中明方于鲁《妙歌宝轮墨》一锭，圆形，彩绘宝轮图，背印乐器多种，为传世古墨品。

古玉。徐世章所藏古玉精品极多，尤以商甲子表残玉，癸巳禘铭玉笄最为珍贵。1954 年捐献，今在天津市艺术博物馆。吴桐源曾任张宗昌秘书，嗜玉，搜罗既有成数，因号所居曰万玉楼，所藏燕形玉佩一件，为西周时物，曾收入美国爱委夫瑞德·塞鲁门尼编《中国古代的玉雕》，今藏天津市艺术博物馆。方若所藏古玉，如商《小臣禘残玉》、元《玉牒》，皆为稀世之珍。

写经。德化李盛铎收藏敦煌写经极多，且皆精品。当年敦煌解京写经，中途为人窃取，于是京津写经流散颇多。余所收写经中，多有"德化李氏凡将阁珍藏印"。方地山所藏写经，亦源于此。有署"大魏三年岁次丙子"云云一卷。确是元魏时人手迹，其余经尾有纪年者尚多。王襄先生藏写经，六朝隋唐人手迹皆有，身后悉捐赠文化局，今在天津市艺术博物馆。陈荫佛先生，收藏极富，书画碑版无不收罗。唐人写经若干卷，其中《妙法莲花经》卷，首尾完俱，白纸本。杨鲁安从其家人，以贱值得之。周叔弢藏写经，近年来悉数捐献天津市文化局，今在天津市艺术博物馆。江苏许以栗嗜金石文物，所藏敦煌写经，皆钤"许以栗印"，后尽归天津市艺术博物馆。

古瓷。陶瓷收藏虽多，却不如金石之可藉毡拓传世久远，亦未有书画之题跋、目录，以传之后世，一经散失，即湮没无闻，良用慨叹！是以，所知收藏家甚少。潘之翘曾任曹锟属官，后任文史馆馆员，藏有乾隆珐琅彩"芙蓉雉鸡玉壶春瓶"，传世至稀，后售予天津市艺术博物馆。张冀藏明成化官窑窑变五彩观音像，为海内外所仅有，像高二尺九寸余。旧在北京宣武门外大报国寺供养。庚子八国联军焚毁大报国寺，像遂归张冀，今已摔毁。

手札。名人手札，为人所喜好，一爱其书法，二爱其所记有关史事。集之而又能付印者，亦不多见。慈溪严信厚，曾任天津盐务帮办，收藏名人手札不少，曾编辑成册，影印行世。《陆存斋手札》四册，即其一种。张晏孙于民国二十二年春，旅居津沽，收得同光时人手札一宗。有鲍康、胡义赞、潘祖荫等人手迹，于《泉币杂志》第八期，以"鲍胡泉简摘抄"为题，公布于世。

缂丝。缂丝为宋以来有名织物，乾隆时尚有做者。贵州紫江朱启钤，曾任津浦铁路北段总办，驻天津。收藏历代缂丝极富，其藏品后归辽宁博物馆，曾编辑成书，影印行世。

古琴。收藏古琴者，无不能操琴，而擅于操琴者，又往往难遇古琴。李仲，字仲可，喜收藏文物，要以唐琴为第一，有唐人款识，珍重异常。张万祥任小学校长以终，精音律，善抚琴，曾得古琴于大罗天，洗浴后，池中有建中四年进呈诸字，确是唐琴。李子庸，字琴盒，医卜星相，无所不通，藏古琴七张，又号七琴斋。

金银币。孙仲凯、赵兴吾，皆世商，孙以收集外国金币出名，尤以英国金币种类为多。赵以收集金银纪念币有声于时。赵家藏品，陆文郁先生皆有拓本。

邮票。英籍德国人德璀琳，清光绪初年，任津海关总税务司，参与试办海关邮政，名拨驷达书信馆。藉工作之便，经数十年之搜罗，集邮积至十余厚册，举凡中外罕见之品，几无不备。

火花。王藜青，河北保定人，业商。喜火花、邮票，所收皆装潢成册，开卷缤纷，华丽质朴相间。轻工业部编《轻工业史》时，即选用王氏所藏火花作插图多幅。

契纸。王士裁，无职业，以代人诉讼为生，兼办房产投税。过手契纸极多，所集上起明永乐，下至民国，各代契纸皆有标本。数十年来，集标本五百余号，惜于浩劫中被焚毁。

民俗文物。严慈约曾赴美参加巴拿马太平洋万国博览会，顺便收集美洲民俗文物、照片。归国后，尽成天津博物院藏品，并逐期于《河北第一博物院半月刊》发表。

奇石。张曰辂，字轮远，王庆坨人，嗜奇石成癖。五十自寿诗有句云："癖似元章惟爱石，老同高适始为诗"，可见一斑。所聚奇

231

石极多，遂名其斋为"万石斋"。著有《万石斋灵石谱》二卷一册，铅印行世。十年动乱中，因文字牵累，致所藏荡然无存。

化石。法国神父桑志华、德日进，分别于民国三年、十二年来华。在我国北方，搜集古生物化石、石器及陶器等。嗣将上述文物运往法国巴黎博物馆。下余部分组织北疆博物院。中华人民共和国成立后接管，藏品归天津市自然博物馆。

生物标本。陆文郁先生于生物学亦极精通。民国初，赴美参加巴拿马赛会，除购书外，皆买生物标本。其南美大蝴蝶标本一只，即费美金五元，同行者无不诧异，而不知先生旨趣所在。先生青年即治植物学，光绪三十四年组织生物研究会，每值星期日，会员即四处采集昆虫及植物，归来制成标本。同时创刊手抄本《生物学杂志》月刊，共二十余期，坚持四年之久，嗣又编《植物名汇》《诗经草木今释》等书，皆极见工力之作。几十年所集植物标本，数千号，身后悉以赠农业科学研究所。

原载（《天津文博》第三期）

天津古泉家述往

天津钱币研究会，酝酿数年，将于今年五月可告成立。秘书处征文于余，且嘱以有关天津地方者为宜。因念吾津古泉家老辈凋零，而遗闻轶事，唯赖口碑相传，文字记载不多，且散在各方，未有专文记述。如再迁延岁月，恐更难于辑录。仅就闻见所及，不论里贯，无分国籍，凡曾居津门者，尽量入录，其尤健在者不录。仅以此文，向大会献礼。仓猝命笔，漏略谬误，知必不免，尚希高明，有以教之。

吴惠元，字霖宇，天津府天津县人。道光甲辰（二十四年，1844 年）进士，由编修官至云南督粮道。古泉原为金石学附庸，至清咸同间，已蔚成"大国"，名家云集京都。李佐贤、鲍康二先生，实为一时领袖，然两人初不相识。鲍康《古泉汇序》云："〔吴〕霖宇为〔李佐贤〕先生高足，因予赠以丰货泉，遂定交。选泉必取其精。（中略）最后，始因霖宇获交于先生。盖耳先生名者，十余稔矣！先生一见即引为入室。"二人既识之后，李佐贤在编辑《古泉汇》中，才得与鲍康商订真伪、取舍，而鲍亦以所藏泉、拓，供编辑时选用，及编《续泉汇》时，遂由二人共同编辑。于以见"压倒以前诸家"（语见罗振玉《俑庐日札》）之巨著，得编辑成功，霖宇介绍之功浅也。

徐士銮，字苑卿，天津府天津县人，吴霖宇表弟。官居京师，

233

都中人士，多乐与游。同治十一年（1872年），出守台州府，在任九年，有政声。鲍康《观古阁丛稿三编》："同阁徐苑卿士銮，出守台州，书来云近亦收泉，咨询良切，癖嗜之染人如此。"可见其癖嗜之深。光绪七年（1881年），引疾归里，潜心著述。所著群书中，有《古泉丛考》四卷，博采旧闻，已刻入金氏《屏庐丛书》中。民国四年卒，年八十有三。

孟继勋，字志青，天津府天津县人。绘事余闲，最好古泉，品类繁多。孙婿金大本为毡拓编辑成册，名曰《绿庄严馆泉拓》，尝在先师王纶阁先生斋中见之。中华人民共和国成立后，其女孙昭蕙等，悉以捐献国家，化私为公，人所赞扬，今藏天津市历史博物馆。

姚彤章，字品侯，徐苑卿先生之甥。留心乡邦文物，为樊文卿先生印行《畿辅碑目》。举凡文物，皆所爱蓄，以藏砚最为可观，于古泉所聚亦甚伙。尝见其藏明刀拓本，文字变化，绝无同者。

蔡成燏，字晴轩，余姑丈，嗜古成癖，金石书画，无所不好，为张陶古店中常客。壬申避兵，寄居姑家经年，得见姑家藏泉，刀布累累，眼界为开。朝夕待坐，时聆教诲，获益良多。

王崇焕，字汉章。山东福山人。懿荣幼子，任职直隶财政厅，侨寓津门。能绍家学。郑家相曾与同僚，互出所藏相赏。一日，以汉压胜泉赠家相，家相以乾亨重宝二品报之，并语"此种铅钱，在南方常见，北方不易得也"。著有《古董录》，载《河北第一博物院半月刊》。

马家桐，字景韩，别号厢东居士，天津名画家，与余家有戚谊。癖嗜古泉，藏泉中以南宋铁钱为最。盖铁钱南方多于北地，收求非易。四十年前获其藏泉拓本，手装成册，题曰《厢东居士藏泉拓本》。冀其得以流传，不负古人，乃浩劫竟失之。民国三十七年（1948年）卒，年七十三岁。

严侗，字台孙，与范孙先生同族。任天津图书馆馆长。所收不尽为孔方兄，金银币铜元亦兼收之。其中新疆饷银多品，皆经张德孙先生为拓墨，披露于《北洋》《商报》等画刊。中华人民共和国成立初，与先生幼女智如同志同教席，询及所藏，则已星散。

罗振玉，字叔蕴，浙江上虞人。民国八年由日本京都返国，初居上海，嗣来天津，住旧英租界集贤里。曾设贻安堂于旧法租界，经售所印书籍。尝收得《泉汇》稿十六函，函七八至十余板不等，随刀布圆钱大小，各板数目不一，皆嵌入板中。其大夏真兴一品，《泉汇》入无考别品中，虽有"是夏赫连勃勃物"之语，却为刘燕庭所疑。振玉考为夏物，遂号赫连泉馆。所藏钱范亦多，有本始纪年范数枚，以较传世五铢，得见宣帝五铢真面。所著《俑庐日札》有论古泉者多条，《古器物范图录》所收泉范，先秦币范多未可信。民国二十九年（1940年）死于旅顺，年七十四。

缪铁珊，子继珊，孙铁孙，三世集泉，颇富有。世居天津城内小刘家胡同。所藏元泉，精且多，计一百零二枚，因名其斋曰"百二元泉馆"。闻多得之于泽山手。有拓本传世，惜拓手未精，书名《百二元泉馆泉拓》。抗日胜利时，扬言全部藏泉，于旅途中遗失，想是遁辞，以避豪强者。继珊为上海泉币学社普通社员，身后金石拓本颇多散出。铁孙值家道中落，初任教于郊区，后失业，籍贩泉糊口。时携泉走京师，售诸中国历史博物馆，每得善价而归。卒于1967年，年五十余。

黄集福，字荫清。世居西头贺家楼后。嗜泉成癖，虽就食南北，储泉箱箧，未尝须臾离身，其癖嗜之深，于此可见。与先严相友善，身后藏泉星散，民国二十一年（1942年）曾见所藏常平通宝钱于仰古斋中，多至两三千之多，今不知归谁氏。1956年，又见所著《清钱谱》手稿拓本，索值过昂，议价未协，交臂失之，仅录得《自序》一篇。后归天津图书馆。有女名爽，能承父学，善毡拓。为段宇樵子妇，今亦物故。

先严润生公，讳树滋。世居天津。栽花种卉，虫鱼鸟兽，皆喜饲养。自制风筝，软翅硬膀，无不精工。与先姑丈晴轩公，时出入于大罗天、大吉山庄、鸿博馆等处，与黄荫清友善。所收书画为多，古泉不求备，但求精。崇宁、大观虽属常品，而酷爱其书法。及余十余岁，悉以付吾兄弟，其中鎏金崇宁通宝，尤为可爱。民国三十二年（1943年），曾携余访张陶古于南马路店中，购得刀布拓本一束，凡廿七品，品各三纸，拓墨精工，绿色边栏，书口有集齐建邦刀字斋名。手装为三册，后皆失之。

张厚璋，字德孙，河北南皮人。系之洞族人。为人寡言笑，待人谦和，有长者风。与余在崇化中学同教席。先生工拓墨，喜收古泉。《北洋》《商报》等画刊，时刊先生所拓古泉，尤其为严台孙先生拓者为多。今尚存有先生所撰《清代钱局便览》钞本云。

王纶阁，讳襄。为余业师。精鉴定，所收甲骨，六朝隋唐写经，金石拓本，旁及古泉。曾与王印（字君石）先生，在天津图书馆组成泉社，每星期相聚，各出所藏，互相研讨。天津沦陷时，社散。所藏先秦耸肩尖足大布，曾于1957年余主办货币展览时，假以陈列，余如射洪县，射城商会二十文铅钱，为世罕有。曾综录前人之说，成《宋钱志异录》一卷，书成于民国二十八年（1939年），稿本今藏天津图书馆善本部。先生八旬晋六大庆，余以草书永寿通宝及小平龟鹤齐寿二钱，为先生寿。方若云："龟鹤齐寿钱，大样多有，小平难遇。"此品即其旧藏。

王赞，字向葵，天津市人。为先纶阁师仲弟，业商，早卒。收藏古币不少，又能毡拓。曾于民国二十五六年间，得其藏泉拓本一束，皆钤有名字印，手装为册，题曰《王向葵先生手拓藏泉拓本》，丙午岁失之。后卞伯耕同志购得，复以畀余。

王剑，原名衡，字燮民，后改今名，字雪民。为先纶阁师季弟。治印甲于津门，桃李甚众。所见多而精鉴赏，尝曰："遇古器，辨真伪，应实事求是，于可疑处，万万不可谅解或曲为之说，虽当时得自圆其说，终必为伪器所蔽。"古泉收罗颇多，尤喜先秦刀布。民国三十五年逝世，年六十有四。

方尔谦，字地山，别号大方，江苏江都人。幼嗜古泉，曾兼并数家藏品，所蓄遂富。侨寓津门二十年，同好有于泽山、袁寒云等，时相过从。尝谓古泉固不以古为贵，亦不以真为贵，自称"伪泉大家",确是实情。所藏皇祐元宝折二钱(见《泉简》及《古泉大辞典》),本是伪钱,大方并未因其伪而弃之,翻指为《丛话》著录之品,称之曰"谱钱"珍如球璧。且云:"钱诚非真,然前贤已著录,是之谓谱钱,张叔未所藏建文钱,戴文节(戴熙谥号)所藏皇祐钱,皆此类耳。岂有谱钱而不值百元者哉?"于是欲得其谱钱者,非百元不敢启口,或且奉百元以上之值争购之。四十年前,茹艻阁书铺,收得大方藏钱,累千盈百,真伪相杂。先师陆辛农先生曾得若干枚。

袁克文,字豹岑,号寒云,袁世凯次子,母朝鲜人。本大方弟子,后结为亲家。挥金如土,购泉不计其值,不失纨绔子弟本色。所撰《泉简》,乃徇友情,以实报刊,非着意之作。余尝获外国金币拓本一册,书口有龟厂(盦)二字,拓工精美,纹理纤细必具,初不知谁家藏品,后读巢章甫《龟盦杂诗序》,有云:"寒云丈,好货。既而得商玉龟币,自署龟盦。"适与书口二字相符,始知为袁家所藏。又尝得寒云旧藏咸丰钞多种,其伍拾两及拾千文纸,光润如绣,入手细腻,蓝印版框、花纹与朱红大印相辉映,自有一番古趣。然而,此等纸钞,正为清廷镇压太平天国革命之物证,用不久,即贬值,乃至形同废纸,受害之苦,岂言语可以形容于万一。

于震,字泽山,锦州人。本旗籍,为安徽巡抚思铭之子。好古泉,王汉章《古董录》称其所藏以元泉为最。晚年落魄,以贩古泉糊口,与大方过从极密。虽故衣敝车,而购泉之力甚厚。缪氏百二元泉馆元钱,传多得之泽山云。

方若,字药雨,号劬园,浙江定海人。本名诚,字楚卿,后改今名。侨寓津门六十年,当其集泉之时,适名家藏泉散出,几无人顾,故所收易且伙,几多珍品,尽入囊中,时有南张(乃骥)北方之称。所著《言钱别录》《言钱补录》,于民国十七年(1928年),相继刊行问世。凡所论列,多有发前人所未发者,尤以考定永安一百、一千等钱之为五代,且属之燕刘之说,博得国内外泉界之赞同。又选拓藏泉百枚,成《药雨古化杂咏》二册。此书一出,便为书贩所收,囤积以待善价。然而,五十年后之今日,审其所选赝鼎也未能

237

免。廿三年春，为人怂恿，售去藏泉，以所得易石经，旋即悔之。无何，再收古泉，复聚佳品甚伙。抗日胜利，方若以汉奸罪，身入囹圄，所藏文物，悉没入官，今其藏泉分别藏于中国历史博物馆及天津市历史博物馆。中华人民共和国成立后获释，年已八旬，尤复集泉，且有新著，为《钱文集备零编》《囊中集》等十余种。身后所藏，亡友曹伯方作缘，其泉及稿悉归寒斋。丙午岁尽失之。

孟广慧，字定生，天津市人，能书。殷墟甲骨之为学者所发现，先生及先纶阁师为最早。所藏古币，民国二十三四年间，经陈振之手售去。

郑家相，字葭湘，斋名梁范馆，浙江鄞县人。民国八年（1919年）来津，任职直隶省财政厅，遂侨寓津门。十年在津患病，几不起，方若往探视，为延良医，得转危为安。愈后，因感方之情谊，遂以天德通宝赠方为谢，正是昔日方屡求让而未予者。家相著述极多，散见《泉印》等杂志中。中华人民共和国成立后，除发表介绍古钱学文章外，所著《中国古代货币史》一书出版行世，或评其书论点陈旧，而所据实物，尚少赝鼎，仍不失为可资借鉴之书。

张鸿儒，天津市人。擅岐黄术，蓄泉多珍品，不肯示人。其尖首刀面一刀形图画者，首微残，以贱值得于收旧货人之手，亦一奇遇。所集清末机铸铜元尤富。余尝得其所藏咸丰当八十大钱蓝拓本，钱既精好，拓亦佳。

陈荫佛，讳宝树，天津市人。余业师。工篆隶，擅画，酷嗜金石，收藏古拓至多，而敦煌写经，有首尾完整者。古币虽非所专好，而所得古币拓本至伙。1950年逝世，年五十八。

孔广林先生，以所藏古币拓本悉以予余。有民初郑重字趣盒所藏泉拓，拓墨颇精。其中方足小布之蔺字者，背文六字，当时叹为奇品，盖方足布背无纪数者。十余年后，余购得古币一宗，适有蔺字方足布一枚，背亦有六字，因出郑拓相勘，竟是一布。然而，若不见实物，焉知背文乃后人所贴，痕迹宛然，向之叹为奇品者，今乃知为人所贻。

陆辛农，讳文郁，天津市人。少从吾津老画师张兆祥（和庵）先生学绘事，复致力于植物学研究。民国五年（1916年）春，筹建天津博物院（十七年七月，改隶河北省，改称河北第一博物院）时，华学涑先生约先生撰写《陈列说明书》，并主陈列事宜。时对古泉一无所知，犹豫不敢就，华先生忖知其意，以"世间不知之事，学而可知"为嘱。先生毅然就任，潜心研究，终将古泉陈列展出。三十六年（1947年），与先生在崇化中学同教席，始获交于先生，嗣则时时把晤，并得纵观所藏。每相聚，辄侃侃谈，得时聆先生教诲者垂二十年，终引为弟子。1974年一月十三日，为余作画，曲黄昏至子夜，挥洒未少息，八八老人，不堪疲惫，无疾而终，呜呼痛哉。所作书画，遂成绝笔。哲嗣陆荐，字君采，美术家，能世家学，于古泉颇有造诣。1976年春卒，年六十余。两世所蓄，尽归中国历史博物馆，化私为公，足为楷模。

王效曾，讳宗鲁，河北文安人。任教于前官立铃铛阁中学，后校名屡更，而先生始终在职，任校长至退休。素好碑版，蓄泉六十年，积至五千余枚，集拓本为三十六册，浩劫尽失。落实政策时，发还集拓三十六册外，古泉部分为数不多。于时先生年届八十高龄，尤奋力据拓本作考证，成《泉币简说》若干卷。有先师王纶阁先生及陈保之先生叙跋。稿成之日，拓本精品忽被人骗去。因念六十年辛勤所聚，不亡于浩劫，而失之一旦，不胜伤感，耿耿于心，不能去怀，终以忧郁成疾，逝世于山西太原。时1978年春，年八十又八。

陈铁卿，本名钢，以字行，天津世家。与哲甫先生同族。四十岁始留意古泉。时客保定，任职河北省政府，主编《河北月刊》《河北石徵》《河北石范》等期刊。为上海泉币学社社员。有《古泉新知录》油印本行世。与津沪泉家，多有辩难，所著文章，散见于《泉币》中。中华人民共和国成立后，受聘为天津市文史馆研究员，专心著述，成《古泉史话》八卷。浩劫时险遭毁灭，几经思考，以全稿赠天津市历史博物馆，以策安全。晚年写作，必录副寄余，所论燕国刀币递变之迹，燕刀特征，皆称卓识。1982年5月逝世，年

239

九十。

赵兴吾，籍贯未详，业商。曾于先师陆辛农先生斋中，得见先生手拓兴吾所藏中外金银币拓本。先生与兴吾于盛大号钟耀奇处相识。兴吾为人性格开朗，既相识，话及借拓之事，便慨然应允，故先生得手拓之。后所藏被窃，窃者持钱至盛大号求售，钟知是兴吾所藏，不肯收，由是案破，藏品得归故主。

高善谦，字六吉，四川人。与罗伯昭为同乡，侨寓三津，充任律师。博学工词翰，收藏古泉颇有可观。为上海泉币学社赞助社员。所著文章及藏泉，散见《泉币》中。其《锡母之探讨》一文，讨论唐以来铸钱工艺，说明锡母用途，以及与流通钱币、冥钱之区别，所论皆是。一扫旧日铁范铜、试范钱等说之非。后移居北京。

邱文明，即邱堉檀（ArthurBraddanCoole），1900 年生，美国人。文明为其中文名，字质彬。传教士，早年随父来华。转来天津，任汇文中学教员，兼美以美会会计。后去北京，在北平辅仁大学任职。民国二十六年，在津期间，著《中国历史钱币》一书，英汉合璧，在天津印行。此书之成，得汇文中学教师王学洲先生之助为多。二十九年，撰《远东泉币考》，在北京出版，收罗中外有关资料极多，偶有不确者，如《金石契》一书，共列五条，分属张燕昌、金忠淳、丁敬、王楠、翁方纲等人所著，除标张燕昌作者一条外，余皆有误，且翁方纲《金石契》之名，乃出孟麟《泉布统志》征引之误，非实有其书。余为《金石古文》《金石录》等金石书，内容本无关钱币，亦一并著录，疑出转引，未亲见其书所致。1978 年殁。1981 年遗著《中国钱币百科全书》，在美国马萨诸塞州罗位斯城出版。美国钱币学会于 1983 年 7 月 10 日在学会总部，开放以"Coole"命名的东方图书馆，钱币书刊近千册，即邱文明遗书。其藏钱目录，厚达五十页，有刀币 272 枚、布币 342 枚、钱枝 67 枚等，总数为 6289 枚。

邱学士，字伯唐，天津市人。1906 年生，毕业于新学书院，后任职天津邮政局。留心乡土故实，颇喜收集泉币，从古代至近代钱币收藏范围非常广泛，然不好交往，藏品也多秘不示人，1969 年卒。

唐庚，字允父，号青山伯长，斋名青山伯屋，余胞兄，收集三代金文，汉魏石刻拓本，不遗余力。工篆隶，擅绘事，长于治印，精于毡拓，余之拓泉，皆先兄所亲教。任河北滦州、景县师范教师有年。先严所遗古泉，吾兄弟共存之，新得则着意六朝以上古泉，唐以后不甚属意。每有所获，辄相与摩挲考订。民国三十二年（1943 年）逝世，年三十二。遗著《金石题跋》一卷，考订谨严，行文简当。刻印钤拓本，名曰《守岁集》一卷，丙午之厄，皆失之，唯藏泉尚有存者。

张亦香，浙江鄞县人。绢伯从兄，客居津门，与方若相友善，方好历代钱，亦香则好集压胜钱。

王维横，山东东武人，王锡棨孙，在南开大学任教席，能世家学，民国十三年（1924 年），托中华书局影印其祖所著《泉货汇考》十二册。

孙华堂，天津市人。曾于旧日租界旭街（今和平路）设大吉小庄古玩铺，金石书画无不经营，民国初年，集泉各家，多有佳品得之孙手者，郑家相曾云："予每日往返，必经过之，铺主孙华堂，时出古泉见让。"

姚贵昉，河北青县人。曾任某县县长，后以贩古为生。女湘云，适津门华氏，精毡拓。贵昉每获石刻，必命女拓数十百本，石刻脱手，更徐徐售拓本以为利。余尝得其所集古泉拓本一册，皆先秦货币，齐刀有六字、五字等，环金有蔺、共及济阴等。其谭邦刀头一种，即定海方氏所藏。年来改订古币，乃疑此刀头，或出伪作。

段宇樵，眇一目，美须髯，人称段瞎子。设仰古斋于北门西，贩碑帖为业，时亦售古泉，然少有佳品。与余相友善，余所收拓本，多为所售。民国三十一年（1942 年），余购得唐苏定方平百济碑全拓时，见其地下摊钱成串，可两三千，尽系常平通宝，即黄荫清先生故物，因囊涩，交臂失之。

贾蝶生，河北大名人。民国六年（1917 年）来津，初仅贩清钱，不数年，刀布以来钱币，无所不通，过手名泉不少。为人憨直，无市侩习气，以文会友，不以成交多寡衡亲疏。在北门西设摊时，余年十四五，每过其摊，辄流连忘返。间得所惠名泉拓本，贴为册子，先兄为篆书签题，曰《两斋古泉汇》云。此册已于十年动乱中失去。

颜某，不知其名，天津市人。美须髯，时人以大胡子称之，已逾古稀之年，精神矍铄。本有肆在东马路，各务本堂书铺，收市后于东北角新开路设摊，兼售古泉。每当课余，即往访之，健谈。话及伪古钱由来时，则娓娓不休。

陈鸿声，字振之，天津市人。家道小康，早年落魄，贩泉糊口。设摊于北门西染房门前，染房其兄所设店也。与余交谊最笃，余所收历代农民起义军铸币及咸丰大钱，振之代为罗致居多。1967年卒，年五十余。

钟耀奇，不知里贯，设盛大古泉邮币商店于旧法租界二十六号（今滨江道西头）210号，为上海泉币学社社员。

周四，不知其名。早年不相识，1955年始于劝业场识之。专营古泉，然不甚悉此中底蕴，故常常漏货，而不自知。余曾于普通明刀中，选得异书明刀及白人等刀，于普通开通元宝中选得背永字者。

曹伯方，北京人。早年在京中学古董生意，故清末民初，收藏家之居京都者，咸皆识之。及来津门，设肆于泰康商场，开始出入津沽收藏之家。待人接物，平易谦和，无市井气。古泉虽非擅长，及方若身后，为余作缘，尽收其遗泉佳品及遗稿、遗画、遗拓。1976年春卒，年八十有六。

西村博，日本伏见人，号洗玉斋。侨寓津门，任《天津日报》主干（社长）。曾为梶山升二郎在中国购求古钱甚多。

李东园，天津人，室名为继鹤斋。自幼喜集泉兼喜集邮，曾在北京琉璃厂汇泉堂处为购辽"天显通宝"，与日人大川铁雄相争衡。晚年喜种花木，死于台湾。

原载《天津钱币》1987年（总1期）

天津文教界收藏家述略

天津自清代至 1949 年中华人民共和国成立，历史上曾涌现出了不少有名的收藏家。他们或专藏某种文物，或兼而有之，他们的活动大大丰富了天津的文化内容。从这些收藏家的收藏情况可以看出当年天津文化活动之一斑。这里仅收录当年天津文化教育界一些收藏家收藏文玩的情况，供有兴趣者鉴赏。

查为仁（1695—1749），顺天宛平（今北京市）人。家于天津，有水西庄之胜。一名成甦，字心谷，号莲坡，又号莲坡居士、蔗塘、花海翁。湖南巡抚恂叔长兄。家固富有而性嗜读书；亦喜收藏，藏品颇富。年十七，举乡试第一——清康熙举人。曾系狱 8 年，获释后，绝忘仕进，返居水西庄，置图书万卷及金石鼎彝于其中，偕两弟以诗文相切磋。往来名士，多住其家，一时文风大起。著《蔗塘未定稿》8 卷、《押帘词》1 卷、《绝妙好词笺》7 卷、《莲坡诗话》3 卷、《昨非斋草》1 卷。

樊彬（1796—1881），天津人。字质夫，号文卿，一作问青。8 岁而孤，依继母陈氏为活。家贫劬学，未冠补诸生，食廪饩；受知于学政吴芳培、杜愕，有国士之目。屡试京兆不第，充国史馆誊录。以史馆议叙，授冀州训导，迁湖北蕲水、钟祥县丞，知安远、建始等县。未几告归，侨寓京师，居贫淡泊，至老精力不衰。所与游，皆一时好古之士。生平笃嗜金石文字，搜罗海内碑刻至两千余种，多乾嘉诸老所未及见。南皮张香涛《沧州王侣樵墓志》谓："会稽赵之谦刊行《寰宇访碑续录》，什九皆樊所辑也。"余曾获其藏拓，以废纸裱背，但钤樊彬小印；又得旧拓唐《兴福寺碑》，装为一册，有同治五年题跋。先纶阁师复为跋尾，以为乡贤手泽，致可宝爱。著《畿辅碑目》《问青阁诗文集》《津门小令》等。

华长卿（1804—1880），天津人。原名长樊，字枚宗，号梅庄，又号镏庵、米斋老人。清道光十一年（1831年）举于乡。俄丁父忧，里居。与宝坻高寄泉、任邱边袖石订交，学益进。山阳丁俭卿先生称他们为畿南三子。咸丰十三年（1853年）冬，选授奉天开原县训导。在任26年，教诸生以经史相切磨，以文行相敦勉，勤学善教，足为司铎者法。就所著《石鼓文存》《汉碑所见录》《金石文经》《泉谱》等稿本，可知所藏吉金贞石拓本之富。任《盛京通志》总纂，有《盛京通志》稿36卷。他作甚夥，凡144卷。

卢靖（1856—1948）湖北沔阳人。字勉之，号木斋。清光绪十一年（1885年）举人。在武备学堂任算学总教习，识严复，得接触西洋思想。十三年起，历任直隶赞皇、南宫、定兴、丰润等县知事；三十二年、宣统元年，先后任直隶、奉天提学使。辛亥后，屏迹官场，一心经营实业，兴办教育。任启新洋灰公司股东、董事。在直隶提学使任内，创办直隶图书馆于天津。1927年，捐洋10万元于南开大学，以兴建图书馆，次年竣工，即木斋图书馆；又捐藏书10万余卷。1937年7月29日，图书馆遭日军投弹焚毁。1934年，筹建北平私立木斋图书馆，三年后建成，藏书24万余卷。编印《北平私立木斋图书馆季刊》，嗣因七七事变而停办。1948年，木斋逝世后，家属秉其遗志，将木斋图书馆全部藏书捐赠清华大学。未及启运，遭东北流亡学生盗卖、焚毁之厄。劫余部分运至清华大学时，仅1607部。

244

严修（1861—1929），天津人。原名慎修，字梦扶，后改名修，号范孙，又号提屩生，斋名蟫香馆。清光绪癸未（九年，1883年）进士，官翰林编修；二十年，授贵州学政。慨中国科学之不兴，首创废科举，设学校之议；奖励实业，创经世学堂，授学生以数学。由黔返里，于二十四年，延张伯苓教其子侄辈英文、数理。三十年，偕张伯苓游日本，考察学务，历时 8 月。归国后，创私立第一中学，即南开学校前身。1917 年，与范源廉、张伯苓赴美考察教育，7 月 12 日归国，创办南开大学。家富藏书。高彤皆谓："严书日以加高。"可见购求之勤。天津图书馆建馆之初，捐书 1.2 万余部，5 万卷；又捐南开大学、南开中学图书馆图书达 3 万余卷。著有《蟫香馆使黔日记》等。

张克家（1864—?），天津人。字仲佳，斋名如法受持馆。父彭龄，前清解元。所居裤裆胡同，因而改称解元里——在城内二道街旧关帝庙前。光绪十七年（1891 年）举人。工诗、古文，擅岐黄术。家藏医书极富，有明人手抄医方。先生诗风超迈，清末民初，闻名于津门诗坛。著《如法受持馆诗·诗余·文集》等。曾任直隶督练处总参议、探访局提调、直隶警务公所顾问、禁烟处处长等职。

马家桐（1861—1927 年）天津人。字景韩，又作景含、醒凡、迥凡、井繁，号厢东居士、橄榄园丁、乐思居士，斋名有耿轩、搴斋等。他为同光间津门画家四子之一。从孟绣村学绘事，诗其"薪传"，能书。嗜古精鉴，收藏金石拓本极富。曩得其旧藏若干，其唐《妒神颂》拓本，墨色如漆，古意盎然，真旧拓也。唐《齐士员造像记》拓本，纸墨虽新，而画象极精，轮回因果之家，一如水陆，善恶报应，俱现眼前，是刻仅见《续寰宇访碑录》书目，极不经见，藏泉以南宋铁钱最为世重。50 年前，获其拓本，手装成册，题目《厢东居士藏泉拓》，冀诗以流传，庶不负古人。

蔡成燏（1864—1937）天津人。字晴轩，行三，虎臣堂兄。1907 年，任天津官立中学国文教员，兼学生国学研究会课外辅导。虎臣出任江西督军，曾随赴任，及返津时，他同僚多置妾携婢，独晴轩携文物、书画以归。举凡铜器、瓷器、古籍、书画、碑版、端砚、古玉、钱币，无所不收。余常见所藏宋拓汉碑，不下十余种，他如北魏石门铭此字不损本；南朝宋爨龙颜碑，"卓尔不群"之

"不"字，一撇仅损中间，定为木刻阮跋本，以及云峰山、宝山等石刻集聚之所，皆有全拓。卒后，由其婿卞润吾经手售脱。

章钰（1865—1937），江苏长洲（苏州市）人，字式之，号孟坚，别署茗理，晚号霜根老人，斋名四当斋。弱冠补博士弟子员，肄业紫阳学院、学古堂。清光绪三十年（1904年）进士。曾任外务部主事兼京师图书馆编修。辛亥后，绝意仕进。以故里无家，侨居天津北郊（今北站附近）二十余年。1914年，在清史馆任职，参与纂修乾隆朝大臣传、忠义传、艺文志等，都若干万言。1927年，应严范孙之聘，主讲崇化学会有年。所藏多明清刻本，旁及金石考据之学，聚古今石墨数千种。其据宋元旧刻校本，或有书跋者，颇为世重。《章氏四当斋藏书目》所记，旧抄本、稿本凡250余种。著有《钱遵王读书敏术记校正》《胡刻通鉴正文校字记》等书。江安傅氏双鉴楼藏《大金国志》40卷，宋宇文懋昭撰，明蓝格抄本，前扉页有式之朱笔题跋，可见深于版本之学。

王猩酋（1866—1948），河北武清县王庆坨人，世居天津杨柳青。本名文桂，字馨秋，中年易字星球，晚年用猩酋，又号迟道人。家居设塾，授徒垂40年。于经艺外，间及诸子。行文偶傥，声艺夺人。诗尤隽逸，有魏晋遗响，能刻砚，擅岐黄术，颇以济人。好奇石，尤好砚，兼汉金石、书画、砖瓦、陶瓷等均有收藏。1931年8月，赴山东曲阜祀孔，28日至兖州，抵泰安，29日携杖登岱，是晚宿于岱顶，翌日九月初一，适为先生生日，偕仪征、毕庆康诸人，登日观峰看日出，皆有诗。其《经石峪拓北齐人书金刚经大字》诗石："遂古流泉力，平铺成大坡。人传梁文令，刻经耨多罗。学究开眉宇，书宗定鼙窠。石亭何日覆，风雨日清磨。"末二句于刻经之日暴雨霖，与夫建亭覆石之意，可见爱护古物之情，殊深也。曾获一铜器，遂作《鸡彝考》。家藏古拓淳化阁法帖、古墨皆为珍藏。墨贮锦匣中，久已不用，因视墨为已死，成葬墨诗四章，征和，事极风趣，诗尤妙绝。每于孔子诞日，辄博陈所藏古籍、碑帖、书画、古砖瓦、陶器等，任人参观。著有《应存社征文及诗》若干篇，《薄葬说》《曲阜、泰山、济南游记》《游京西北日记》《彝辨》《癖石记》《雨花石子记》《人性篇》等，多刊于《天津星期报》上，唯《九鼎考》及《野况》刊于《考古社刊》第 4 期。

郑炳勋（1870—1952），天津人，字菊如，行五。前清附生，日本弘文书院毕业。曾任北京、天津公私学校学监、教员、校长、教授、校董，天津市第一图书馆馆长。馆长任内，适值 1939 年天津洪水，因事先筹划，馆藏幸免于难。中华人民共和国成立后，受聘于中央文史研究馆，任馆员。遂迁居北京一亩园。生平嗜书画，购藏至老不懈。晚年，儿孙既长，新得书画，时或不翼而飞。晚归，过古玩店，又见之，必再购归。虽时有此事，亦不怒责。平时所用一郑字印，极精，确是战国古铁钵，后竟失之。著《诗集》一册。

陈钟年（1871—1955），天津人，字嚣洲，号觉庵，哲甫侄。早年任职天津商品陈列所，兼任家馆，天津国学研究会主讲书法。晚年在私立众成高级商业学校任校长，私立崇化中学任国文教员。工书。喜汉魏碑，尤喜汉《夏承碑》，居常临写。然惜墨如金，不轻着墨，手迹流传极少。与乡人李叔同，浙人顾叔度相友善。平生收集金石拓本极多。既精鉴定，选择尤严，爱护所藏，为护头目。不论装裱、单片，皆整洁如新。汉魏名刻而外，旁汉墓志、造像，诸如《洛阳龙门山造像记》，除收有龙门四品本外，更有十品本、二十品本、五十品本、百品本等。藏书亦富，平时所读前四史，皆出明万历刊本，他之藏书可以概见。著有《书法》。

傅增湘（1872—1950），四川江安人，字沅叔，号藏园，斋名双鉴楼。清光绪十四年（1888 年）举人，二十四年进士。历任翰林院编修，贵州、直隶等省提学使，教育总长，故宫博物院委员、故宫博物院图书馆长等职。久居津沽。藏书极富。精于版本、校勘之学，一时无两。海盐张菊生集印《百衲本二十四史》《四部丛刊》时，所选善本，颇多假之傅氏双鉴楼藏本。著《藏园群书题记》。1929 年，捐珍本图书于南开大学图书馆。

刘宝慈（1873—1941），天津人，字竺生，一作竺僧，号演庐。

光绪甲午（1894 年）举人，为 1903 年派赴日本留学生之一。期满归国。不久，创办天津模范小学堂，任校长，在任 36 年以终。高彤皆挽之，联云："四十年掌教情殷，纵然高官厚禄，不易此乐；二三子丧心痛切，只合铸金刻石，以永其思。"先生博学广识，曾就直隶（今河北省）巨鹿黄河故道出土古物，拟为《问答》，刊于《河北第一博物院半月刊》中，可见对古物了解极深。藏有古陶器十余具，皆完好无缺，平时置书架上；逝世时，为日本"教官"中田旱、山田雄等人劫去。

陈宝泉（1874—1937），天津人，字筱庄，馆名返思斋。日本弘文学院毕业。初任蒙养塾教员，继任学部郎中，北京高等师范学校校长，教育部普通司司长，兼代教育部次长，又"天津特别市"政府参事，河北省教育厅厅长等职。1924 年，在北京中华基督教会领洗，成为基督信徒。富藏书，著《退思斋诗存》。

王襄（1876—1965），天津人。字纶阁，斋名簠室、古龟轩、宝古经舍等。清末毕业于北京农工商部高等实业学堂，授举人衔。在盐务稽核所、稽核公署任职。中华人民共和国成立后任天津市文史研究馆馆长、天津市政协委员、天津市文物保管委员会委员、《甲骨文合集》编辑委员会委员等职。清光绪二十五年（1899 年）与孟定生于潍贾范寿轩来津时，购得殷墟甲骨若干，是为学者发现甲骨之始。其《簠室殷契征文》著录者，皆为自藏之品，可见收藏甲骨之高。其中精品，复经罗叔言编入《殷契菁华》。彼时收藏家多重文字，无铭识古器物几无人顾，先生则收人所不收，聚六朝古俑 60 余具，编成《簠室古甬》一册，于 1911 年在日本影印出版，是为明器陶俑有专书之始。王汉章《古董录》云："天津王襄所藏有鸟兽、车马、井灶、器皿，尝用珂罗版影印成帙，附以考证，极是珍爱。"此外，六朝隋唐写经、石刻、铜器（包括泉币、古玺印）、古瓷器、金石拓本等，亦颇有聚集。身后，皆遵遗嘱连同手稿一并赠天津市文化局，后分别拨交天津市文史研究馆、天津市历史博物馆、天津市艺术博物馆及天津图书馆收藏。早年著述《簠室题跋》等，及晚年所著《古陶絮语》《滕县汉画像石记》《古文字流变臆说》等，俱已出版问世。未刊稿本尚有《古镜写影》《古陶今释》《秦前文字韵林》《两汉文物举例》等。

张寿（1877—1947），天津人，字君寿，号铣生，斋名篆楼。清光绪庚子后，绝意仕进，曾被选为天津县议会议员，力辞不就，闭门读书。与陈慕甫创办《醒华画报》，意在唤起民众，开发民智。辛亥后，执教于私立普育女学；嗣又创办礼遗女学。与高凌雯、王守恂等修《天津县新志》。能诗，书法尤工。富于收藏。历代石刻、古泉，皆所爱蓄。1972年，其孙女贞若，曾举旧藏齐三字刀三枚赠余，今仍在寒斋。

易培基（1880—1937），湖南长沙人，字寅村，号鹿山。武昌方言学校毕业。早年加入同盟会，从事反清活动。历任湖南第一师范学校教师、校长，湖南省图书馆馆长，广东大学教授，教育总长，故宫博物院院长兼古物馆馆长。1933年，以故宫珍宝案，逃匿于天津日租界。收藏拓本、书画极富。尝得其所藏明拓《麓山寺碑》，凡两本，其一残存下半，配以清拓，颇称善本。

邢之襄（1881—?），直隶南宫县人，字赞庭。日本东京帝国大学毕业。回国后，任直隶优级师范学堂校长，司法部参事，全国烟酒事务总署总务厅厅长。1931年任天津市政府秘书长，1937年任冀察政务委员会法制委员。平生喜爱图书，收藏甚富，为当时名藏书家。中华人民共和国成立后，藏书捐赠北京图书馆。

张鸿来（1881—1962），天津人，字少元，亦作邵园。侨寓北京。前清秀才，留学日本，入东京高等师范学校博物学专科。1912年归国，任北京五城中学（师大附中前身）主任、天津广智馆副馆长。1940年任北京高师附中主任，后任师范大学教授，至退休。喜收书，致力颇勤。所藏以文学书籍为多，尤喜乡邦文献。一生所聚津人著述极为丰硕，且多稀见之本。藏书，后归中国科学院图书馆。其善本则有清武宁张汝霖撰《学诗毛郑异同签》22卷，附录1卷，为道光元年（1821年）木活字本，传本极稀，又原刻《左庵集》等。

王剑（1883—1946），天津市人，原名衡，字燮民。后改今名，字雪民。为先纶阁师季弟。曾肄业于天津民国法政讲习所。在天津市立第一图书馆任职。治印蜚声沽上，桃李遍三津。所见古物极多，遂精鉴赏。尝曰："遇古器，辨真伪，应实事求是。于可疑处，万万不可谅解，或曲为之说，横加回护。当时虽得自圆其说，终必为伪器所藏。"擅毡拓，尤长于传拓器形，阴阳向背，皆合透视原理，收藏金石、拓本、砖瓦、写经，皆与先师共赏，友于之乐，时人羡之。古泉收藏颇多，尤喜先秦刀布。尝见所藏汉羽觞，仅画一鱼，阴文，在器底里。

陆文郁（1885—1974），天津人，字辛农，晚号老卒、火药先生，斋名众多。少从津门老画师张和庵学，年十五，师为订润格，收入以补家计。复致力于生物学，常出外采集标本，编辑《生物杂志》。1913年，代表中国出席巴拿马赛会，在美国收罗生物学书刊及标本以归。1916年春，应华石斧之约，参与筹建天津博物院，主持陈列事宜，并撰《天津博物院陈列品说明书》。集泉即从此始。60年间，所集刀布圆钱累累，数逾三千，拓本所聚亦多。晚年选其精华，成《古泉拔萃》。收集植物标本数千号。身后所藏，古钱2500余种，赠中国历史博物馆；植物标本，赠天津农科所。所著《植物名汇》稿，生前即赠中国科学院植物研究所。《诗经草木今释》《蓬庐画谈》均已出版。余稿皆藏于家。

柯昌泗（1888—1951），山东胶州人，字燕舲。凤荪子。毕业于北京大学文科。历任北京大学讲师、教授，故宫博物院专门委员，冰社秘书。日本侵华期间，出任"天津特别市"政参事。12岁，即执贽于上虞罗叔言之门。其后，京津密迩，居恒清业，故精于金石之学，鉴定古器，真赝立辨。所藏金石极富。石刻则有晋《虎牙将军王君墓表》一石，为不可多得之典午遗刻。

袁克文（1890—1931），河南项城人，字豹岑、抱存，因得北宋王晋卿《西蜀寒云图》，遂自号寒云，斋名龟厂（庵）。世凯次子；母金氏，朝鲜人。初居彰德养寿园，与其兄克定意趣相左，几同曹子桓与曹子建，有煮豆燃萁之慨。1914 年避居津沽，卜居地纬路。曾就学于北洋客籍学堂。本扬州方地山弟子，皆嗜古泉，后结为亲家。与张丹斧、宣古愚鱼雁往还，商榷古泉，识益增。所著《泉简》，嘉兴廉南湖为之题。又集外国稀有金银币，拓为《龟厂（庵）藏外国金银币册》。寒斋收有其出。尝得商代玉龟币，故有龟厂（庵）之号。其所藏宋元旧椠，尤称善本。又喜吉金拓本，尝以明申时行行书、周之冕画扇，以易拓本。有日记，寒暑不辍，以佩双印斋自制笺书之，颇工整。署《丙寅日记》者，为居津沽时所记；署《丁卯日记》者，居沪滨所记，记达 25 年。嘉兴刘秉义影印其手稿本，书法骀荡，不落时人窠臼。卒葬西沽，方地山为之书碣。著《洹上私乘》，1926 年，大东书局出版。

陈荫佛（1893—1950），天津人。本名宝树，字荫佛，以字行，晚年斋名曰默庵、曰万卷千碑百炉十研砚轩。北京高等师范学校毕业。历任天津公私立学校教师、教务主任、校长，长春大学国文教授。工篆书，尤长于《石门颂》及甲骨文。擅画，然不多作。酷嗜金石文字、书画、古砚、宣德炉，收集汉魏名刻拓本至夥，兼汉六朝墓志、造像。所藏精品致多。如汉《史晨碑》，为明拓整本；唐钟绍京书《纪国公碑》，为明拓整本，则系海内孤本。近拓如三原于氏鸳鸯七志斋魏墓志拓本，刘珍年拓《云峰山刻石》42 种，鹤洲和尚手拓焦山《瘗鹤铭》，其中武进陶氏藏魏隋墓志，则是 1922 年以汪文吉、乾隆墨所拓，钤白文"上虞罗振玉、定海方若、武进董康、陶湘、陶诛同审定"印。皆纸墨精良，字画可人，珍贵不让旧拓。敦煌石室所出唐人写《妙法莲华经卷》，白纸本，首尾完具，书法俊逸，后归杨鲁安所有。宣德炉聚至百余具，官款者自不待言，其私家款者，尤为可贵难得。如"琴书侣"款其一也。古砚有端、歙旧玩，且有张抡铭诸砚。

杨绍曾（1897—1985），安徽怀宁人，字石先，以字行，蒙古族，美国康奈尔大学毕业。历任南开大学化学系教授、理学院院长、校长、中国科学院学部委员、中国化学会理事长。1952 年 9 月，将

251

所藏古墨、扇面、明刊《无量寿经》等15件，捐献天津市文化局。其中明方于鲁《妙歌宝轮墨》，圆形，彩绘宝轮图，背模印乐器，皆描以金，做工极为精致，是传世古墨精品之一。

韩汤寿（1897—1962），北京市人，字慎先，以字行，号夏山楼主。因收得元黄鹤山樵《夏山高隐图》，及其清王石谷临本，遂有是号。两画今俱在故宫博物院。彼家长居天津。父麟阁与梨园中人交往极密，慎先又与王瑶卿为莫逆交，终成京剧名票。幼承家学，喜好字画，精鉴赏，富收藏。1927年，曾赴日本大阪举办收藏文物展览。著《宋赵孟坚水仙图卷说明》。

陈邦怀（1898—1986），江苏镇江人。字保之，斋名嗣朴斋。任职天津中国银行有年。中华人民共和国成立后，为天津文史研究馆馆员，1965年任副馆长。与罗叔言、王静安、方药雨、王纶阁、容希白、商承祚、金致淇诸先生，皆为知交，鱼雁往返，无非论古。所藏甲骨、吉金、贞石拓本，皆极富有。留心汉人章草砖甓，尝集为一册，适余收有拓本，为册中所未备。遂以为赠，先生喜而纳之。精于鉴定，邃于小学，为当代古文字学家。著《殷墟书契考释小笺》《殷契拾遗》《殷代社会史料征存》等。

俞祖鑫（1891—1980），直隶大兴（今北京市人），字品三。肄业于北京畿辅实业学堂。为天津华石斧之婿。曾在河北第一博物院任职，至1937年博物院毁于日本侵略军时止。同时，在天津美术馆任篆刻导师，从学者甚众，为天津传习篆刻之始。后任开滦矿务局文牍。中华人民共和国成立后迁唐山，再移居北京。曾主编《河北第一博物院画刊》出刊150余期。能书、擅铁线篆，尤工篆刻。1979年，以卞伯耕介，举所藏图籍及著作手稿，无偿捐赠天津历史研究所。余为刻"俞祖鑫先生捐赠，天津历史研究所藏"朱文长印以钤之。旋由伯耕携先生故物见赠，有《篆刻缄度》及印床、印石等。

王宗鲁（1891—1978），河北文安人，字效曾，任教于天津官立铃铛阁中学，后校名屡更，始终在职。中华人民共和国成立后，改称天津市第三中学，任党员校长至退休。先生夙善碑版，搜罗汉魏石刻拓本极富。蓄泉垂 60 年，积至 5000 余品；所集拓本，装为 36 册。十年浩劫中尽失。后归还时，除古泉拓本为全貌外，古泉仅 281 枚，且精品尽失。于时，已年届八十高龄，犹奋力据拓本作考证，成《泉币简说》四卷，采取新出土资料极多。有先纶阁师及陈保之叙跋。稿成之日，拓本中精品 400 余纸，竟为人骗去。值卧病在床，尚未发觉。及愈，始知拓本短少，心甚恶之。因念 60 年辛勤所聚，不亡于浩劫，而失之一旦，不胜伤感之至，耿耿于心，斯须不能去怀，终以忧郁成疾，逝世于山西太原。

齐甸华（1893—1967），河北南宫人，斋名荒山草堂。幼年学裱褙于北京，中年设淳秘阁南纸店于天津单街子，旋即收市。为人质朴无华，然重诺，以助人为乐。收集碑帖、字画数十年。晚年借居府学明伦堂而泣仄难容所藏。无何，分所藏寄存同好知己之家。知余收龙门造像拓本，慨然举所有悉以为赠，合余旧藏逾 2000 余种，汇聚以成《龙门大观》。暇辄出拓本以校日本常盘大定著《龙门石窟之研究》，为其订正数百十条。其余吉金拓本、汉魏石刻旧拓、明清人书画，存余家者，丙午（"文革"）之灾，丧失无遗。所藏旧拓大观帖全帙。前后题跋者，无虑数十家；吾师王纶阁先生及罗叔言、袁寒云、陈保之、方地山、郑苏戡、金息侯、章一山、章式之等，皆曾为之题跋。曾寄存某家，竟据为己有，坚不肯还。

王森然（1895—1984），河北定县人。本名樾，字森然，以字行，别署极多。先后在北京、保定、济南、天津等地任教。晚年，任中央美术学院教授。一生追求真理，传播革命思想，培养不少英雄及知名人士，如刘志丹、谢子长、史树青等皆是。收藏极富，仅藏书即满十余屋，金石书画亦所爱蓄。曾著《汉裴岑记功碑考》，所论翻刻本，达 12 种之多。

张伯驹（1897—1982），河南项城人。自号春游主人。幼年随父镇芳居天津。肄业于新学书院。任倪嗣冲武安军营务处提调，故宫博物院专门委员。中华人民共和国成立后，任教于燕京大学中文系，后任吉林省博物馆馆长、中央文史馆馆员。先是1926年，溥仪将四十件书画名迹，抵押于盐业银行。后伯驹偶得其宋米友仁《姚山秋雾图》，始留意书画名迹。嗣陆续收得晋陆机《平复帖》、隋展子虔《春游图》、唐李白《上阳台》、杜牧《张好好诗》、宋范仲淹《道服赞》、黄庭坚《诸上座帖》及《草书》卷、蔡君谟《自书诗册》，元赵孟頫《章草千字文》、方从义《云林钟秀图》，明文徵明《三友图》，清王石谷《观梅图》、蒋廷锡《五清图》、董邦达《山水》等。伯驹由于善书能画，获得众多名迹。1956年，将晋陆机《平复帖》，隋展子虔《春游图》、唐李白《上阳台》、杜牧《张好好诗》，以及宋元名迹捐献国家，今藏故宫博物院。

冯璞（1899—1972），天津人，字孝绰，一作小卓。毕业于北洋大学矿科。曾任天津市第三民众教育馆馆长。后任中学教师以终。书宗宋徽宗，作瘦金体。金石书画皆所爱玩。鉴定文物，独具慧眼。曾教馆于吴秋舫家，秋舫旧藏新收，皆请孝绰为鉴定。晚年，以所藏汉玉刚卯十余枚及六朝陶牛赠余，今仍在寒斋。

王锡珩（1900—1988），天津人，字坚白，晚号老坚，斋名镜不惑斋。锡璜族弟，行十三。幼学于先师武燮枢先生之门。后毕业于天津官立中学。任小学教师多年。中华人民共和国成立后任工人业校教师，人皆称其为良师。又从陈蒿洲、钟蕙生诸先生学，为国学研究社社员。晚年，应聘为天津文史研究馆馆员。收藏先世所遗图书、碑版、文玩，有安刻《画谱》木刻本为最善，他碑版亦多乾嘉故物。独一闲文小章，墨寿山石质，疑署"所其"二字，细若毫芒，不可拓取，乃是珍重。遗稿《书谱考》一卷，存于家。

苏昌泰（1902—1950），天津人，字吉亨。毕业于北平艺术专科学校，为义宁陈师曾得意弟子。画梅尤为擅长。先后在河北女子师范学院及天津市立师范学校任图画教师，历任国民党天津市党部执行委员兼书记长、天津文化运动委员会副主任委员、北洋大学教授等职。沦陷前，组织绿渠画会，于天津绘事颇具启迪之功。喜收藏文物、书画、印谱。其《染苍室印存》8册，钤印本，为师曾刻印集拓，世间罕有。

冯谦谦（1909—1987），天津人。本名朝相，字谦谦，后以字行。能书善画，诗文亦佳，博学广识，开朗健谈，通英语。尝从先陆辛农师、陈嵩洲师诸先生学书画，为国学研究社成员。收藏图书，碑版不少。除汉魏丰碑、六朝造像外，他如《艺林旬刊》《艺林月刊》《湖社月刊》《故宫旬刊》《故宫周刊》等期刊，皆有收藏。尤以日本编印之《南画大成》全帙，为所藏珍秘之本。

于宝琏（1910—1980），天津人，字石珍。任教小学，后转入新华书店。其家业商，在山东济宁设店，故多得古物；石珍颇珍爱之。所藏除古瓷外，汉唐故物，则以铜镜居多，如汉尚方镜、日光镜、唐海马葡萄镜、秦王镜，以及明万历年疑镜等。先秦古布亦有收藏。

唐庚（1912—1943），天津人。字允父，号青山伯，斋名青山伯屋，润生子。任教于景县、滦县师范。喜书画、擅篆刻。先生刻意搜罗汉魏石刻拓本，尤多名家藏石，潍县陈氏簠斋、浭阳端氏陶斋、三原于氏鸳鸯七志斋、武进陶氏涉园、绍兴周氏鹿启精舍所藏拓本，皆网罗致之。至于郡邑石刻萃聚之所，如山东掖县云峰山、曲阜、济宁，陕西西安碑林，江苏句容，四川雅安等地之神道石阙，皆有全拓，或精、或旧。于古泉除先人遗泉外，所收止于两汉，刀布尤以明刀所聚为多。

巢章甫（1912—1957），江苏武进人。侨寓津门以终。能书善画，博学多识。书学袁克文，学画于蜀人张大千之门，与定海方若相友善。颇有收藏，藏汉印至多。酷爱南宋铁泉，所收皆精湛不易之品，卒后不知究为谁属矣。30年前，余于老友曹伯方肆中，得北齐人写经一段，章草书，长二尺许，黄纸，薄如蝉翼，封套有巢氏题签。知为巢氏故物，后竟历人借去，久假不归；又得方若续《校碑随笔》稿本三种，其清本印出章甫手写，装为一册，后竟失去。

陈召棠（1912—1943），天津人，字棣生。任广北小学、市立第一小学教员、校长。喜书法，四体皆精，课余临池，几十年从不间断。从吾乡刘子文学画，善花鸟。所收碑帖、复印件外，尤喜汉魏石刻拓本。不幸早逝，子幼。所藏经同学磋商，作价分藏，以济孤儿寡母之困。时余所分，仅北魏墓志拓本若干及影印《邓石如家书十五种》《智永千字文》等书。

张士锐（1912—1980），天津人，任教员以终。收藏元金石拓本，每逢天津市第二工人文化宫举办书画会，时携藏拓来会，多汉魏石刻，虽近拓亦整齐可观；又出周季木《居贞草堂金文》珂罗版影印本。此本所收器物虽不多，而文字清晰，又附器形摄影，尤为可贵者，编者指出古器修补痕迹，加以解说，为从来著录所不及。

张老槐（1916—1975），天津人，回族。抗日战争期间，从事党的地下工作，以在广告社绘广告画为掩护。1951 年，由天津市美协调入文化局。1953 年，任天津市历史博物馆办公室主任。1956 年任天津市艺术博物馆陈列部主任。1961 年升任副馆长以终。生平喜收藏碑碣、瓦当及其拓本，后尽捐赠天津市艺术博物馆。尝在先师簏室中，见先雪民师手拓真藏古俑，向背明暗，不爽毫厘，为之赞叹不已。

蒋玉虹，天津人，字雄甫。前清邑廪生。性至孝，貌古朴，慎取与，生平无妄语，为乡里所推重。天津自乾隆初设县以来，志书仅系初修。雄甫立志续修，独自探访，始于嘉庆间，故家谱谍，前贤著述，靡不搜求；缙绅诵说，故老传闻，靡不记录，数十年如一日。尝操笔墨油纸，遍行荒郊破寺中，剔残碑断碣，辨其字画辄录归。凡志书所应有者，分门编纂，稿本已积数十帙，不厌繁多，惜未成而先卒，享年 62 岁。遗稿为张绣岩收得，及编纂《续志》，遂出全稿志问，故同治年间修《续天津县志》，署蒋玉虹名。所著尚有《河工摘要》《幽冥录》《雄甫诗草》等。

缪光笏，天津人，字铁珊，世居城内小刘家胡同。任涿县训导。子继珊，孙铁孙，三世集泉，颇称富有。其元泉既精且夥，计 102 枚，因名其斋曰"百二元泉馆"。闻多得之于于泽山之手。有拓本流传，然极不易遇。拓出里人姚圣征之手，名《百二元泉馆泉拓》。抗战胜利之年，扬言全部藏泉于旅途中遗失。想是遁辞，概借以避豪强者。继珊为上海泉币学社普通社员。身后，金石拓本，颇多散逸。余曾见于市肆间，整本则装裱成轴，次亦托背，或衬毛头纸；剪本则裱作册页。铁孙，值家道中落，初任教于南郊，后失业，藉贩泉糊口，时携泉走京师，售诸中国历史博物馆，每得善价而归。1967年卒，年五十余。

姚彤章（？—1943），天津人，字研曾，一字品侯、苏斋、布帆。行五，时人称姚五大爷，前清监生。历任山东知县，直隶州知州，署曹州府知府。辛亥后，在北京任团城古物保存会委员，在天津任河北第一博物院副院长，广智馆馆长、董事等职。平生广收古物，留心乡邦文献。收藏乡贤手迹有查集堂等书联、樊文卿《畿辅碑目标》，并为之排印行世。至于古器，亦所爱富，精于鉴赏，收藏甚富，以藏砚最为可观。他如宣德炉、鼻烟壶，名人字画亦有收藏。至于古泉，所收亦夥。尝见所藏燕明刀拓本册，背文繁复，亦洋洋大观也。

严侗，天津人，字仲尤，号台孙，范孙族弟。任天津图书馆馆长有年。喜收藏，留心乡邦文物，所集乡贤楹帖有沈云巢、张啸崖、李秋原、陈挹爽、金云溪、武秋岚诸家，小屏有何绣甫、魏芹舫、庞鹤舫、徐学樵等书屏、画屏，及宋志良临褚书文皇哀册册子等。亦喜泉币，古泉、近代金银币，兼收并蓄。其新疆饷银多品，皆经南皮张海孙手拓，披露于《北洋》《商报》等画刊上。中华人民共和国成立初，与范孙先生幼女智如同教席，询及所藏，云久已星散。著有《理石山房印谱》。

孟继埙，天津人，字志青，馆名绿庄严馆。绿庄严云者，乃玉簪之别名，志青喜栽之，因以名馆。志青为沽上老画师，绘事余闲，兼好金石，尤以古泉最为富有，品种繁多。身后能守三世不散，虽前代收藏家，亦不数见。1950年，经孙婿金立甫倡议，拓藏泉为《绿庄严馆泉拓》以传。1952年，孙昭彭、昭惠等举家藏悉以捐赠天津市历史博物馆，凡3000余枚。40年前，余得六朝墓志、造像拓本，皆钤"志青金石"小印，盖华年所钤者。《志余随笔》提及其所藏云："孟志青《绿庄严馆金石目录》十卷、《补遗》一卷。"其嗣仲凯卒后，此书始出；生前固未尝一言及也。《志》已付梓，无由纂入。曩使仲凯不甚秘藏，岂不与《畿辅碑目》并列媲美哉！闻樊问卿病殁京师时，所收藏归志青不少，今不知又将归谁也。物不能有"聚而无散"。樊书已镌版流传，而孟书寂然，为可惜者。自序云："前后20余年，集金石3000余纸。"

李泰棻，山西灵石人，斋名痴庵。在京津大中学校任教，曾任"天津特别市"政府参事。攻古史，喜收藏。所聚三古彝器，编辑《痴庵藏金》正续两集，分别于1940年和1941年影印出版。正集收殷周彝器30、汉器1、兵器39，共70器。其中咒尊1器，是玉非金；续集收殷周彝器29、杂器7、兵器6、日本经桶1，共43器。又著《国民军史稿》，亦1930年所印。

朱鼎荣（？—1981），江苏淮安人。字铸禹。南开大学图书馆善本部主任，教授衔。善书法，精于鉴定。收藏金石拓本，既富且精，余居常过从，见其珍品。尝忆所藏西汉《五凤刻石》拓本，中箱小册，墨气完足，古色盎然。陶兆溟题签作《金拓五凤刻石》，似嫌略早，仍是明拓。1978年10月，应天津市艺术博物馆之请，为鉴定馆藏碑帖。先生又精版本目录之学，为全国善本书目编纂小组委员。

王维朴，山东诸城人，戢门生，任教南开大学。1924年，托上海中华书局用珂罗版影印其祖遗著《泉货汇考》12册，泉拓、题识，纤毫必肖，不减真迹，为前此钱谱所未有。《东方杂志》美术专号载所著《商盉堂丛话》，缕述家珍，若吉金、若贞石、若古籍、若钱币之属，美不胜收，令人艳羡！附图中有楚乾封大钱九品及商父乙盉，此正商盉堂所由命名者也。

尹承纲，天津人，字劭询，澄甫长子。历任南开中学、市立师范学校等校教师。余曾从受业。先生精行楷，收藏石刻拓本及历代书迹不少。时出所藏以示弟子，如宋拓唐《九成宫醴泉铭》，纸墨皆旧，云是得自京师者，值白银800两云。他如明王阳明、清蒋山堂诸家书卷轴多幅。

沈铨，天津人，字师桥，号青来、季掌，斋名六琴十砚山房、养素轩。擅丹青，长于设色花卉兼及山水，为当时所重。世有"北沈、南沈"（同名铨，字南频）之称。尝见其旧藏黄帛不损本《石鼓文》拓本，钤沈铨、青来诸印。著《六琴十砚山房诗草》《养素轩读画记》《养素轩印谱》等。又精铁笔，白文得汉印精髓，朱文具唐官印之风趣。

孙秉篯（？—1946），天津人。从先雪民师学治印。雄于资，喜好搜罗文物，颇有收藏。尝得潍县陈氏簠斋所藏古陶拓本，装十余巨册。乞先纶阁师审定；师手摹其文，逐一考释，《古陶今释》之编辑，实渊源于此。1946年夏，雪民师逝世，秉篯拟集师平生所刻印，辑为专书，影印行世；不幸遽尔病逝，事遂寝。

朱珉，江苏武进人，后占籍天津，字导江，号客亭，又号七桥、仑仲，馆查氏水西庄。性恬淡，工隶书，善画，有《秋庄夜雨读书图卷》传世，乃写水西庄之景。精于鉴赏，收藏金石、图轴，皆稀世珍品。著《怀南草堂诗草》《田盘纪游诗》等。

徐宗浩，江苏武进人，字养吾，号石雪，侨寓津门最久。善书，宗赵吴兴；善画，喜摹古，尤长墨竹。精篆刻，有《遂园印稿》传世。于书画旧迹，多方搜罗，不遗余力，故所蓄甚夥。初来津门，即谒王仁安，执弟子礼，受诗学。有《石雪斋诗稿》。

姒兼三，浙江绍兴人。1927年任浙江学校校长，中华人民共和国成立后在天津图书馆任职。喜收明清人文集。中华人民共和国成立初拟出让所藏，时南开大学图书馆无力全部收购，只收清人文集，约800种，均家刻本。明人文集，则为北京图书馆购去。《天津卫志》的抄本，即是他所藏。

王金螯，天津人，字占侯。任中小学图画教师。写山水、花卉，大笔挥洒，殊有别致；又善西洋画，为人作肖像，极能传神。颇富收藏，其所藏古泉，汉唐陶俑，曾出陈于河北第一博物院。有拓本《半两钱谱》。

曹耀奎，天津人，字烜五。任小学教师、校长以终。嗜金石、收藏拓本，多前代名家故物。尝见其所藏鲍子年、刘位坦、孙春山等人手拓金石册若干。余曾借归摹本存之，如善叶泥、君子馆砖等。身后所藏，不知归诸谁何矣！

原载《天津文史资料选辑》，1994 年第四辑

文物是地名资料的重要来源

　　研究历史，主要的依据是书本资料和实物资料。我国书籍，虽然浩繁，可是随着近代图书馆事业的日益发展，书本上的资料，比较便于搜寻。当然，使用时必须十分慎重，不能信手拈来，都成佳证。实物资料，即一般所说的文物。往往能补书籍的不足，正如范文澜先生所说："地下发掘对历史研究，至少有三种特殊的贡献：第一是创史，第二是补史，第三是证史。"由于文物散在各方，而且还有埋藏在地下的，不知何时发现；发现后，又容易散失、毁坏。这就需要勤于搜访，妥善保护，只有依靠各方面的支持，再加上主观努力，才能有所收获。

　　在考证地名历史时，文物也是不可忽视的资料来源。兹就与天津地名有关的文物资料，举例如次。

一、地名由来

1. 天津命名由来

　　天津命名问题，自清乾隆以来，虽有异说，但明代记载，前后说法，大致相同。如：1961 年 5 月，在南门外大街路东民居（三官庙故址）壁间发现了明嘉靖二十九年（1550 年）四月立的《重修三官庙碑》。碑石今存天津市历史博物馆。碑文中有如下一段记载：

261

　　夫天津小直沽之地，占斥卤之区也。我朝成祖文皇帝入靖内难，圣驾由此济渡沧州，因赐名日天津，筑城凿池，而三卫所立焉。

证以明弘治（1488—1505年）年间，户部尚书兼大学士李东阳撰《天津卫城修造记》[①]：

　　我朝太宗文皇帝兵下沧州，始立兹卫，命工部尚书黄福，平江伯陈瑄筑城浚池，立为今名，则象车驾所渡处也。

两条资料正合。又据康熙修《天津卫志》卷一，《建置·牌坊》条，有如下记载：

　　龙飞渡跸坊，在北门外正马头河沿上。

因为，明燕王朱棣为了和他的侄子——建文帝朱允炆争夺天下，曾经在直沽渡河南下，袭击沧州成功，为他夺天下、做皇帝，创造了有利条件，是关键性战役。到后来，他真当上了皇帝，就在当时经过的津渡——北门外正马头，建立"龙飞渡跸"坊，又把新设的卫，命名为"天津"以作纪念。意思都是讲天子（龙、天）在此过渡（渡跸、津）而得即皇帝之位（龙飞）。可说是明白无误。而对乾隆以后的那些望文生义的后起异说，也就不应再津津乐道了。

　　2. 闸口街命名由来
　　闸口又名大闸，在城东南。光绪《重修天津府志》卷二十一，《舆地三·堤闸·津梁》条：

①　见明李东阳《怀麓堂集》。康熙《天津卫志》、乾隆《天津县志》、民国《天津县新志》。

城东南角石闸一座，引海河潮水周城四面，由南城水门（今南马路葫芦罐）入城，水门上有"引汲受福"四字。

清道光二十六年（1846年）刊《津门保甲图说》东面第二图所绘，南斜街南口（即小红桥）标有闸口字样，迹其水道所经，即今兴安路荣吉大街以北一段。据民国二年（1913年）《天津地图》于日租界内南北街，就标作闸口街（即今辽北路）。地图是中东石印局印刷的，它的地址，印的就是"日租界闸口街"。1978年夏，东南角规划区，在兴建新居工程中，于海拉尔道（旧日租界扶桑街，今改荣吉大街）北侧，辽北路北口相对处，掘至三四米深，发现砖石结构建筑基址一处。坐落地点和基址的结构，当属引海河水灌濠的水道闸门，或者竟是这个闸门的北侧基址。闸口街之名，当本于此。南门东官沟街迤南，与之平行街道，今名闸口西街，其东端也达此处。

二、地名历史的追溯

一个地名，往往有几百年或上千年的历史。书册不详，就难追溯，而文物每能提供有用线索，如：

1. 辛口

西郊区上辛口、中辛口和下辛口三个村庄，当是由辛口村人口繁衍，范围扩大，才逐渐形成的。辛口这村名有多久历史呢？根据1973年4月，在西郊辛口村访得的两通明代墓碑：

①明《于闲庵墓表》，原立在上辛口村于家坟墓前，因本村兴修水利，把墓碑当作石材，砌入水沟。曾偕张建设同志，在辛口卫生院尹医生协助下，拓得此碑。嘉靖元年（1522年）十一月立。碑云：

静邑（静海）于母卒于家，其子茂才乾于是岁四月一日，扶柩于邑城北祖茔辛口之原，启厥处土塘而□厝焉。

②明《于曰江墓表》，原立在上辛口村于家坟墓前，与前石同时砌入水沟。嘉靖二十九年（1550年）二月立。碑云：

> 于嘉靖二十九年二月三十日，从葬于邑北辛口先茔之侧。

由以上资料可知，今天的"辛口"村名，在明嘉靖时，既用"新旧"的"新"作"新口"，也用"辛勤"的"辛"作"辛口"。必定在立碑之前就已使用这个村名。立碑既在嘉靖年间，则村名约有五百年的历史了。

2. 汉口

1983秋，王学海同志说他家乡——北郊双街乡汉沟村于十年前出土明墓志一通，现存本村。遂于8月31日，偕王翁儒、濮文起等同志，相伴前往，毡拓以归。《墓志》立于万历三十九年（1611年）。其叙云：

> 公讳梦龙，字见田，别号禹门。其先太原人也……繄我皇明，有讳二共者，以异财应召，拜县令，迁二千石，子崇玉遂徙家平谷。再传，有讳斌者，以平谷地迫房，甚（其？）俗不事诗书，乃相里于雍阳汉口村，家焉。

太原乃王氏郡望。其家至明代迁平谷，再徙武清汉口村。《墓志》所叙世系有云：

> 斌传雄，燃藜奋读，业登口荐，见子铠，优游黉序，而孙棐，克岐克巍，遂曰："吾有子及孙，若两人以诗书贻燕足矣，奚事五斗长安为哉！"后棐果擢嘉靖己酉（二十八年，1549年）乡试，乃讲学潞河之阳，隐居不仕，孝悌力田，不妄干谒。当时邑令称曰"雍阳高士"。故哲逝之日，门人共私谥以端肃云。端肃公娶孙太史族女，生公。

按所叙：斌子雄，雄子铠，铠子棐，棐子梦龙，共历五世。若两世间以二十年计算，由斌至梦龙约有百年，则斌"相里于雍阳汉口村"时，距今当近五百年。

3. 稍直口

西郊区南运河南岸，东邻南开区处，有村名小稍直口，沿河西溯，为李家园和东、西姜家井村，再西则为大稍直口村，村北紧邻汪家庄。两个稍直口村，东西相去三四公里，追源溯本，究竟如何呢？《天津县新志》卷二十四，《碑刻一》著录《侯能墓表》碑阴刻《侯能墓志》。在小稍直口。明嘉靖二十六年（1547年）二月二十八日立石。《墓志》所记葬地为：

嘉靖丁未年（二十六年）四月丁酉，葬公于稍直口之原。

咸丰二年（1852年）二月，华鼎元去汪家庄修墓，便中访得明《汪宦墓志铭》于村人家。收入所著《津门征献诗》卷三，《汪副使来》条下。《汪宦墓志》云：

……将以（嘉靖）三十七年（1558年）夏四月初八日，合葬其父母稍直口，以书乞铭，予发其书，重哀之，乃为铭。

《墓志》发现时虽在汪家庄，而稍直口之名，则嘉靖三十七年合葬时所记，且汪家庄与大稍直口，两村密迩相连，其窀穸之地，当在今大稍直口村。合观二志，一在小稍直口，一在大稍直口，而葬时地名皆为稍直口，并无大小之分，可见明嘉靖三十七年以前，两村殆为一村地，后来繁衍成今之五村。

三、古今异名

正史、方志都涉及地名沿革，使后世有所依据，是祖国优良传统。但有些地名，特别是较小的村镇名称，不详加记述，后世习用

265

新名，常常忘却旧名。

1. 西汉卢乡

清光绪十三年（1887 年），为外运开平矿局所产烟煤，开始修建通塘沽海口铁路，道经芦台镇（今宁河县人民政府驻地）时，掘得西汉砖墓，先师王襄先生曾收得其砖，逝世后即由家属捐献天津文化局，后拨交天津市历史博物馆保存。[①] 砖侧有文字，文云：

竟宁元年太岁在戊子，卢乡刘吉造。

竟宁为西汉元帝最末纪元，元年当公元前三十三年。在古文献中，卢与芦每通用。[②] 此砖刘吉的里贯作卢乡，又在芦台出土，知今日芦台，即西汉时名卢乡的地方，它已被遗忘两千余年了。

2. 明张官屯

现在，年长的人，还知道西营门外有地名善庆庵。旧时殷家坟就坐落在这里，即现在天明街、天明西里一带。20 世纪 50 年代末，征用西营门外殷家坟土地，进行建设。清理地基时，掘得明墓志一通，系明《殷尚质墓志铭》，志盖篆书二十八字，墓志石缺右下角，所损五十六字。可据《天津县新志》所载《殷尚质墓表》补足之。出土后，石存附近庙中。天津市历史博物馆曾邀请亡友南宫齐甸华同志[③]往拓，甸华同志复约我协助，遂也拓得一本。顷闻人言，是石未及运回，便为人移去，至今下落不明，未知确否。嘉靖四十四年（1565 年）立石。有云：

---

① 1986 年 12 月，王襄先生诞生 110 周年纪念展览会上，曾经展出。

② 《史记·司马相如传》：“莲藕菰芦”《索隐》郭璞曰：“菰，蒋也；芦，苇也。”《广韵》：“苇未秀者曰芦。”而《汉书·司马相如传》作“莲藕觚卢”。可见“卢”与“芦”可以通用，卢乡即芦乡，后称芦台。

③ 齐甸华，河北南宫人。幼年在北京裱画店学徒，中年后，在天津东北角单街子，开设淳秘阁南纸店；出号后，在东门内开设保萃斋裱画店。为人忠厚好义，喜收藏，金石书画无所不收。1962 年，退休还乡。1966 年，年七十余卒于家。

……生于正德丁丑年（十二年，1517 年）十月二十四日，距其死节——嘉靖丙辰年（三十五年，1556 年）十月十四日，享年四十岁。又逾十年，为嘉靖乙丑（四十四年，1565 年），始克襄事。墓在本卫城西，张官屯之原。

《新志》卷廿四，《碑刻》所载明《殷尚质墓表》注云："原立在西营门外善庆庵殷家坟墓前。"《墓表》也有："墓在本卫城西，张官屯之原"之语。高凌雯《毡椎记》：

　　张官屯当为一百四十三屯之一，距城最近者。屯制既废，遗迹全无，乡人多莫之知，今呼其地曰"善庆庵"。

可知善庆庵一带是明代张官屯地方。

　　3. 明东沽港村

　　古刹大悲禅院所在的河北窑洼，它的古名，今已无人知晓。《毡椎记》说：

　　净土院，在窑洼。旧名元帝庙，明建。庙有磬，文曰："东沽港村。"东沽盖对西沽而称。窑洼，其近名也。窑洼，古名东沽港村，赖有此磬文而得知。

四、古有今无

　　事物在运动中发展，地名也随政治、经济的兴衰而变化。有因灾荒而废弃，其名不存，有因兴建用地，其名遂废，有因城市发展，地虽仍旧，而名字湮灭，这众多原因，就造成地名古有今无。

　　1. 西汉泉州县

　　武清县杨村镇西约四公里，有夯土城址一处，古城南有村，即因古城而称"城上村"。清查礼《铜鼓书堂遗稿·游懋题上方二山日札》：

> 出天津北门，历丁字沽，二十五里至桃花口，绕堤行三十
> 五里至土城。

这个记载是二百年前，乾隆年间的事，土城在城上村北二百米，相传为西汉泉州县县城遗址。乾隆《武清县志》图，此处即标有泉州字样。

1973 年春，偕张建设同志，骑自行车前去访古，在古城址内采集陶片，其中模印隶书"泉州"二字（"州"字不清晰）的残陶器底。它比双口出土的带"泉州"字的陶罐，更能说明问题，因为是当地所出文物，更能证实这个遗址就是西汉泉州故城。

2. 明锦衣卫所属新庄

我市开展地名普查工作以来，基层同志，工作细致，深入群众，收获资料不少。河北区小关街的干部，在地名普查中，发现河北区第一中心小学校中阶石，即为一古刻。遂于 1982 年 6 月 9 日前往，挥汗拓得一通。系明《创建关帝庙记》，石所在小学，即关帝庙旧址。碑石现移至小关街办事处。万历四十三年（1615 年）春立石。标题云：

> 锦衣卫所属地名新庄创建关帝庙记。

碑文叙新庄所在云：

> 天津河东岸，锦衣卫属地新庄者，比乃京师要路，东乃
> □□□□，距大河二里许，人人乐善……

据在"河东岸""乃京师要路""距大河二里许"等条件，于今庙址所在以求之，这一带乃是水梯子大街，新庄之名废而不用了。这个

遗址，在《津门保甲图说》的图里，正坐落在水梯子街上（图1）。

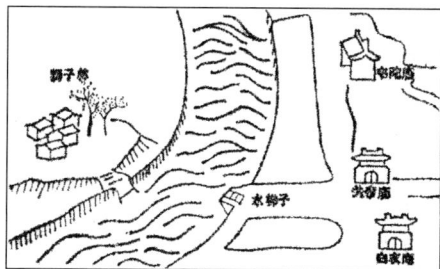

图 1

3. 清季家楼、火神庙

1982 年，六号门工会同志，来历史研究所反映货场存有石碑一块，因约定日期，前去拓得一本。系《山海关内外铁路总局告示》，实贴天津车站的。为使长期保留，才将《告示》刻成石碑。原在东门外老龙头火车站货场，今在六号门货场仓库。清光绪二十九年（1903 年）十二月十七日。《告示》内有云：

> 查老龙头货厂，地界季家楼、火神庙两村之间，向准该两村居民同充脚夫……将老龙头货厂准季家楼、火神庙两村，永充脚夫，轮班值日……

《告示》叙述季家楼、火神庙两村之地，为修建货厂而被占，使村民得以永充"脚夫"。据此，则道光《津门保甲图说》的《东南一、三》和光绪《天津府志》的《郭图》所绘，火神庙、季家楼二村的坐落，得到确证。由于两村的消失，此后，不但新图上找不到两村之名，在人们的记忆中，也已消失。

4. 民国津海桥

1981 年，偶过大沽南路东楼小河沿，西行可至西楼前街。行不百米，见民居檐下有碑一通，数日后，偕张建设同志前往，拓得一纸。原系民国《重修东楼村津海桥记》，旧在本桥旁。民国十九年（1930 年）九月立石。有云：

　　吾津南乡东楼村，为达海之通衢。其间小河一道，横亘东西。曩有木桥以通行旅，年久失修，势将倾圮。乡之绅耆，相聚而谋改建铁筋洋灰桥，以期稳固而垂远，诚善举也。

《修桥记》所述桥之坐落，即今大沽南路东楼村小河上桥。清乾隆三十八年（1773 年）所修桥，几遍全县，独无此桥。《津门保甲图说》载有此桥，知建桥当不晚于道光二十六年（1846 年）。现距改建新桥，又将六十年，今桥已不称此名，得此碑，始知桥自有名。

五、四城门两名并行

　　天津卫城，辟有四门，上建城楼，楼各有额，皆二字。《天津卫城修造记》：

　　又构楼于门，曰"镇东"、曰"定南"、曰"安西"、曰"拱北"，皆逾寻累丈，平望俯瞰，迥出尘垢，而北楼尤绝特相倍。

康熙《天津卫志卷一·建置》：

　　城池：城垣九里十三步，"高三丈五尺，开设四门，门上建楼。

　　楼阁：拱北楼（北门城楼，今改"北拱神京"），镇东楼（东门城楼，今改"东连沧海"），定南楼（南门城楼，今改"南达江淮"），安西楼（西门城楼，今改"西引太行"）。

以上是明代至清康熙十四年修志时情况。拱北等名系前明旧有，注称今改者，康熙十三年修城时改，是改换城楼匾额。在这以前，四门门名，见前引城楼名的注中，为北门、东门、南门、西门。乾隆《天津县志》卷七《公署》条：

　　　　雍正三年（1725年），城濠皆坏，盐院莘鹄立题请商人安尚
　　义、安岐父子情愿捐修。奉旨俞允，令同城官实心帮助，就旧
　　基筑城浚濠。……旧城四门有楼，旧额曰"镇东"、曰"定南"、
　　曰"安西"、曰"拱北"。康熙十三年（1674年），改曰"东连沧
　　海""南达江淮""西引太行""北拱神京"。……新城四门，东
　　曰"镇海"、南曰"归极"、北曰"带河"，西门盐院莘鹄立题
　　请，奉旨赐名"卫安门"。

所述系雍正十三年修城时，新城城门之名。与《卫志》所叙尽为城
楼匾额者不同。高尔俨《重修天津卫学碑记》康熙十年（1671年）
六月撰：

　　　　津故襟海而治，距漕河不数武，而城而隍。郭以内去东门
　　数武，孔子庙居焉。

是康熙十年时称东门，事在雍正修城之前。以后始有两名。且并行
无所偏废。康尧衢《春及生诗钞》载《后海上竹枝词廿五首》之一：

　　　　带河门外远连春，芳草生时恰可人。一路红桥新雨后，双
　　双粉蝶撮香尘。

崔旭《沽河杂咏》之一：

　　　　大悲院在北门外，河北窑洼楼一层，几度登楼抬眼望，开
　　窗但见满河灯。

康、崔皆乾隆、嘉庆间人，知其时带河门、北门两名并行。《津门保
甲图说》城图四门所注：

271

北门，带河门；东门，镇海门；南门，归极门；西门，卫安门。

北门等自是前明旧称，带河门等则系雍正所改，图于各门，两名同标，因知道光二十六年（1846 年），两名并行。樊彬《津门小令》：

津门好，礼乐化偏隆，榜揭问津开讲院，门临镇海耸黉宫，远近慕文风。

津门好，石道北城新，供税大关暄到晚，卖饧小市闹凌晨，水陆尽忙人。（注：每日卖糖人集此，名小市，俱在北门外。）

上引小令二首，作于嘉庆二十三年（1818 年）。知嘉庆末年，东门称镇海门，系雍正修城所定名，其带河门则又称北门。周宝善（楚良）《津门竹枝词》二首：

东门北与北门东，便饭家常小卖丰，每到考前争吃梦，摊钱最怕是公中。

冰镇梅汤注玉盂，带河门外道东隅，小招牌写张公道，渴饮能消热念无？

周宝善大约是道光、咸丰、同治间人。《津门竹枝词》作于咸丰末年，也是北门与带河门并用。

张焘《津门杂记》（光绪十年刻本，1884 年）卷上，城池条下：

门四，东曰"镇海"，南曰"归极"，北曰"带河"，西曰"卫安"。

272

以上四门声名，系雍正修城时所定，文中沿用，而所绘《天津城厢图》四门名称则为：

东曰"东门"，南曰"南门"，北曰"北门"，西曰"西门"。（图2）。

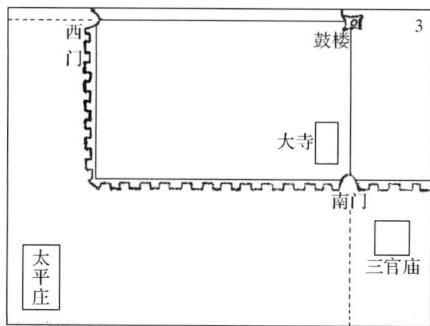

图 2

光绪重修《天津府志》卷二十三《舆地五》，其《府城图说》所叙，与乾隆《天津县志》基本相同。《天津府城图》所绘，于四门都不标门名，而于四门内大街，则分别标注："东门内为东门大街，北门内为北门大街，南门内为南门大街，西门内为西门大街。"由《津门杂记》和光绪《天津府志》的记载，可知光绪间，确切地说，光绪二十四年以前，四门都是两名并行的。今日却只知东门等四名，而四个专名，则几无人知。

1985 年，河西区东楼村基建工地，出土清雍正三年立的镇海门门额，系清雍正新修东门门额，原石帮助我们回忆起旧名。石额文字有"镇海门"三大字和"雍正三年立"小字年款。证以乾隆《天津县志·公署》所附《津梁》条：

> 带河门桥、归极门桥、镇海门直桥、南斜桥。以上四桥俱离城五六步，《旧志》未载，不知始于何年。

四桥中有三桥即因城门名而得名。《津门保甲图说》所绘"镇海门"等字样，分别在瓮城四门门口之上，说明现在发现的镇海门门额，原嵌瓮城门上。

总之，以方向命名的东门等四城门名，历史可溯到前明，雍正新改四门专名，有石额嵌在门口之上，两名并行多年。

六、地名范围古今不同

历史地名，所指范围每多变化，古今遂有不同，沿习既久，易致误解。

1. 明代海河西岸也有大直沽

明代武清县有大直沽里，在海河东岸，至今沿用，"河东大直沽"之名，津人几无不知者。

清末梁家园黄氏坟茔（今河西区大营门附近）迁葬北郊疙疸村时，出土《黄钊墓志铭》。明弘治五年（1492年）十一月十三日立石。所记葬地有云：

> 弘治壬子（五年）五月十四日，以疾终于正寝……以卒之岁十一月十三日，葬静海县大直沽里河西之原。

20世纪50年代在河西区大营门一带，又出土黄钊之子黄溥的墓志铭，明嘉靖三年（1524年）闰四月九日立石。今存天津市历史博物馆。《墓志》有云：

> 嘉靖三年……闰四月九日，奉柩于静海大直沽河西祖茔之次。

两志所叙，皆葬大直沽，或著出县里的地方建置，曰静海县大直沽里，或只著地名，曰静海大直沽，其实固为一地。其标明"河西"字样，则以区别于海河东岸之武清县大直沽里，说明前明海河两岸的这一带，都称大直沽，分属静海、武清两县。可见今之大直沽范围，已缩小仅有河东之地，而河西之大直沽旧名，则久已不知了。

2. 清太平庄

今南门西南侧与南马路平行的街道，其西半段名太平庄大街，西口达西南角南开三马路，即旧南开大街止。与广仁堂旧址所在的太平庄，中间隔有南开三马路、五马路两条马路。

1976年春，教师卢君率学生在天津市假肢厂劳动，得见厂内石碑一通。后卢老师以所见石碑相告，次日，携纸墨前往。及至，见巨石平卧如案，是清《广仁堂圣旨碑》，假肢厂即广仁堂旧址。复于厂内及天津儿童福利院（也在广仁堂旧址）又访得石刻数种。其中《广仁堂南斜街房屋永作恒产全案》石刻，刻于光绪七年（1881年），所叙广仁堂新址坐落有云：

> 现在本堂卜地西门外太平庄。

以此石刻所载，证之于所见下列各图（图3－6）：

图3

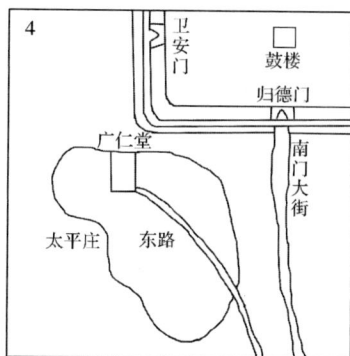

图4

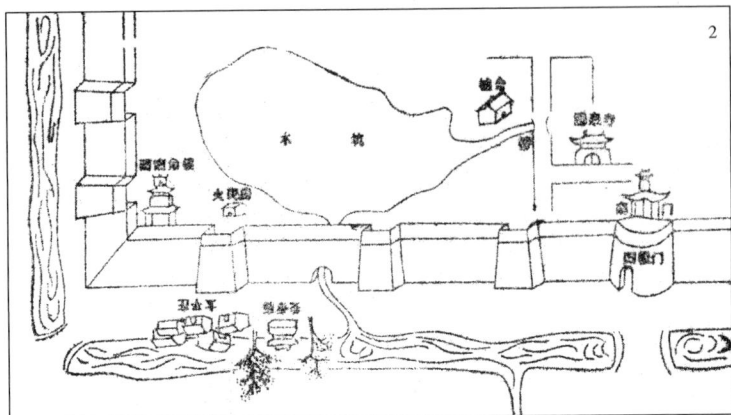

图 5

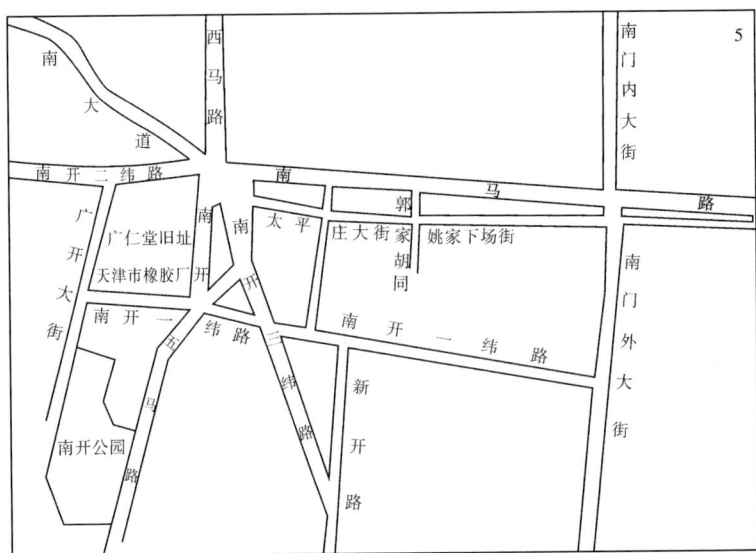

图 6

从附表看，太平庄当包括南城墙向西延线以南，横向包括西南城角东及西一带。太平庄村今已不存，仅有来源于村名的太平庄大街之名。街名范围，仅限于大街及其两侧一线，即现在南开三马路以东郭家胡同以西的一段。可见昔日村名的太平庄是一片地之名，今之太平庄大街则仅一线。今昔不同，竟至如此。

年代	援据	太平庄坐落	出处
乾隆四年 (1739)	《天津县境舆图》	南面城濠延线以南偏西很远	《天津县志》
道光廿六年 (1846)	《南门外图》	南门西城墙与城濠之间	《津门保甲图说》
光绪十年 (1884)	《天津城厢图》	西南城角西南	《津门杂记》
光绪廿四年 (1898)	《郭图》	除在西南城角以西偏南处，标"广仁堂"字样于水洼北沿外，水洼以西，又标有"太平庄"字样	重修《天津府志》
现在	现行地图	太平庄大街与广仁堂	

七、古地理资料的发现

清初天津卫管辖村庄的认定

明代天津三卫，入清后，并三卫为天津卫。原是军事建制，非行政区划名称。所属只有卫城以内，及分散各县的驻军屯庄。当时，西门外、南门外属静海县界；北门外南运河以北，东门外海河以东，属武清县界。近城处，目前只知西门外的张官屯为卫属。此外，几无所知。清《禁设盐店告示》刻石，雍正二年（1724年）闰四月立石，旧在大沽三官庙。《新志》卷二十四，《碑刻三》著录。《告示》内容涉及一批天津卫管辖村名。它的记载是：

又据左卫地方（旧时地保称"地方"）李尚举禀："为回明所管地界事呈，身在大沽，应任地方三十余年，沿海大沽、中沽、东沽、梁子上、草头沽、道口子、驴驹河、高沙岭、白沙头，实系天津管辖之处，蒙差传唤，理合开明界址，据实回明"等情。

据这条资料所开列村庄，得知雍正初年，都是天津卫管辖。

八、几处故址的更迭

由于时间流逝，人事变迁，机关更迭，遂使许多往事，在人们印象中，逐渐模糊起来，以致被遗忘了，给地方史研究带来一定困难。自从对外开放政策实行以后，引来不少国外游人，有的问起旧事，或竟难于答对。亡友常家骐同志①曾访问过一些地点，对其变化作了记录，但只限于旧英、法租界中街一带。现据遗物之能确定机关坐落者，结合文献资料，了解一些更迭情况，举证如次。

1. 北洋大学堂最早校址

北洋大学堂初创校址，记载各说，俱极笼统。光绪《重修天津府志》卷二十四，《舆地六·公廨》条：

> 北洋大学堂，在海河南岸梁家园南，光绪二十一年（1895年）八月奏建。初，前海关道周馥议设博文书院……旋以经费不足中止。

《津门纪略》卷九，《洋务门》条：

> 北洋大学堂，在南营门外。设博文书院有年，于光绪乙未（二十一年）经盛杏荪（宣怀）京卿筹款扩充。

《天津海关一八九二至一九〇一年十年调查报告书》，《北洋大学堂》条：

---

① 常家骐，天津市人。曾于天津私立众成高级商业学校同教席。卒于1982年1月31日，年73岁。

直隶省创办官立学堂……在欧洲租界的下面，海河右岸的地方获得一块土地。在这块土地上，用中国官员与欧洲人的捐款建造了，后来通称之为"北洋大学堂"的主要建筑。这是一八八七年（光绪十三年）。

《辞海》（民国二十七年本）《北洋大学》条：

　　　清光绪二十九年（1903年），就天津头等、二等学堂，即博文书院原址改办者。

以上四条资料，对北洋大学初创校址，虽多数提及即博文书院原址，而博文书院原址何在，都未有说。

　　民国三十一年，执教于前"天津特别市立"第一女子中学时，先师陈荫佛先生任校长，于校舍后校园发现石础数事，并以手拓拓本见赠。"文革"初期，此拓失去。距前拓三十年后，于1972年立冬后一日，因任石斧在海河中学（即前女一中原址）任教之便，再访得于原址，遂复拓之。三十年岁月，此石竟完整如初。石础文字仅"博文书院界"五字。归纳上引资料，可知博文书院建成于光绪十三年，嗣因经费不足停办。致使校舍闲置八年。二十一年八月，盛宣怀奏准建立北洋大学堂，将闲置的博文书院校舍，选作大学堂校址。庚子之役，北洋大学堂停办。后迁至西沽武库。今红桥区光荣道东端，北运河上的北洋桥，即因学校而得名。而创建时校址——博文书院校舍所在，则因访得博文书院界界石，而得确证。即今河西区解放南路海河中学。

　　2. 北洋巡警学堂校址

　　我国警察制度，创立较晚。巡警学堂之设，始于清光绪二十八年（1902年）冬。《天津政俗沿革记》卷十四：

　　　……遂于（光绪）二十八年冬，在津设立警察学堂（当作巡警学堂）……

赵秉钧奉袁世凯命，先于二十八年四月，在保定创办巡警学堂，至八月合并来津，称北洋巡警学堂。张展云《奉天铁路旅行指南》（宣统二年七月印行）各站风土载《天津新车站·公筑》条下：

北洋巡警高等学堂，在南斜街。

侯振彤《试论天津近代教育的开端》[①]：

……建立北洋巡警学堂，校址设在天津市东门外南斜街。

三条资料中，除第一条外，都以为校址在南斜街，不知所本。1973年夏，访得学堂石门额于天津市三十六中学校门口，已砌为路石。三十六中的校址，前身即历届之警察总局、警察局、公安局旧址。石门额上刻"北洋巡警学堂"欧体六大字。石额今存天津市历史博物馆。原址，据《津门保甲图说》东门外图，知为天津分司。《天津海关一八九二至一九〇一年十年调查报告书》七，《十年间本埠建筑及市政建设》条末段云：

前海关道衙门已重新修建，改成警察总局。

警察总局在二十七年（1901年）以前迁入，而北洋巡警学堂之设在二十八年，证以石门额出土于前警察局旧址，大约学堂即设总局内。再证以警察局占地四至，则东临海河、北界水阁大街、南至扒头街，西邻民居，隔民居再西始为南斜街。设当时学堂大门，不开在水阁

---

① 侯振彤《试论天津近代教育的开端》，载《天津史研究会年会论文选》（1981—1982）第82页。

大街，也不可能在南斜街上开门，坐落南斜街之说，恐难成立。

3. 德国衙门

德国租界，早在第一次欧战后，即交回我国，衙门随之废弃多年，人或不知遗址所在。

1985年，偶于解放南路镇江道东口，路东围墙根基，见一界石。隔日，携纸墨前往施拓。为德国衙门界石，知德国领事馆，即在此地。界石仅露出"大德国衙门"五字，其下埋入土中。不数月，改建新楼，将旧建筑拆除，经一年竣工，今为天津市武装警察总部。此石下落不明。现在如不记述，恐怕此地以前情况，将为人所不知。事虽近在眼前，记之以告后人。

4. 广仁堂

天津广仁堂，创始何时，坐落何地，据《南斜街房屋永作恒产全案》石刻所载：

> 本堂前于光绪四年（1878年）冬，奉文开办，因卜地建屋，尚须时日，经前任天津县王故令炳燮，禀商前任天津道刘，准将东门外南斜街原设全节堂房屋，拨交本堂，先行住居。

《旅居顺直苏皖浙三省士绅姜桂题等为广仁堂事呈内务部文并批》刻石云：

> 天津广仁堂创始于前光绪四年。

据两石刻，可知光绪四年创建时，尚无堂址，经天津县将南斜街全节堂房屋，拨交广仁堂先行居住。《全案》又有：

> 现在本堂卜地西门外太平庄，业于（光绪六年）十一月二十二日，将收养孤寡，移居太平庄。

是在光绪六年十一月二十二日，迁入西门外太平庄新址。今其址分别为假肢厂及天津儿童福利院两单位分占。广仁堂地址的变化，大致如此。《全案》石刻，立于光绪七年正月。《姜桂题等呈文》石刻，立于民国二年，并嵌于广仁堂壁间。

九、赘言

在整理资料过程中，有的资料还有欠缺，不能说清的问题也不在少。例如：天建卫城四门上建有城楼，镇东楼等四城楼，又见于中华人民共和国成立后拆除的鼓搂四门上，据《津门保甲图说》所绘图，四门都标有门名，且在瓮城门口之上，而鼓楼则未标门名。鼓楼在何时移用城楼名来名它的四门，现在已无从考察了。因此，感到资料短缺，对肯定问题，是大有关系的。联想到先辈们对资料、文物搜访之勤，以及珍惜文物的态度，不能不更加崇敬他们。梅成栋《蒋雄甫传》云：

> 蒋公玉虹，字雄甫，天津人……尝叹邑志简略，多所缺讹，欲续修之。从此采访搜辑，廿余年不倦。风天雪夕，袖一笔一砚，遍觅荒庵野寺间，无论数十里之远，有残碑断碣，废鼎卧钟，掘土剜笞，摩挲辨识于金石漫漶之余，且读且录，鲁鱼亥豕之讹，必为详辨，积年既久，核考綦精……

可知蒋玉虹所得甚多，实由于他在郊外搜访之勤。高凌雯《天津县新志·碑刻序》中，有一段论述：

> 永乐以还，此邦文物日增，其事多散见于碑碣（按：实不仅限于碑碣）。在当时，不过偶尔之记载，至今日，遂为难得之见闻，非唯订坠拾遗，有关一邑巳也。即以一人一家论之，且于此正谱牒之讹，补姓名之阙。则今之既取证于古，安知后之

不更取证于今？以故，片石遗文，虽残必录，碑阴题字，虽赜弗删，要其旨归，固以存文献，备稽考也。

他所说的"今之既可取证于古，安知后之不更取证于今？"和"要其旨归，固以存文献，备稽考也"两段话，在今天看来，仍是有见地的看法和处理态度。

原载《天津史地知识》，天津地名丛刊
1987 年 6 月下僧慧主编

天津图书馆的变迁

刘鸿志　唐石父

　　天津图书馆始建于清光绪三十三年（1907 年），先是卢靖（字木斋）任直隶提学使，鉴于天津地当南北交通枢纽，又是人文荟萃之地，创设图书馆应是当务之急，而便学者阅读。当年十月，就委派直隶学务公所张秀儒和储毓轩二人负责筹备，经过半年的酝酿，次年五月，正式创立图书馆一所，名天津图书馆，附设于直隶学务公所内，即河北大经路劝业会场东部（现为河北区第二医院）。

　　天津严修（字范孙），也很重视发展社会文化事业。在天津图书馆建馆之前，曾把家藏图书千余部，捐赠给天津教育品陈列馆，供开辟图书室之用，其地址选在玉皇阁内，不久，筹备就绪，开放阅览，学者称便，是为天津最早的公立图书馆。

　　天津图书馆初建时，严范孙首倡为图书馆捐书，他自己捐书一万二千余部，约五万卷。继由省署及各省拨书数万卷，再加本馆自购图书十二万余卷，合计当在二十余万卷之谱，为馆藏图书奠定基础。

　　图书馆开放时，曾由直隶学务公所拟订《直隶图书馆章程》，以为图书馆办事准则。《章程》规定：凡读者入馆阅览，应事先申请阅览券。阅览券分两种，一种为优待券，阅览图书不限册数，于入馆时交纳铜元两枚；一种为普通券，阅览图书不得超过十册，入馆时交纳铜元一枚。当时拘于男女有别之旧习，又规定男女读者，不得

284

同日入馆阅览，使读者每感不便。

清宣统元年（1909 年），直隶提学使傅增湘（字沅叔），派直隶学务公所社会科科长韩补青兼任馆务，由谭新嘉担任编目工作；将馆藏图书分类编成《天津图书馆书目》十一册，以便读者检索馆藏图书。中华民国二年（1913 年），直隶学务公所，划归直隶省行政公署管辖，图书馆被挤，遂迁馆址于河北公园（即今河北区中山公园）。新址环境幽静，适合读者阅览，随后，馆名改称天津直隶省立图书馆，归直隶民政厅教育司管辖，改派教育科科长李琴湘兼管馆务。李接任后，力图改善环境，增添阅览席位，并将《直隶图书馆章程》加以调整，一、取消入门收费的规定；二、废除男女不能同日入馆阅览之规定，男女来馆阅览者，一视同仁。经过改进，时有"大江南北，名次第三"之称，可见声誉之高。中华民国三年（1914年）设通俗图书馆于东马路。中华民国六年（1917 年），为方便读者，加开夜馆。中华民国七年（1918 年），直隶省公署设教育厅，改派第二科科长井守文兼任天津直隶省立图书馆主任。同年九月，改派严侗任馆长，将通俗图书馆改为教育厅直属，不再隶属本馆，随后馆名改称直隶省立第一图书馆，并将原保定莲池书院改为直隶省立第二图书馆。此时，馆内增加工作人员，严范孙也在此时，天天到馆，力谋扩充，添置外文书刊，大事宣传和倡议向本馆捐赠图书、报刊等，书刊数量大增，读者人数也大量增加，为建馆以来最盛时期。中华民国十三年（1924 年），军阀混战，各据一方，东北军郭松龄部开来天津，驻扎中山公园内，馆址遂为其卫队所强占，因而影响业务，乃至不能开馆，虽屡经交涉，也毫无结果。此例一开，彼来此往，严侗传舍，文化重地顿成营垒，图书什物随意毁坏，践踏蹂躏不堪言状。多亏全馆职工日夜守护，曲意维持，大部图书未受损失。及至中华民国十七年（1928 年），改直隶省为河北省，馆名又改称河北省立第一图书馆。中华民国十八年（1929 年），教育厅改为大学区，仍在关闭中的图书馆，也改属大学区管辖，由大学区拨发临时经费，添置一些应用物品，才勉强开馆，读者又可来馆阅读。

同时，再次向各方募集图书、报刊，以充实馆藏，内部经过清理，恢复了旧有面貌。中华民国十九年（1930 年）八月，由于馆舍失修，书库楼顶突然坍塌，又加阴雨连绵，书库几成泽国，图书又受损失，因此不得不暂时闭馆，停止阅览。同年，恢复教育厅，图书馆又属教育厅，得追加经费、增加编目、助理等人员，编辑书目工作得以顺利进行。中华民国二十年（1931 年）一月，楼房修缮完毕，恢复开馆。中华民国二十一年（1932 年），河北省教育厅利用暑假期间，开办"河北省教育厅暑期社会教育讲习会"，聘请专家学者来津讲学，计有李蒸、刘国钧、赵万里等多人，参加讲习会的，都是省属各市、县图书馆、民众教育馆在职人员，河北省立第一图书馆派出编目员华凤卜、助理员刘鸿志和出纳员任光玺三人参加学习，学习期满，三人都回馆继续工作。从此馆藏图书分类编目，就采用刘国钧《图书十进分类法》，同时，与天津市立图书馆和河北省通俗图书馆，建立巡回书库，以便读者借阅。严馆长鉴于馆址狭隘，实难开展馆务，曾多次申请专款，扩建馆舍，以便充分发挥图书馆应有的作用，但经久未得实现，严馆长因此于中华民国二十二年（1933 年）八月，辞去馆长职务。省政府教育厅改派省秘书刘潜接任馆长。后刘潜任伪冀东自治政府教育厅厅长，遗缺由省政府教育厅另派李琴湘担任。同时，省通俗图书馆又划归图书馆领导，两馆分而复合。中华民国二十三年（1934 年）夏季，在中山公园内开办"暑期茶馆"，聘请刘文彬利用馆藏资料，编成八角鼓新段子，对群众说唱，藉以宣传文化和爱国等知识，颇受群众欢迎。中华民国二十四年（1935 年），河北省政府迁至保定，同年十一月，馆长李琴湘升任教育厅厅长，遗缺改派杨鸿绥接任。在此期间，曾编辑出版《河北省立第一图书馆语文部别集书目》四册。同年，经省政府、教育厅批准，于旧馆址及馆后坟地，建设新馆，并于新馆内另辟范孙书库，铸严范孙铜像以为永久纪念。

中华民国二十六年（1937 年），七七事变后，日寇侵入华北，建馆工程被迫停止施工。又因时局动荡，恐影响藏书安全，遂提出珍贵图书，装成三十余箱，寄存于天津盐业银行保险库。及至日军侵占天津后，中山公园内各机关，统统被封锁。图书馆也被迫停馆，员工人人遑恐不安，每日聚于杨馆长家，互通消息，员工生活皆依借贷，遂有人自投门路，从事商业，以资糊口。当时杨馆长出于维护天津图籍、保护馆藏图书的责任感，曾奔走于当政者之间，虽经多日努力，仍毫无成效。及至伪"天津特别市"公署成立，杨馆长再次呈请伪市公署，要求将图书馆改归伪"天津特别市"公署教育局管辖，以利工作，遂更名为"天津特别市"市立第二图书馆，然限于经费，仅发员工薪资，以维持生活，无力开展业务，再加馆址及全部藏书，仍为日军所控制，不能进行工作，实际已陷入停顿状态，虽曾由伪市公署出面，与日军当局进行交涉，冀能启封，但竟遭日军拒绝。时日既久，本馆职工发现馆中图书、什物多有丢失，经调查，系从楼后破窗而入，于是据实报告杨馆长，决定与中山公园董事会磋商，暂借公园票房，作员工轮流值班之处，以监视被日军所扣图书。中华民国二十七年（1938 年）冬，在长期努力的基础上，通过教育局第三科科长陈葆光和教育局日本顾问饭野二人与日军关说，才得允许，将全部图书迁出，另觅地存放，但限期仅仅三天。由于时间紧迫，仓促租得西关外联兴里二百三十号民房一所，暂存抢救出的馆藏图书。及期，由饭野和杨馆长率领全体职工，到中山公园，启封后，所有员工激于义愤，无不齐心协力，在日军荷枪监视下，奋勇抢救藏书，终于在三天限期内，全部搬出。杨馆长的这一努力，既维护了津门文献，避免图书遭受损失，又不辜负创建本旨和捐书者的本意。然而，杨馆长终因操劳过力，抱病不起，不幸于中华民国二十八年（1939 年）二月逝世，遗缺经伪市公署另聘天津知名教育家郑炳勋接任。郑接任后，念联兴里地势低洼，易遭沥涝，不宜久处，经呈请教育局，改租城内鼓楼东大街 164 号民房十五间，作为新馆馆址。租定馆址后，即着手妥迁新址的计划，一方面进行整理，一方面搬入新馆，插架陈列，并于雨季以前，全部搬迁完毕。是年夏季霪雨不止，入秋更加连绵不停，各河上游洪

287

水猛涨，津市洪水泛滥，全市大部都成泽国，所幸馆藏图书早已妥迁新址，而新址地处城内高亢之地，藏书免遭洪水之灾。新馆建设伊始，伪市署另拨专款，得添置应用各物及增购书刊。分类仍用刘国钧《图书十进分类法》，按书名、分类、著者分别缮写卡片，为读者提供卡片目录，便利读者检索图书。中华民国二十九年（1940年），经一年多之整理，得正式开放阅览，所有藏书，同时开放。嗣因时局关系，经费紧缩，无力添购书刊，仅能维持现状，读者从此日渐减少，终于陷入停顿状态。中华民国三十二年（1943年）冬，郑馆长因故辞职，遗缺由伪市署派赵鸿瑞接任。接任后，虽曾采取一些措施，终因局势所限，无法改善现状，勉强维持。中华民国三十三年（1944年），赵馆长因故调离，继任李凤石为馆长，接任后，通过有关方面及地方知名人士，多方联络，馆务仍无法恢复，再次陷入瘫痪状态。李馆长见状，即辞职离任。经呈准伪市署批准，由图书部主任刘鸿志兼代馆长职务。此刻停顿状态仍无转机，仅能与同仁等互相勉励，共负重任，以度此难，而尽保护天津文献之职志。时馆中职工，都能克尽职责，排除外界干扰，保住馆藏，稍慰乡里父老之期望。中华民国三十四年（1945年），日寇宣布无条件投降，河北省政府在保定成立，遂由省教育厅派原教育厅第二科科长井守文为馆长，由此改隶河北省教育厅，改称河北省天津图书馆。为改变现状，打开局面，请省教育厅拨款，备增订中外书刊，添聘员工之用，聘请原编目部主任华凤卜回馆工作，投入整理、编撰《中文书本目录》未完成部分，后经请拨专款，始得油印出版。中华民国三十六年（1947年），编辑出版《河北省天津图书馆书目》三十一册，合先年编印之《语文部别集书目》四册，前后共三十五册。国民党政府接收不久通货即迅猛膨胀，金圆券直线贬值，物价飞涨，添购书刊经费日益贬价，最后，竟仅能订阅报纸一份，读者也逐渐绝迹，终于停止阅览，又告关张。

　　殆至1949年1月，天津获得解放，图书馆归军管会文教部领导，于3月15日，改隶天津市教育局。

1950 年春，与国民党接收的原日本居留民团设立的旧天津图书馆合并，从东门内迁入现址，改称天津市第二图书馆。由市教育局改派杨思慎为馆长，井守文为副馆长。1952 年隶属文化局，又经市政府指示，与天津市立第一图书馆合并，改称天津市人民图书馆，派黄钰生为馆长。1982 年，时值建馆七十五周年，为恢复旧名，呈请市政府转请中央文化部备案，将天津市人民图书馆改称天津图书馆。

天津图书馆从清末建馆以来，前三十余年中，虽在乡绅协助下，逐步发展馆务，增加藏书，当时颇负盛誉。然而，在旧时代，天灾人祸接踵而来，不具备大力开展业务的可能，只能做到每日开馆借阅，是"等主候客"的旧模式。而工作人手短少，业务确实难于有所开展。中华人民共和国成立前，虽曾多次增加工作人员，但最多时也仅只二十多人，在安排上，行政机构已占去一部人力，在业务上，只有图书、编目、借阅等三个部门，人手不多。

中华人民共和国成立后，三十多年来，在党和人民政府的关怀下，扩大了馆舍，增建了书库，在业务上，也有较大地改善，能热情为读者服务，深受广大读者欢迎。在响应党的号召，"向科学进军"的前提下，冲破旧图书馆的陈旧作风，开始做到使图书直接为读者服务，为此创编《科技文献检索》《对口目录》等便于读者检索的目录，进而做到"以书找读者"，"为读者找书"的热情工作方法。与中华人民共和国成立前的业务工作相比，是不可同日而语的。现在，全馆工作人员发展到二百余人，中外图书约有 250 万册，中外期刊约八千余种。在业务安排上，设有采编、借阅、科技、社科、特藏、辅导等六部，直接为读者服务。

回顾中华人民共和国成立前的三十多年，几乎等于"徒拥虚名"，馆藏并未能充分利用起来。中华人民共和国成立后的三十余年，不论在规模上、业务上、服务对象上，都有长足进步。由于党的正确领导，从根本上，改变了服务态度，因而，馆务开展成绩斐然，为"四化"建设做出应有的贡献，尤其是在建设两个文明中贡献了力量。

原载（《天津史研究》1985 年第三期）

王襄先生与古泉研究

　　咸同间，津邑古泉研究，有吴惠元（《天津县续志》编纂）、徐士銮（《敬乡笔述》作者）诸前辈。吴氏为李佐贤弟子，咸丰元年（1851），李氏再入春明，见同好星散，心神顿冷。幸得吴氏介绍，结识鲍康，一见如故，朝夕过从。因此才促成《古泉汇》之编辑、印行。徐氏也与鲍、李相识，在台州知府任间，得"垣釿"布币，拓以寄鲍氏，适吴清卿得铁"垣釿"布币范，曾拓寄鲍氏于前，故有"先睹范而后获泉，一异也"的话。徐氏著有《古泉丛考》，凡四卷。由天津金氏刻入《屏庐丛书》中。

　　民国以来，此学益盛，重要学者有：孟志青、姚品侯、孟定生、王纶阁、王雪民、陆辛农、王效曾、缪继珊、王君石诸先生。客籍则有罗振玉、方若、方尔谦、袁克文、郑家相等多人。

　　先师王纶阁先生，名襄，清光绪二年生。为海内外知名甲骨研究专家，有《簠室殷契征文》《簠室殷契类纂》等书行世。1965年逝世，享年九十。郭沫若先生为题墓碑，文曰"殷墟文字研究专家王襄墓"。望重学林，于此可见。

　　先师于研究甲骨余闲，亦收集、研究古泉。20世纪30年代，与王君石先生时任市立图书馆长，共同组织古泉研究会，逢周日相聚，持续数年。先师考订古泉，除依常例辨真伪、断代外，更进而从文字学角度加以推敲。在《簠室题跋》中，有论宝化一则云："考《汉书·食货志》：‘周景王铸大钱，曰宝货。’然‘𥳒'非宝。彝器铭文中，宝字无虑千百，从无与之文相似者。"一语道破旧时释宝之非。又《题第十七权钱》："近安阳所出龟甲兽骨之贞卜文，托克托所出古日规盘，其纪数字，七皆作十，十皆作十或十。七之篆文，横长，竖短。十则反之。赵宋以后，释十为十，至十十则释为十十，曲为之说，未得确解。自十与十之释定，数百年之误，终得是正矣。"真是千年之误，得订证于一旦。

宋钱流传品种庞杂，先师则辨析毫芒之差，观察异常之微，辑成《宋泉志异录》一卷，所录尽属常中见异，又为前人不经意者，在古泉著述之林，实特树异帜之作。

所藏古泉拓本颇多，咸同名家泉拓之外，留意乡里著述，钱拓则有：

一、《绿庄严馆古泉拓本》一册。为画家孟志青先生藏泉。20 世纪 40 年代中，由其孙婿金大本辑。中华人民共和国成立后，捐献国家，今藏市历史博物馆。

二、《王效曾藏泉拓本》一函四册。为教育家王效曾先生藏泉，手自拓墨，并装订成册以赠先师者。

三、《百二元泉馆藏泉拓本》一函四册。系缪继珊先生藏泉，皆元代钱币，共 102 枚，故号百二元泉馆，购自东北泉商于泽山者居多。这是元代钱币集大成之书，十分可贵，也极难得。可惜原钱下落不明。

四、《虞斋集泉拓本》一册。系先师所集各家古泉拓本集。虞斋，先师斋名。

五、《簠室藏泉》一册。系先师手拓藏泉选本。簠室，先师斋名。

六、《天津博物院古器拓本集存》一函四册。其中一册为古泉，多先师藏品。

先师藏泉两千余种，自真贝至民国初年之福建通宝，各代粗备。

尤注意收集兄弟民族文字钱币。更有特出之品，"射城商会二十文"铅钱，为四川射洪县商会所发行之代用币，为向来谱录所未见。

先师于古泉研究，功力深湛，但被甲骨研究专家鸿名所掩，鲜为人知。现值先师一百一十年诞辰之际，略述梗概，以舒缅怀之情。

原载《天津文史》总 7 期

陈铁卿先生之古泉创解

　　余与陈铁卿先生，同有古泉之好，先生长余二十余岁，坐是，凡二十年未能获交于先生。少尝读先生所著，如《古泉新知录》等，知先生勤于考订，所论多前人所未道，心窃慕之。先生旅居保阳久，暌隔数百里，莫由识荆，徒耳先生之名者，又将十年。1957 年春，余主办货币展览，邀古泉前辈莅临指导，先生远道光临，逐一品评，备加赞许，遂订交，由是过从始密。1970 年以来，隔数日不相见，辄寄函相邀，随函附寄新著清本，积十余万字。函中有云：

　　函一：未晤 教又已多日，至为想念……上次辱送之"忠孝传家宝"铜牌及关于安阳布商榷意见，未悉 尊意云何，并盼 示知为幸！

　　函二： 拙作《货币纪数》一稿，前以写毕寄上，想已收到。兹又写《说钱》一稿，先将第一部分呈阅……兹以养疴多暇，愿以此作为消遣，且可供互相商讨，盼高明多予指教，勿以弟不善藏拙见笑为幸……

　　余见知先生之厚、交谊之笃及先生垂老之年，攻古不懈之情，读先生函俱可概见，不幸遭唐山大震，先生移居窝铺，地势阴森狭小，从此身体日弱，借以破闷之书籍、古泉，尽寄存戚家，著述遂稀。

293

昨年夏，竟捐馆舍，享年九十，呜呼痛哉！

先生之于古泉研究，不同于好事者流，亦不同于收藏之家。盖好事者流，争奇斗胜，餍欲即足，不事解经证史；收藏之家，珍藏自秘，奢言出谱，未必探源溯流。先生则观察入微，能考人所未发；涉猎渊博，能见人所未见。所论古泉之作，时出新解。值兹庆祝天津文史研究馆建立三十周年之际，略述先生一二新说，以见先生之研究，果多过人之处。

一、明刀类刀钱发展次第

明刀类刀钱，出土动辄千巨，吾津地处燕赵故土，此类刀钱，固屡见不鲜。先生取习见之物，阐明前人不曾发现之规律，诚古泉断代之有力论述也。

先生搜集明刀、尖首刀、针首刀资料，分析推敲，获其铸行先后之据，可有三端：

1. 刃口。具刃口者先，刃口有外廓者晚。

2. 刀首。尖锐者先，圆钝者晚。

3. 刀脊。刀脊之隆起厚者先，薄者晚；面背隆起止于刀、柄相接处者先，通连刀柄者晚。

其理由，先生阐述极为详尽。今撮要述之：刀钱本出于实用刀，实用刀必具刃口。早期刀钱之刃口，虽不必仍其锋利，然必无凸起之外廓，本属实用刀特征之残余，即其原始性，无异于早期布钱之空首，为实用农具铲特征之残余。及至刃口加外廓，则为刀钱脱离其原始性之始。实用刀之脊必厚，使用时方才得力，而柄则不必如此，以便把握。早期刀钱，刀脊厚而不通连刀柄，正实用刀之残余。其刀脊渐次低薄，以至与刃口外廓同一浅平，并通连刀柄，即其原始性消失之始。各种刀钱，自始铸至于后期，在制作上常有不少变化。其演变情形，虽不尽一致，然在大体上，确有规律存在，已如前述。对此实物本身之反映，先生更有具体描述。并指出，针首刀、尖首刀首端皆尖锐，后期尖首刀之着"明"字者，首端尖锐程度即已大降；成为明刀以后，更加下降；而公认为晚期刀钱之直刀，首端竟以次由圆而平，乃至全失。因而，据其首端尖锐程度之递降，可以推定相对时间之早晚。唯"齐化刀"之首端，虽亦颇为尖锐，但此刀自始刃口即有高厚外廓，遂不能与上述之原始性——有刃口，无外廓者相提并论。换言之，此刀本无原始性特征之残余，可见其相对时间必居晚期。故其首端尖锐程度，并不能作为判别时代早晚之据。先生为之图，进而阐明尖锐程度与相对时间之关系。如图：

图1　　图2　　图3　　图4　　图5　　图6

1. 早期尖首刀　　2. 后期尖首刀　　3. 着"明"字之尖首刀

4. 沧县出土的早期明刀　　5. 中期明刀　　6. 后期明刀

前人研究古币年代，多荒诞不经，或笼统不明。晚近始有早、中、晚分期之说，虽仅就其相对年代估定，确有所前进。然而，具体论据终嫌不足，美犹有憾。先生着眼于古币本身特点，辨其演变中之差异，从而推断其相对年代，梳比成序，天衣无缝。先生此说既确且辨，又为首创，微先生之功力、识见不能也。

二、明刀中"百"数之发现

古币著录中，所释数字，仅只百数以内，未见百及百数以外者。唯明刀独异，旧已释出"千"字，今竟发现"万"字（"万"非简化字，明刀原本如此。近年出土）。尝念数字中既有"十""千""万"，而独无"百"字，诚属可异，又不可解。先生云："百"字（实指"百"字释文），在旧谱中虽找不到，但以情理推之，却是应该有的。据此设想，在先生广稽博考之下，始知实际并非无"百"字，在著录明刀最多之《古泉汇》中，即已著录"百"字，且数量不少，只因当时未能释出而已。经先生释出"百"字后，为古币数字补阙，洵大快事业。先生认为"百"字写法，可有下列四种：

1. ｴ。例苉，释一百，见《古泉汇·亨六》第七页。
2. ◯。例昙，释二百，见同上书页。
3. ▽。例醋，释三百，见同上书页。
4. ～。例酉，释五百，见《古泉汇·亨八》第六页。

进而推得，百之倍数写法，由二百至六百各例皆备百以上奇零写法，证以甲骨文、金文，得知："芔"为百廿；"卋"为百卅。

六国文字，本多分歧，在文字学研究中，向即难识，而刀钱文字简短，内容单一，破译尤难。同光以来，收明刀者大有人在，而于数字释识，独缺"百"字，至先生始揭此谜，诚为先生自谓："'百'字的本来面目，隐蔽殆二千年，至今始重新显白于世。"先生释百之说，有功古泉学、文字学研究，殊非浅鲜，况属创见乎？

三、长足布之研究

布钱，向皆系之三晋，晚近有所谓"燕布"者，迭有发现。而研究者尚少有人注意，未见有关专论文章。先生于此，曾作全面分析研究，揭示特征，约有八点：

就形制言：

1. 首上端较阔，因颈部较狭，上端愈觉其阔；

2. 肩多上耸；

3. 腰细；

4. 足枝长；

5. 背有有廓及平夷两种（三晋布币背平夷者偶见）；

就文字言：

6. 背有部者，着"左""右"字，或在左或在右；

就质地言：

7. 有铅质者；

就流通范围言：

8. 随明刀流通，可达辽、吉等地以及朝鲜。先生据其足枝长之特征，命名曰："长足布"，并举出包括各布如次：

（1）益昌布　　（2）平阴布　　（3）安阳布　　（4）匋阳布①

（5）襄平布　　　（6）右明新治布　　　（7）棠七布

"长足布"一名之确定，出于先生多年之研究，校定名"燕布"

297

---

①　此布旧释匋阳，今改释安阳，曾与先生觌面论释安之据，先生因知旧释之非，而此稿仍作安阳者，盖临颖，偶疏或年迈健忘，有以致之欤？

更为确切。依上举特征，屡验不爽，前人固不之知，即近人论述，亦未有撷而出之者，谓是创见，信非溢美。

　　总之，先生一生，致力古泉学，始终不辍。上举三则，皆系年登八旬之作。至于其他著述之属创见、创解者尚多，于以见先生著作之弘大博深。先生既归道山，瞬已经年，遗稿藏于家，其谁为之梓行耶！若果得付梓，则有功古泉研究，嘉惠后学，实多多也，余跂望之矣。

原载《中国钱币》1983 年第 3 期

《天津文史》总 1 期

西村博其人

　　顷读《天津文史》第十七期所载曲振明先生的《小说家刘鹗在津事迹片断》一文，有云："……郑（名永昌，朝鲜人，任日本驻津领事）立即找日本《华北日报》社长西村商量……"，现就西村博作一介绍。

　　西村博，日本伏见人。斋名洗玉斋，其先世好古钱。西村曾任法衙书记。晚清来华，侨居天津，从事特务情报活动，兼贩文物，尤以古钱为专精，偷运日本，以谋取高额利润。日本古钱家梶山升二郎，曾托西村购求中国古钱，为数颇多，可证西村偷运中国古钱去日本，确有其事。此外，罗振玉在所著《俑庐日札》中，还有两则记载西村贩卖古钱的事。如云："朔州出一泰和钱，面仅泰和二字，泰字在穿上，和字在穿下，穿之左右各有一×。此钱至奇，为方君药雨所得，后为日本西村氏易去。此钱世恐不可再见，甚可惜也。"又云："永乐钱亦有银者，予于日本西村君处得二枚，二与常范同，其一字尤古雅，西村君言是日本铸，此谱录家记载所未及也。"其中"此钱世恐不可再见，甚可惜也"再一次道出西村偷运文物之事实。

　　光绪二十六年（1900 年），八国联军攻陷天津城后，即成立"天津都统衙门"，以管理天津行政事务。西村随即收集都统衙门之告示，编辑成书，名曰《天津都统衙门告谕汇编》，次年 8 月，由北清

299

印字局排印行世。此书之印行，再一次证明西村确有收集情报之事。宣统二年（1910年），日本总领事小幡酉吉命令《北清时报》及《北支每日新闻》两报合并，改名《天津日报》，即任命西村博任报社主干（社长），并于次年创刊发行。民国二十四年（1935年），日本当局正策划在冀东成立伪政权时，预先在冀东就地拼凑伪中国农民协会，以网罗民族败类，准备扰乱地方治安，这一切都由西村博负责，并指使伪中国农民协会制造暴乱事端，终于发生了占据香河县城事件，为促成伪冀东防共自治政府这一伪组织提供借口。可见西村博其人，不仅偷运文物出境，而且自始至终，一贯为非作歹，是侵华日军头目之一。

原载《天津文史》1996年第1期（总18期）

唐宋九老耆英会与《耆饮升平册》

香山之名在祖国大地多处可见。如北京西山有香山，孙中山故里，广东中山县，旧名香山县，即因山得名。民国十四年（1925年），为纪念孙中山改今名。河南洛阳龙门山东，有香山，乃唐白居易晚年卜居之地，其诗云："家酿满瓶书满架，半移生计入香山。"白曾于其所居履道里，疏沼植树，修筑石楼，以为栖游之所，遂自号香山居士。常与胡杲等八人宴乐于此，皆高年不仕。时人慕之，于普明僧舍绘为《九老图》。居易复作《九老会诗》。缘是，世有香山九老之称，传为文苑佳话。诗末云："除却三山五天竺，人间此会更应无。"窃尝忖其意，白居易等之吟诗饮酒、狂歌醉舞，乃九老所独享，于时无两；高年相聚，比四皓尤众，世难有匹，即此二端，已足傲古今。无怪吟到"人间此会更应无"时，得意之情发自笔端，跃然纸上，喜不可遏矣。岂意后之人，"继而为之者再矣"！（语出司马光《耆英会序》）其会与《序》所记，正文彦博倡为耆英之会。白居易诗"更应无"句，至是，不得独唱于前矣。其序云："昔日白乐天在洛，与高年者八人游，时人慕之，图传于世。宋兴，洛中诸公，继而为之者再矣，皆图形普明僧舍，乐天之故第也。"宋沈括《梦溪笔谈》有云："唐白乐天居洛，与高年者八人游，谓之九老，洛中士大夫，至今居者为多，继而为九老之会者再矣。"足见唐宋以来，文人学士，虽年迟暮，犹群聚宴乐，兴会所至，即席吟咏，或撰为文章以纪，盖已历有年所，非偶然也。

吾津去洛数百千里，不得聚饮于龙门之香山，不得图形于白氏故第之普明僧舍。然乾隆间，斯会在津门，固未尝不举也，且举而宴硕德，饮耆宿矣。其地于周氏春草山房，乡人周自邠首倡也。虽未图诸老，而创为《耆饮升平册》，足抵普明、妙觉故事。留兹遗墨，终成桑梓文献，非徒欢娱于一时耳。

乾隆四十年（1775 年）正月，周自邠为之倡，诸老聚首春草山房，为硕德耆年之会，吟咏宴饮，欢乐竟日，继以四月、八月、十一月宴饮相续，缀录诸诗手迹，集为斯册。前序后跋，居然诗集稿本。尤可贵者，皆出自作者手迹，迥非枣梨镌刻者之可比。

是册曾在寒斋，签题为徐国琛所书，共二十八开，开卷有孙居广《耆饮升平册序》，有云："此洵前哲之高风，抑亦我辈之盛举，余见之，欣然而喜，所谓实获我心，而周君先得之者。"于扬献有跋云："昔宋贤梁才甫，著有《耆英集》一百卷，先生踵其意而仿之，递年署册，此其第一册云。"但未闻别有二、三册，盖仅此一册耳。所录与会并赋诗者，得二十人，诗一章或数首，不一其数。其人为吴潮、沈世莘、周人麒、高宗瑾、姜森、周世棨、郝仁、韩琮、刘峰、胡业宏、于扬献、徐之柄、解秉智、徐观孙、吴峨、张元廉、徐永鉴、郑宏俊、冯敏昌、周自邠。俱天津人。唯冯敏昌为广东钦州人。

乾隆四十年，去今二百余年，久叹前辈文字流传之少。是册竟著录诗、序、跋，作者达二十余人，洵是大观，得未曾有。既可资津沽史事又复保存乡贤遗诗若干，流传至今，益见其可珍贵。

此《册》历经乡人徐墀、姚彤章所递藏，1955 年余得之晓市，为寒斋所聚乡土文物之一。间尝考之，随手书之别扎，或记之《敬乡笔述》之眉，竟未及董理成篇，遽遭抄没，迄未得还，今失去已将二纪，细节多已遗忘。乃恨当年，何不录副存之，或为文以表之，或题跋以彰之，庶几尚可存其一二。因忆幼读李清照《金石录后序》有言曰："人亡弓，人得之，又胡足道？"李清照之胸臆，略可想见。

实则身外长物，直如云烟，消灭只在瞬间，何必斤斤于是，余亦然。爰记其概略，以见乡土文献之豹斑，或胜于无也。匆卒命笔，聊以应命。

《耆饮升平册》，不仅为乾隆间诗文汇集，即书法亦多前辈罕传手迹，其诗颇有作者谨存之什，信是吉光片羽，俱详徐士銮《敬乡笔述》，兹不复赘。余独爱冯敏昌诗墨迹。缘先得北魏司马景和妻墓志墨本，石末有冯书，非馆阁体，颇饶北碑气势，故记忆独深。及获是册，适有其诗，既出手迹，爱之益笃。今不见是册，虽隔二十余年，犹能忆及。

徐士銮，知台州府九年，有惠政。著《敬乡笔述》，悉桑梓故事。书成于光绪二十四五年间。民国二十一年始由族曾孙世章刊梓。书十则即取材于《耆饮升平册》，并稽考其人，录存其诗，多订正《续县志》、增补《津门诗钞》者。高凌雯《志余随笔》卷四所载两则，亦以《耆饮升平册》为据。一论世家子弟，发迹武科，亦娴文事。所举高宗瑾五律二首，即见诸是册，并谓："橐鞬中，能吟咏者，大有人也。"一则，据册中高宗瑾题署，瑾字从"玉"，不从"言"，以订正伯志之误。可见是册关系桑梓史事。

近读张守谦先生点校本《敬乡笔述》，卷二所载《耆饮升平册序》一则，有："册首有孙依兰老人居广序文"云云。高凌雯按："《县志选举》后附《流寓》，孙广居名在其内。"张注按语云："孙广居为孙居广之误。《天津县志》作"孙居广"。天津文史馆首任馆长王襄，读余所藏此册后，既为跋文于册，又于《志余随笔》卷四录人名于书眉，亦作"孙广居"。高凌雯、王襄，皆曾见是册，所录当与作者署名相符。即使偶有笔误，岂有二人竟同一错误之理？徐世銮亦曾见是册，竟作"孙居广"。三者究竟误在谁何？已难臆度。深冀藏是册君子，曷不一验是册，使此疑难涣然冰释，其快慰当何如也？吾将刮目待之矣。

敬老尚德，自古已然。唐之九老会，宋之耆英会，以及吾津之硕德耆年会。无不寓敬老尚德之意。然而，皆出自发，为时短暂。

303

若千叟宴之类，虽属皇上恩典，亦非常设。中华人民共和国成立伊始，国家有文史研究馆之设。敬老尚德之意寓焉。两者虽皆出于敬老尚德之旨，而内涵新旧时代，则迥然不同；旧日之会，随意聚散，今日之文史馆，乃国家建制，为常设机构，时间久暂，实存大别，新旧本自不同。

有张人牧字穆斋者，授徒糊口，善治印，出穆寿山之门。虽身任教席，有一艺之长，暮景潦倒，行乞以终。广北小学校戴育三校长，任校长多年，桃李满津沽者，晚年失业，竟以穷困死。斯二人皆沽上知名人也，老无所养，竟不得其终。陈士和乃旧社会说书艺人，贫困半生，人以下九流目之。值全国解放，被聘为馆员。老人八旬，馆中为设宴庆寿，其欢欣之情，非笔墨所能形容。张、戴老死于旧时代，士和聘为馆员，其遭际判然两途，所以然者，不辨自明。至若旧日九老之会，皆达官乡绅，非平常百姓，其宴饮之盛，若张、戴老且贫困，岂得与会共宴饮乎？乃社会性质所决定，非张、戴、陈所可选择者。于兹可见社会主义社会制度优越性。

新旧社会于敬老尚德之不同，既阐明如上，又盛赞《耆饮升平册》之可珍贵，意旨又何在耶？窃以为今古非一时，崇尚虽类似，实质究不同。治地方史者，于近年之事，可以访问父老及知情诸公。远年旧事，熟阅内情者，久已物故，莫由访问以求教。非文字记述，殆无别途可得流传。以此之故，不得不征诸文献，如《耆饮升平册》者。坐是，敢乞收藏君子，善体吾意，慨然公诸于世，当远胜于秘不示人也。高凌雯有言曰："孟志青（继埙字）《绿庄严馆金石目录》，其嗣君仲凯卒后，此书始出，生前固未尝一言及也。曩使不甚秘藏，岂不与《畿辅碑目》并列媲美哉。樊书已镌版流传，而孟书寂然，为可惜耳！"

原载《天津文史》1992年第1期（总13期）

悼念蒋先生若是

今年二月二日，洛阳博物馆名誉馆长蒋先生若是，因病医治无效，在洛阳逝世。谨撰此文，以寄哀思。

若是先生生前说："前辈古钱大家都被我打倒了。"这是事实。自从《洛阳烧沟汉墓》问世以来，其钱币一章，经常被考古、文物工作者所引用。此前对五铢钱作过研究，并著有专文的人，如方若、郑家相等旧说，已不再被人们所引用。便足以说明这些前人，都被蒋先生"打倒"了。

蒋先生的成就，不是光凭古钱作研究，便可获得的。如果这样可以的话，那么，方若、郑家相，或更早的翁树培、李佐贤、鲍康等前辈，尤其是富于钱范收藏的陈介祺、端方等大家，为什么没有获得如同蒋先生这样的成就呢？这里原因很多，首先前人收集的钱或钱范，都因是流散文物，而失去第一手资料的资格；蒋先生掌握的是科学发掘的资料。其次，前人只研究钱币或和其有关的文物，而蒋先生则从发掘到研究、从墓葬、随葬器物的分型、断代，到古钱币研究，无一不精通，这样博深的根底，当然是远远超过前人了。可见他的成就，是前辈学者所不能企及的。即当代学者，如不肯放弃单纯的流散钱币为研究对象，又不善于参考考古资料，也是很难有突破性收获的。

蒋先生的研究是不停顿的。就拿五铢钱断代研究来说，《洛阳烧

305

沟汉墓》关于五铢钱的断代，是比较可靠的结论。但是，当满城汉墓发现后，他又对之做了观察和研究。针对赤仄五铢，他认为：多年来的争论，都难信从，只有"满城刘胜墓出土的精制五铢钱，应该就是赤仄五铢钱"。这个认识，是满城汉墓发掘后，有了新资料，才获得的。他能在研究的基础上，根据新资料，继续研究，终于获得了新认识，足以说明他始终不懈的探索精神，这种精神，正是我们应学习的榜样。

原载《安徽钱币》1994 年第四期

沽水奇人王士培

——记古纸收藏家

天津城内王店胡同，是山西永济王氏旧居所在，因王家开设盐店，人称王家盐店，平时即以王店呼之，胡同由此得名。几百年来，犹有王氏后裔居住，即谢世不久的天津文史馆馆员、书法家、天津书协名誉理事王坚白老先生。他家以盐商发迹之后，另置新宅于北门内，厅堂数进，装修华丽，盛极一时。廊下陈设隋唐墓志，数百余方，为当时沽上藏石家。现在全部藏石，悉归天津市历史博物馆收藏。部分墓志嵌于馆内文物园林壁间，供人参观，可谓保存得宜。王氏藏有秦汉官私玺印数千钮，多为十六金符斋故物①，20 世纪 50 年代，经吾友曹伯方介绍，归上海钱氏，钱氏始钤印为谱行世。至其他文物亦多有收藏，为沽上收藏故家。

王士培，字育裁，清光绪三十年（1904 年）生，1967 年去世，享年六十三岁。为坚白先生侄辈。及入民国后，家道中落。士培学无所成，又不善治生，无以为活，常出入于戚友之间，苟延岁月，青年时光，如此渡过，十分潦倒。后为人奔走投税契证之事，始专攻法律，竟能藉以糊口。几十年间，过手新旧契证极多，久已能辨

307

---

① 十六金符斋为吴大澂斋名，其藏印曾于光绪初钤印成书，名《十六金符斋印存》共三十册。

真伪，能识纸质新旧，于明以来古纸颇有研究。并从事收集远年旧契纸，日就月将，不觉已集聚契纸五百余件，终于成为古纸标本之收藏家。自前明初始，迄民国初年，各朝年号，蝉联不绝。古谚云：有志者事竟成，于此得验，真不愧收藏世家之裔。

王士培心广体胖，大腹便便，面无髭须，背拖小辫，虽中华人民共和国成立已数年，仍然不剪。平日往来于街巷之间，蹒跚彳亍于戚友之家，或竟为乡里小儿围观、尾随，乃至道路为塞，真可谓沽上奇人了。

收藏家之藏品确是千奇百异，光怪陆离，前古收藏家中，如藏书家、金石收藏家等，所在多有，尚未闻有契纸（古纸）收藏家之名，是为一奇！然而，他的收藏，又有异于"物聚于所好"之收藏家。前代收藏家，达官老财居多，如非附庸风雅，则又难免"玩物丧志"，不事进取，终必落得个"有好都能累此生"的结局，实大有人在！而士培收集之始，乃为生活所迫，出于职业之需要而从事的，古纸标本是为其职业服务的。这与科学家之收集资料，进行研究，实无二致，是又一奇！

如此收藏，并能利用所藏，加以研究，为自己所用，应该认为这就是收藏家最终的目的。就此而论，士培收藏、研究、利用，在在都为其职业而进行，是卓有成效的。较之其先辈虽收藏墓志、古印不少，然而，于墓志，未有考证传世；于古印，连印谱都未编辑成书者相去何其如此之甚也?！是又一奇！

总之，收藏之家，倘仅仅收藏而不加研究，又不能利用，则只能满足于一己之享受，必将无益于社会，是毫无可取的。遗憾的是王士培既有研究，又善属文，却不及写出自己心得，留给后人，所藏古纸便为"文革"之火所焚毁，惜哉！惜哉！

原载《天津文史》1996年第1期（总18期）

跋介园遗书

——明刊明印《梁书》

　　明琴川①毛凤苞汲古阁刊《梁书》五十六卷，装为八册，逐册皆有题字，或在封面，或在书脊，即书根亦然。以笔迹验之，殆出一人之手，具乾嘉书风。至于书根所书"共计八本"字样，虽八册皆有，而笔画潦草，乏书卷气，或是他人增写。

　　书无收藏家印记，为谁家遗书，难于立判。其可供考索者，唯有书脊所书"介园"及封面之目录而已。诚然，书之能为介园所藏，其刊刻及印刷年代，至关重要，且时间必早于收藏人或与同时，方有收藏可能；否则，晚于收藏人，必无成为其人收藏之理。所以，雕版、印刷之时间中，任何时间皆须与介园存在时间吻合。否则，一切皆成虚妄，价值全无。

　　是书每卷首页及末页书口，皆刊有"汲古阁""毛氏正本"字样；卷首之首行及卷末之末行，皆刻有"琴川毛凤苞氏鉴定宋本"朱文半通印，逐卷皆然。《梁书》之标记，适与明毛氏汲古阁所刻《十七史》相符，为《十七史》本无疑。足证为毛氏前明刻本。综合毛凤苞事迹，以见刻书大略：毛凤苞，字子九，号潜在，别署隐湖

---

　　①　琴川，在江苏，常熟县治。前后横港凡七，若琴弦然。皆西受山水东注运河。

书隐。晚年更名晋，字子晋，常熟人。生于明万历二十六年（1598年），卒于清顺治十六年（1659年），年六十二。性嗜图书，积至八万余册，多宋元善本。汲古阁、目耕楼以庋之。天启初元，毛氏刻书作坊已具规模，作坊仍用"汲古阁"为名，每于书口刻此三字为记。初时即相约每年刻成一经一史，史部所刻即《十七史》是也。一生藏书富，刻书多，著述亦多。书口标明"汲古阁"等字样，不避清讳，不见清初补版，既可证是书开版、印刷皆在前明，又可知必非清代坊间翻刻之本，时间吻合。再证以书脊之"介园"，其为查氏介园藏书无疑。介园主人生平，见《莲坡先生世谱》（载《河北第一博物院画报》）："为义，天行次子，字履方，号集堂，又号砥斋。太学生。官安徽太平府通判。生于康熙庚辰七月初二日，卒于乾隆癸未九月初十日，葬三河县留水渠。子三：溶、田、杰。"《世谱》记介园主人卒于乾隆二十八年癸未，以介园经始于二十三年计，仅仅五年，适当乾隆中叶。由于清高宗连年驻跸水西庄，见春夏紫芥盛开，而有赐名"芥园"之举。

至于封面、书脊、书根之端正小楷，是否即出介园主人集堂手笔？列举数事以证之。

介园开辟时，至主人之卒，其间仅止五年，且五年适在乾隆中叶。《梁书》之刊刻、印刷皆在前明，经百余年后，书归介园所藏，证之楷书目录及介园题字，其时其地皆吻合无间，进而可证书脊之介园，即集堂所创之介园。藏书主人，则非集堂莫属矣。为翻检诵读之便，自书目录于封面，本读书人家所常行事。为使目录整齐，预画横格以为准绳，可见主人从容书写之闲适，迥非临民、居官者所能有，为主人自书之证。

以目录所用避讳字证之，涉及清高宗庙讳者，有第四册第二十八卷之"鱼弘"，及第七册第五十一卷之"陶弘景"之"弘"字，并缺末笔作"弘"。仁宗庙讳涉及之字，有第三册第十二卷之"柳恽"及第七册第五十一卷之"范无琰"，所以"炎"旁写法如常，并不避讳作"灮"。足证目录书写在嘉庆继位之前，从而判断书写时间是在乾隆年间，尤其在中叶一段时间，正当介园主人在世之时，为出自介园主人所书之时间证明。

是书向在余家，已历百余年，迥非由他乡流落津门者比。与介园、水西庄等，皆为乡土胜迹，乃不可多得之珍。

原载《天津文史》1997年第1期（总20期）

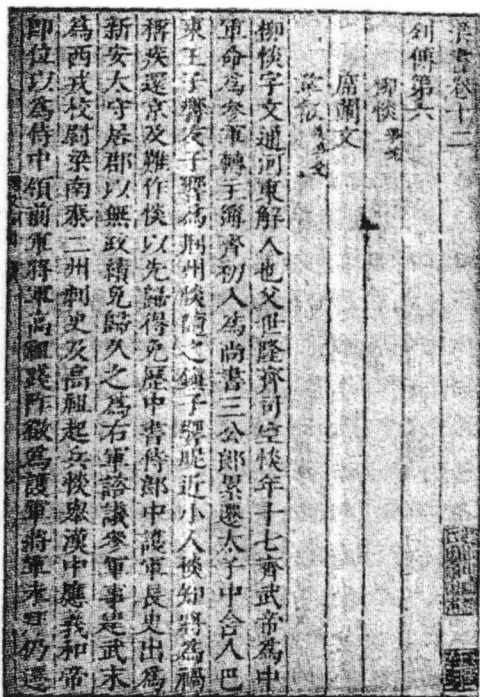

王坚白小传

先生名锡珩，字坚白，斋名锺不惑斋，晚年号老坚，世为天津人。居东门内王店胡同。清光绪二十七年生。幼承母教，继从学武燮枢之塾，五年小学毕业。入南开中学，五四运动后转省立一中，1921 年毕业，任小学教师。1952 年任工人业余学校教师，1960 年调入南开区干部业余中学，1962 年退休。1985 年，被聘为天津市文史馆馆员。一生从事教育工作，桃李满津沽。

王氏在武氏塾学经史群书，兼习地理、算学，而书法又为必修课。初习二王，继学锺繇、虞世南，后复学草。先生为沽上望族，家道虽已式微，尚有藏书，旧帖古拓，恣意临习，数十年来未曾中断。1930 年，市立师范建成，李实忱假其校组织国学研究社，聘陈嵩洲讲书法。1932 年，先生参加国学研究社，得拜陈嵩洲之门。陈则谓"习草固可也。此只习今草耳！然习草书者不知古草，终无根柢，古草者章草也"。遂阅读卓君庸之《章草考》、松江本《急就篇》、索靖之《月仪帖》。循循善诱，连篇累牍，眼界大开，不知颜、柳多碑之外，尚有一天地也。如此肆习各本有年，运笔作字，乃有一番韵味。醇朴浑厚，饶大丈夫气，颇见功力。

1978 年后，先生热心津门书法艺术，奖掖后进，屡开专题讲座。在此十年中讲述的主要有《书谱试讲》《章草研究》《怀素自叙初析》及《试谈锺繇及其书法》等，其中多自己心得。

先生出陈嵩洲之门，夙于草极有根底，实多师承。然而从不以此自相吹嘘。时人因笑其腐迂。须知先生谦虚之怀，自视所书，但觉不足，本寓学无止境之意，虽久为人所称道，犹恐有玷师门而讳言之耳。与时尚以自我宣传为能事者，焉可同日而语？

先生为人谦和，平易近人，临事认真，从不敷衍搪塞，凡有所求，必有以应。青年之喜好书法者，如造所居请益，不问道途远近，必亲自回访，其待人接物之况，可见一斑。

1988 年 10 月先生偶因感冒，遽尔逝世，享年八十八岁。

原载《天津文史》1992 年第 2 期（总 14 期）

纪念第一任馆长王襄先生发现甲骨文百周年

王襄（1954 年）

甲骨之学，日益昌明，海内外学者辈出，成果累累，可喜可贺。至于首先发现之时、之地、之人、之物，则多有未谙，甚而竟有主张以王懿荣为甲骨发现人之说者，胡厚宣实为代表。又有以胡厚宣为顾问之电视剧《甲骨魂》，通过电视台，广为宣传王懿荣发现甲骨文之说。追随者大有人在。往岁，《中国文物报》①发表署名为英夫的文章，力辟汐翁《龟甲文》之不实，王懿荣说之无稽。文章发表不久，竟有反驳文章，也发表在《中国文物报》上。可见是谁发现甲骨？分歧尚难统一。

从事学术研究，不仅要掌握足够多的第一手资料，而且要下一番去粗取精，去伪存真的功夫，再来使用为好。这是老生常谈，否则，像汐翁的文章，也当第一手资料加以援引，岂只贻误自己，也会毒害读者。不可不以为戒！

对甲骨发现一事，凡属第一手资料者，只能是亲身经历者的言论、记述文字等。而亲身经历发现甲骨之人，只有范寿轩、孟广慧、王襄三人；而王懿荣并未参予其事；发现之地点，既非河南汤阴，

314

---

① 见《中国文物报》1996 年第 40 期、41 期。

亦非北京之中药店，只能是河南安阳之小屯——殷墟；小屯之为发现地点，范寿轩是完全了解、洞悉内情的人，但他从来未讲过实话，谎说是河南汤阴，这本是古玩行业的陋习，不足为奇。真实地点之得知为安阳小屯，赖前有罗振玉之调查，后有前中央研究院之发掘，均足为实证，且属肯定不疑之既成事实，又是无法推翻或更改的；发现时间，是清光绪二十四年戊戌（1898年）冬。正是范寿轩前来天津，向孟广慧、王襄讲述他在河南看到出土龟甲兽骨，刻有文字一事之时。王襄《题〈易橹园殷契拓册〉》云："当发现之时，农家收落花生果，偶于土中捡之，不知其贵也。潍估范寿轩辈见而未收，亦不知其贵也。范估售古器物来余斋，座上诳言所见，乡人孟定生世叔闻之，意为古简，促其诣车访求，时则清光绪戊戌冬十月也。翌年秋，携来求售，名之曰龟版，人世知有殷契自是始。"王襄《殷契墨本选集序》有相关记载："世人知有殷契自公元1898年始（即清光绪二十四年）。潍友范寿轩集古器物来，言河南汤阴（实为安阳）出骨版（实为龟甲兽骨），中有文字，征询吾人欲得之否。时有乡人孟定生共话，极怂恿其往购，且言欲得之。孟氏意此骨版为古之简册也。翌年十月，范君来，告以得骨版，期吾侪到彼寓所观览。彼寓西门外马家店，店甚简陋，土屋壁立，窗小于窦，炕敷箪席。群坐其间，出所谓骨版者，相互摩挲，所见大小不一，沙尘满体，字出刀刻。既定其物，复审其文，知为三古遗品。"《序》文于发现之时、之地、之人、之物，都有明白记载，发现之物为"骨版"，有文字。孟氏未见实物之时，以为古之简册，在戊戌冬日。凭范氏口说，即言"欲得之"。次年己亥岁，获见甲骨实物，与前所吻合，果是三古遗品。孟、王二氏真不愧为金石学家实为甲骨发现之人，功莫大焉。

　　参看李鹤年先生整理材料，可以说明王襄在先，王懿荣在后。李先生说："孟定生、王襄知道有甲骨比王懿荣早三个季度。孟、王收购甲骨比王懿荣在先，他们未收购或没见到的才卖给了王懿荣。

孟定生、王襄是最早知道鉴定和收购甲骨的人，王懿荣在他们之后。"①

胡厚宣针对李先生所列三条说："其次这又只是王襄一面之辞，这只是讲在天津的情况，至于在北京的情况他们不知悉，怎么能三十多年之后，只凭王襄一面之辞，就能成为'简单明确'的定论呢？"② 这个问题，胡厚宣说到这里，就无下文了。奇怪的是胡厚宣并没有把"他们不知悉"的"北京的情况"，摆出来！其实，摆出来也没用。况且从1898年至1899年，有关发现甲骨的事，都在天津，与北京毫无瓜葛，所以，胡厚宣根本没有东西可摆，就是胡厚宣标榜的那位王懿荣，在北京接触甲骨的时间，都在天津之后，就是说已经错过了可能成为甲骨发现人的时机。除此，北京还有什么情况？胡厚宣又说："虽然不知王懿荣是否在1899年以前就已得知甲骨出土之事……"③此话语气不肯定，却包含两种可能。即王懿荣在1899年以前，不知有甲骨出土之事；或已知有甲骨出土之事。二者必居其一。如是后者，对肯定王懿荣是甲骨发现人有用。然而，胡厚宣不敢这样造次。因此，在胡厚宣的原话中，等于撤销了已知有甲骨出土的可能，那么原话就只剩王懿荣在1899年以前不知甲骨出土之事了。这是胡厚宣自己在上文中所肯定的。据此，王懿荣连发现甲骨都不知道，还谈得上是发现甲骨之人吗？从时间上讲，胡厚宣只能讲王懿荣接触（不同于发现）甲骨时间，而且这个时间，并非发现甲骨之时间，都集中于1899年，并无早于此年之例，到是符合王懿荣不是发现甲骨之人条件的。

《中国大百科全书·考古学》卷④（以下省称《考古学卷》）之编辑出版，对甲骨发现、中国现代考古学之兴起，都有明白记载，是中华人民共和国考古学的骄傲。在《中国考古学年表（1898—1899）》中（以下省称《年表》。由王世民先生执笔）。第一条是

---

① 李鹤年《孟广慧、王襄、王懿荣与甲骨》南开大学印制本。
②③ 见《中国文化》第15、16期合刊。
④ 《中国大百科全书·考古学》，中国大百科全书出版社。

"1898—1899，安阳殷墟发现的甲骨文，引起金石学家注意……"在短短二十几字中，记述了发现时间、地点及发现物为甲骨，被金石家注意等重点内容。这条定甲骨发现时间为1898—1899年。与流俗只知1899年，世人始接触甲骨之说不同处，在于将时间上推一岁。这年孟、王二氏虽未见甲骨实物，但已知安阳小屯已发现甲骨，刻有文字。是潍估范寿轩将此消息带到天津，向孟、王二氏口述所见情况。孟、王闻之，除怂恿范估前往收购外，还告以"欲得之"。正是上推一岁，恰与小屯发现甲骨的时间相吻合。总括天津孟、王、范所谈，不仅与《年表》吻合，也与王襄笔下记载一致。这可不是"靠自己来说"，而是在国家权威机构——中国大百科全书编委主持下确定的、又收入《中国大百科全书·考古学》卷中，不仅向全中国，而且向全世界公布的!《年表》虽未写明发现人是谁，但是可以推知的。其人定当于1898年小屯出土甲骨一事有密切联系的人，并注意到甲骨出土的金石家，这只能是王襄，而不是王懿荣。因为王懿荣对1898年小屯出土甲骨事，既未参与，也不知道其事，见上文胡厚宣所说。等到1899年，收购甲骨之时，所收只是天津孟、王未收购之物，前引李鹤年先生资料，已经分析清楚，可以参看，时序昭然，明明晚于孟、王二氏。

《考古学卷》里还可找到王襄发现甲骨的资料。比如：收有王襄条目，而未立王懿荣的条目，只因执笔人是以王懿荣为发现人的胡厚宣，他为了不致把他主张王懿荣发现甲骨之说被否定，他即便知道王襄是发现人，也不会写出来的。何况，他所知既不清楚、不全面，又不懂1898年范估向孟、王传送甲骨出土消息的重要性。即使胡厚宣是这样排挤王襄，王懿荣还是在《考古学卷》没有条目。这是主编领导层决定的，你胡厚宣只是个执笔人，原是左右不了条目设置的。以王懿荣为发现人的条目没有出现是可以证明这一点的。胡厚宣说："……究竟是什么人首先认识和搜集的，自来都以为是福山的王懿荣，学术界无异说。"既然"学术界无异说"，还编《再论甲骨文发现问题》作什么？这明明是为了排斥王襄，以达到标榜王

317

懿荣为发现人的目的。其实，这样也不能使王懿荣变成发现甲骨的人。所以在《考古学卷》里，并没有王懿荣的条目，事情已经很清楚了。可是，在《考古学卷》里，仍有主王懿荣为首先发现带字甲骨为内容的两处：

一、《商代甲骨》条《发现简史》项下说："1899 年（清光绪己亥）秋，古文字学家王懿荣首先在所谓'龙骨'中发现带字的甲骨，并定名为商代卜骨。"

这个条目的执笔人原来正是胡厚宣其人。他主张首先发现甲骨的人是王懿荣，他却忽略了发现时间作 1899 年不行，这与《年表》和事实正相抵牾！又缺少发现地点，发现的是"龙骨"，而不是甲骨，这都是成为甲骨发现人所不可缺少的条件，而且与《年表》相较，缺项太多，是一个不合格的条目！条目中发现的是"龙骨"，与甲骨不是一种东西。"龙骨"是中药，甲骨是文物，岂能等同看待？胡厚宣连这都分不清。在同一本书——《考古学卷》中，在同一问题上——甲骨发现问题，竟有如此矛盾存在，就是胡厚宣坚持错误片面宣传所造成！

二、《殷墟》条《殷墟的发现》项下说："1899 年，王懿荣首先在被称为"龙骨"的中药上，发现契刻文字。"（郑振香先生执笔）

此说是胡厚宣主张，而袭自汐翁《龟甲文》者，发现时间比《年表》晚一年，是一处硬伤，从而造成抵牾，又没有举出出土地点，发现物是"龙骨"，"龙骨"不是甲骨，已见上文。尤其是无出土地点，就扣不住殷墟，用不是殷墟的材料，来介绍殷墟的发现，够多滑稽？然而此误不关执笔人，而是胡厚宣多年错误宣传所造成的。

综观所述，《考古学卷》《年表》所列："1898—1899"云云，与王襄笔下所记材料的时间、地点、发现物是甲骨，即龟甲兽骨，是多么吻合无间？王襄是甲骨发现人，当之无愧。然而，在《王襄》条下，也未写明王襄发现甲骨之事，这是执笔人胡厚宣有意这样做的，不足为奇。然而，发现人王襄之名，未载入《年表》，则可能被主王懿荣说者抓住说山。其实这是主编夏鼐先生的慎重处，十分必要。也是对目前尚有争议的问题，最好的处理方法，让它在时间的考验中，一决是非，日后再收入，尚不为迟。

从几种迹象看，例如，虽没有为王懿荣立专条，仍有几处出现王懿荣发现龙骨之说，对真实情况来说，是直接干扰！在以金石学为考古学前身的条件下，从宋以来金石家中，选定若干人为考古学家，与现代考古学家共计三十九人，各立小传收入《考古学卷》，其中，王襄入选，王懿荣则未设条目。这两件事，都与否定王懿荣是甲骨发现人有关。甲骨发现之年，定为 1898—1899 年，大异于主王懿荣发现甲骨说之单列 1899 年，而不及 1898 年者。增加提前一年之 1898 年，又适与王襄得知小屯出土龟甲兽骨之年合。是对甲骨发现人取舍的趣向，是支持王襄说，不支持王懿荣说的重要迹象。《考古学卷》的选目趣向，终将对主王懿荣说不利。

讨论至此，王襄先生遗著中反映的甲骨发现之时、之地、之人、之物，都与《中国大百科全书·考古学》卷相吻合。于是定今年——1998 年为王襄先生发现甲骨文百周年，是完全符合历史的、可靠的结论。写此小文，聊表庆贺之忱，庆贺甲骨发现百周年！

原载《天津文史》1998 年第 1 期（总 21 期）

第三辑　津门忆注

319

第四辑　书评序跋

《中国历代货币大系·隋唐五代十国》卷
初读志感

　　《中国历代货币大系·隋唐五代十国》卷，已经出版发行，可喜可贺。它是具有 20 世纪 90 年代国内外新水平的钱币权威著作。有幸在今年八月初中国钱币学会第三次会员代表大会上，初读一遍，引起了无限遐思，颇有所感，难以抑制，不忖谫陋，写此志感，也是为了称颂编辑同志功德无量。至于深入学习，则有待来日。

一、难　忘

　　书衣设计，庄重大方，所绘币种杂陈，形制略备，古今同出，珍品迭见。地用金黄色，尤为典雅；精装绸面，更有一番新意，"中国历代货币大系"八字，墨地金字，光彩照人，衬以浅黄绸面，使书名题签愈觉明了醒目，达到绚丽端庄的效果，给予读者的第一印象，就是深刻难忘。

二、够　大

　　内容编排，第一、三两部分是文字，自应仔细阅读，深入学习，才可有所收益，非短时期内，仓猝浏览所可办到。第二部分为图录，直观性强，容易领会，篇幅之多，居全书之首。读后感到，琳琅满目，如行山阴道上，目不暇接，美不胜收。尤其是收录无星符的普通品，为数众多，信是空前，如此大量收集普通品，本属繁杂之事，已极费手，况在编辑过程中，又需逐一甄别。因想，这比选录一枚四星级珍品，所费工夫要大得多，吃力得多。然而，编者却能将漫无边际之实物资料，经过筛选，编排得有条不紊，从而公布如此大量不同版别。这件事，对于全国各地的古钱拣选工作，肯定是有用的参考，有利于保护祖国古钱币。同时，为基层单位工作的同志，为初涉泉学的人，提供可靠的比较材料，又是一件有利于普及钱币知识的基础工作。就这些来说，反映出编者的思路与旧时谱录是有明显区别的。不但在总数量上，比任何旧谱都多，而且，所收普通品之多，又显示着本书够大。具体来说，丁福保先生著《古钱大辞典》[①]，在隋唐五代十国部分，总共才收录 260 多枚（包括《补遗》、《拾遗》新增 17 枚在内），而本书收录总数，竟达 2300 枚以上。单就开通元宝钱的收录数量说，也有 1000 多枚。为比较的方便，将《古泉汇》[②]《古钱大辞典》《历代古钱图说》[③] 及本书收录开通元宝钱数字列表如图（图在最后）。通过统计数字的比较，可以看出《古钱大辞典》《历代古钱图说》两书，都比《古泉汇》少一半左右，如与本书比较，更是名落孙山了。本书所收开通元宝钱 1000 多枚这一数字，就远远超过前此出版各书，可见是够大的。

三、够 新

所收拓本来源有二：一、考古发掘品，这是图录的主要部分；二、传世品，以补出土品之短缺，起着相辅相成的作用。传世品中，

① 丁福保：《古钱大辞典》，民国二十七年，上海医学书局石印本。1982年12月，中华书局翻印本。

② 李佐贤：《古泉汇》，清同治三年，利津李氏石泉书屋刻本。

③ 丁福保：《历代古钱图说》，民国二十九年，上海医学书局石印本。

容或有可议之品夹杂其中，而出土品则是科学发掘所得，可以避免伪品的困扰，故最可信赖，说服力又最强，正是第一手材料所具有的特点。本书能抓住这个特点，提供大量出土品，成为本书一大特色。其中，在纪年明确的墓葬中的出土品，尤其可贵，学术价值极高，因为它们是断代的第一手资料，唯一可靠的依据，对这批资料的收集、整理，并集中起来，都是旧时任何籍录或任何个人所做不到的，又是一个够新。现在情况已大不同于往时了。一则，不少的人已认识到研究古钱币是目的，收集古钱币不过是为研究作准备的手段。在旧社会，收藏家的藏品，往往是"秘不示人"的，所以不把实物弄到手，就无法进行研究。现在各种期刊、图书发表的古钱币数量极多，借助图书资料，即可进行研究。例如：裘锡圭先生曾撰《战国货币考》[①] 一文，对战国古钱币文字的释读，解决了许多前人误释、未识之字，是一篇有功钱币研究的名著。他的研究就是根据图书资料进行的，估计他是没有实物收藏的，至少在"三圆肩圆足三足布汇考"一段所涉及的三孔布，他是一枚也不收藏的。那么，本书提供的资料，正好给隋唐五代钱币研究者，提供方便，推动研究是肯定的。如果仅仅是收集，而不作深入研究，只能是一位收藏家，是不能成为专家的。这样的人，历史上是有过实例的，那就是尽人皆知的汉阳叶东卿[②]，他收藏一生，不辨真伪，还谈得上什么成为专家呢？因此，对古钱币的收集，要服从研究需要，不能单以珍稀品作为网罗的对象。在提供线索、说明问题方面，珍贵、稀少品，无论如何，也不如普通品，甚至残次品也有用。因为，后者倒可以

---

① 裘锡圭：《战国货币考》，1978 年，《北京大学学报》（哲学社会科学版）第 2 期，第 69 页。

② 叶志洗（1779—1863），清湖北汉阳人，字东卿，官至兵部郎中。嗜金石之学，而鉴识未精，所藏颇有赝鼎，周遂启言其鼎本只九字，估客增刻九十余字，志洗收而不疑，藏泉也多类似。

提供线索，说明问题①。何况，普通品数量众多，又说明是富有普遍意义的。若以这个意义来衡量，譬如据珍稀品以立论，就避免不了"孤证难凭"的缺点，这样在取舍之间，就容易作出判断了。二则，根据《中华人民共和国文物保护法》规定，文物（包括古钱币）是不准任何单位或个人进行买卖的②，那么，古钱商品目录或类似的图谱等，自然都因不符合国家政策，或者与《文物法》有抵触，或者对文物走私、倒卖文物等犯罪活动，竟然起着推波助澜的作用，使青年钱币爱好者堕落，犯罪，影响极坏，应当淘汰。已经对内开放的钱币市场，由国营古钱币商店、文物商店出售古钱币，但是只出售普通品，至如考古发掘品、珍稀品则是一概不售的。以珍稀品吸引收藏家、从而牟取暴利的时代，已经一去不复返了。适在此时，本书在编辑过程中，收录众多普通品，是顺应潮流的，反映出与古钱商品目录之类的不同处，正是思路够新所决定的。

四书著录开通元宝钱数统计表

顺序	书　名	一般	会昌	南唐	闽	南汉	合计
1	《古泉汇》	59	63	6	4	0	132
2	《古钱大辞典》	16	39	3	4	0	62
3	《历代古钱图说》	13	42	1	5	0	61
4	《中国历代货币大系·隋唐五代十国卷》	510	359	44	56	46	1015

原载《上海钱币通讯》1991 年第 28 期

① 河北衡水尹海金《"唐开元"子孙钱探讨》，见《河北金融》1988 年增 4 期。就是根据为数不少的普通开通元宝钱，经过研究写出的论文，颇有新意，说明一个历史现象，使开通元宝钱大小参差的原因，得到解释。

② 《中华人民共和国文物保护法》1982 年第五届人代会常务委员会 25 次会议通过。1991 年 6 月 29 日第七届人代会常务委员会 20 次会议修改通过"私人收藏的文物可以由文化行政管理部门指定的单位收购"，第二十五条："私人收藏的文物，严禁倒卖牟利，严禁私自卖给外国人。"

读《北庭古钱币馆藏整理简报》

　　读《北庭古钱币馆藏整理简报》后，觉得能下功夫整理一堆乱麻般的古钱，写成报告，不论是哪一位，若肯这样做，都是十分可贵的。这是保护文物的基础工作，在文物部门，就是欢迎有这种精神去工作的同志。尤其是在钱币研究比较闭塞的地方，就更加难能可贵了。我以钱币爱好者的身份，谨向作者表示崇高的敬意！

　　这篇《简报》写得条理分明，特别是先讲明历史背景，再依次叙述，如此全面介绍的文章，所见并不多。至于不足之处，也是难以避免的，在此提出一二，与作者商讨，若有不妥，还望在保护好文物的共同愿望下，得到指正！

一、年代可商者

　　1.《简报》说："汉代——五铢钱……根据品色分析大约为新莽时期所铸。"按五铢铸行时间长，曾延续七百三十九年之久。但是，王莽时期，因讨厌刘字有金刀，而废错刀、契刀、五铢，是史有明文的。[①]

　　2.《简报》说："唐代开元通宝……币面钱文的'开元'两字非

327

---

　　① 《汉书·食货志》云：莽即真。以刘字有金刀，乃罢错刀、契刀、五铢。更作金银龟贝钱布之品。

指年号，意为开辟新纪元。"按隋唐间在世的诗人王梵志有《奉使亲监铸》一首。[1] 诗中有"开通万里达，元宝出青黄"之句。王梵志是武德四年（621年）"废五铢，行新钱"的目击者，既把"开通""元宝"分别连结成词，[2] 并用之于诗句中，可见当时是读"开通元宝"，不读"开元通宝"的。据此，解释"开元"，便与开通元宝钱无关了。至于"开通元宝"钱断代问题，也是需要长期研究的课题，目前尚在摸索之中。

3. 《简报》说辽国一天庆元宝，按钱文"天庆元宝"有两种不同版别，一作隶书，一作楷书，前者属辽，后者属西夏。《简报》未披露书体，是否应属辽国，需检原钱方可断定。

二、不引或错引宝文都似欠妥

1. 《简报》说："宋代的钱币，北庭馆藏共有 17 个年号的'元宝'，它们是咸通、淳化、天圣、万历、元丰、元祐、绍圣、大观、祥符、皇宋、景德、明道、嘉祐、熙宁、治平等元宝共 85 枚。"按报道 17 个年号，实际列入的只 16 个，原缺一个。其中皇宋、圣宋两个是国号，不是年号，铸行不受年号拘束，故北宋、南宋都曾铸造。皇宋钱的宝文，两宋不同，北宋用通宝，南宋用元宝；圣宋钱的宝文，北宋用元宝，南宋用重宝。咸通是唐代年号，史无铸钱记载，传世品有咸通玄宝一种，又辽有咸雍通宝，旋读，若误作顺读，也可出现咸通字样相连，不知馆藏一枚，与所述二品有无关系。万历为明代年号，铸有万历通宝钱，自非宋钱。是否为宋庆历重宝，误"庆"为"万"？不得而知。总计宋代年号仅 14 个。再就宝文检查，把用通宝的元丰、元祐、大观除外，所余仅十种是用元宝的，

① 敦煌莫高窟发现唐以来写本《王梵志诗》。近人据以编成《王梵志诗校辑》，中华书局出版。

② 参看唐石父：《武德钱文研究》，载《中国历代货币大系·隋唐五代十国卷》。

与《简报》所叙"共有17个年号的'元宝'"不能吻合。必将为以后清点藏品造成差错，有必要做一次核对，以清账目，避免遗留后患。元宝有二解：一、圆钱宝文之一。始见于唐开通元宝，为钱文结构的重要组成部分。二、银质通货名，始见于元代，下半呈椭圆状，上半出翅。引文中"共有17个年号的'元宝'"句，容易误解为银质通货。若将元宝改用'钱'就可避免误解。

2.《简报》说："金朝……'大定元宝'。"按：大定通宝钱，为金朝所铸，宝文用通宝，无用元宝者，若实物确是大定元宝，应请专家鉴定，好确定有无价值。

3.《简报》说："南北朝时代——天保通宝（北齐文宣帝550—559年）。"按：北齐文宣帝比唐高祖武德四年废五铢、行新钱时早约六十年，其时宝文尚未产生。[1] 不应有以"天保通宝"为文之钱币。既有宝文，当非北齐时钱。其钱若系外形椭圆，中央方孔，天保通宝分列穿之上下各两字者，则系日本钱。

日本铸

辽铸

西夏铸

三、待考钱

《简报》说："唐代中期……和'贞元通宝'。"按：唐代有贞元年号，然史无铸钱记载。又说："另外还有馆藏数枚，尚待考查古铜币。（1）昭武通宝，（2）天园通宝……"按三钱都应附拓本，以便获得时贤指导。

原载《新疆钱币》1998年第4期

---

① 唐武德四年，废五铢，行新钱，是我国货币史上一次巨大变革，影响深远，钱文结构改为"吉语"加"宝文"是为宝文进入钱文之始。

重印《古化杂咏》序

　　历朝古化谱录，至有清而极盛。巨著如大兴翁树培之《古泉汇考》，汇众说于一编，惜未有图。诸城刘喜海之《古泉苑》，聚群拓而成书，竟无一言。当其著书集拓之初，盖欲以嘉惠后学，第以未付梓人，竟弗克如愿。虽耗尽一生心血，仅余稿本。利津李佐贤、歙县鲍康之《古泉汇》《续泉汇》，图说咸具，自胜翁、刘，且有刻本矣，卒以刻不能精，魂魄丢尽，徒存形骸，难见庐山真面，美犹有憾焉！民国以来，向称南张北方。张叔驯先生所藏，身后流落美国，既无专集，恐并拓本亦少有传者，窥见为难。每一念及，辄心恒怏怏。用是，尝思定海方若所著《古化杂咏》，著录虽寥寥百品，而古化菁英，聚积此数，实非易易。其以诗咏泉，则承刘喜海《论泉截句》、叶德辉《古泉杂咏》之余绪，鼎足而三。诗前揭拓本，更胜刘、叶。尤其拓墨匀停，纤细毕显，不但远胜木刻，即寻常拓本，亦难与抗衡，诚古泉谱录之至精良者矣。虽然，方君其人，自号古化富翁，论富有，在当时确是当之，而赝鼎终未能或免。如宝字、宁字二布，郑家相、张绚伯二先生在津时，曾以伪品相告，方君颇不以为然，竟亦收入此书。郑先生尝曰："亦足见其自信力之强也"①，实则"自以为是"有心蔽之也。或有揭其伪者②，二布却不在其中，乃知可商榷者，固尚有若干，明眼人自能辨之。

书成于民国十四年，仅拓四十余册，今又六十年，流传益少。比者，北京市钱币学会商之北京大学图书馆将为精印行世，以广其传，当有补于泉学，故乐为之序云。

是书也，以其所聚精萃而得传，非以汉奸其人也，读者幸注意及之。

1988 年 5 月 4 日唐石父序于商鱼堂上

---

① 见郑家相《梁范馆谈屑》，载《泉币》二十期。

其文云："时绹伯亦寓天津，每逢星期，聚于旧雨楼，药雨出所藏，逐一传观，见有伪品，绹伯及余，均率真言之毋少隐。药雨从谏如流，一经道破，辄弃之不甚吝惜，诚属难能，殊堪钦佩。惟有数泉，虽屡言之，终亦之信，且列入《古化杂咏》及《言钱别录》，亦足见其自信力之强也。数泉者何，一宁字布与宝字布，此二布制作恶劣，文字粗率，不合战国时物，虽铜色尚旧，亦属后铸。药雨强入于秦，可谓憾矣。"（下略）

② 戴葆庭《历代古钱图说校正》，载《中国钱币》创刊号。

方若，浙江定海人，字药雨，号劬园。本名城，字楚卿，后改今名。斋名旧雨楼，自号古化富翁。清末，前辈藏钱散出，少有人问津，方遂大肆收集，传世名品，多入其手，旋即成为与南张相崎北方。著作尚有《言钱别录》《言钱补录》二书，分别收入《开元钱考》《永安钱考》及《化说》《钱文位置说》等编，所考多有可据。尤以《永安钱考》颇有影响。

方若为光绪诸生，曾任知府。后为日本人办《日日新闻》于天津，遂寓居天津，以迄于殁。除收藏古泉富有外，所集古物名品如：商小臣𦙝玉铭、周内公钟钩、汉马君𡧛、元玉牒残片等，皆稀世之珍。能画，所藏古画，亦颇有可观。一九五五卒，年八十余岁。

331

重印「古化雜咏」序

歷朝古化譜錄，固有清而極盛。臣著以大興翁樹培之

「古泉彙考」，匯眾說於一編，惜未有圖。諸城劉喜

海之「古泉苑」，聚群拓而成書，竟無一言。當其晉

書集拓之初，盡欲以嘉惠後學，第以未付梓人，竟弗

克為願。雖耗盡一生心血，僅餘叢本。

韻韾鉅壞之「古泉匯」、「續泉匯」，圖說咸具，自刺浚李佐賢

勝翁創，且有割存美，辛以剞不能措，魂魄丢輕，徒

存形骸，難見廬山真面，美酒育磁甌！民國以來，向

搠南張北方。張叔馴先生所藏，身後流落美國，既無

專集，恐盂拓本亦少有傳者。窺見為難。每一念及，

頫心恒怏之。用是，審思足海方君所著「古化雜咏」

，著录雖寥之百品，而古化菁英，聚然積此數，實非易易。其以詩咏泉，則承劉喜海「論泉截句」、葉德輝「古泉雜咏」之餘緒，噩之而三．詩前搨搨本，更勝劉葉。尤其搨墨勻停，纖細畢顯，不但遠勝木刻，即尋常搨本，亦難与抗衡，誠古泉譜錄之玉精良者矣。

雖然，方君其人，自號古泉富翁，論富有，在當時確乏當之，而價鈸絕未能或免。而贋字、寶字二布，鄀家相、張絅伯二先生在津時，嘗以偽品相各，方君題不以為然，竟加收入此書。鄭先生嘗曰：「亦足見其自信力之强也」注一，實則「自以為是」有以致之也。或有搨其偽者注二，二布卻不在其中，乃知可商榷者，因尚有若干，明眼人自能辨之。

書成於民國十四年，僅拟四十餘册，今又六十年，流

傳蓋少。比者，北京市鐵路中學會商之北京大學圖書館

特為精印行世，以廣其傳，當有補於泉學，故樂為之

序云。

是書也，以其所歐精萃而浮傳，非以漢奸其人也，讀

者幸注意及之。

一九八八年五月○日　唐石父序於商魚堂上

注一：見鄭家相「梁亮館談屑」。載「泉幣」二十期。

其文云：「時綱伯爾寫天津，每逢星期，聯袂藚

兩樓，藥雨出所藏，逐一傳觀，見有偽品，綱伯

及余，均牽真言之母少隱，藥雨遂諸如流，一

經通破，瓶薯之不甚音惜，誠屬雅錄，殊堪欽佩

。惟有散泉，雖屢言之，終而之信，但列入「古化

集詠」及「言錢別錄」，亦足見其自信力之強也。

散泉者何，一甯字布与寶字布，此二布別作惡劣，

文字粗率，不合戰國時物，雖銅色尚舊，亦屬後鑄

。藥雨強入於秦，可謂惑矣。下略」

。

注二：戴葆庭「歷代古錢圖說校正」，載「中國錢幣

」創刊號。

方若，浙江定海人。字藥雨，號葯園，本名城，字楚卿，後改今名。喬名蔓兩樓，自號古化畫翁。

清末，前輩藏錢散出，少有人問津，方遂大肆收集，傳世名品，多入其手，旋即感為與南張相崎之北方。

著作兩有「言錢別錄」、「言錢補錄」二書，分別收入「闡元錢考」、「永安錢考」及「化說」、「錢文位置說」等編，所考多有可據。尤以「永安錢考」斷有影響。

方若為光緒諸生，曾任知府。後為日本人辦「日日新聞」于天津，遂寓居天津，以返於段。陳收藏古泉富有外，所集古物名品尤之商小區鼎彝玉銘圖內公鱗鈞、漢烏居庚、元玉牒殘石等，皆稀世之珍。能書。所藏古畫，忘斷斷有可觀。一九五五年卒，年八十餘歲。

钱经万选　拓出千锤

——《咸丰钱的版式系列》序

天津建置虽晚，而旧城附近，时有文物出土。四十年前，崔家码头因修路，掘得先秦墓群，向所未见，时议纷纭，竟有指墓群为漂来之说者。

李世瑜教授，在天津史编辑室工作，据墓群土质全系蛤蜊推测，当为退海之地。退海地应成线，范围必大。后骑车作调查，以崔家码头为基准，在其南、其北延长线上，经调查发现，沿途多有春秋战国遗址、遗物，如巨葛庄、南八里台、是塘等村皆然。从而得出基本平行之古海岸遗迹三道。漂来说不驳自息。① 进而肯定春秋战国时，已有古人在此生活。将天津古史上限，提早两千余年。

天津州升府前后，文风渐盛。著名学者张霟家有问津园，思源庄之胜。查礼兄弟既有水西庄之园林，复聘四方名士，馆于庄内。如朱彝尊、姜宸英、汪沆、吴廷华、朱岷等，皆一时名流。厉鹗北来过津，闻查为仁正笺注《绝妙好词》，遂留津不前，与为仁共成是书，一时传为美谈。安岐嗜古书画，明以来收藏家之精华，尽归安氏沽水草堂，且经项子京、卞永誉、冯铨等名家鉴定，后入清宫，

---

① 李世瑜《古代渤海湾西部海岸遗迹及地下文物的初步调查研究》，《考古》1962 年第 12 期。李世瑜《天津一带古代海岸线遗迹的初步调查》见《河北日报·探求》1962 年 3 月 31 日连载。

晋唐名迹，得以长存，可见收藏家之于文物保护，其功甚伟！

天津学人，多有嗜书画、古籍、金石者，耽玩古泉者，更不乏人。对《古泉汇》之成书，唯吴惠元独膺殊功！缘吴本出李佐贤之门，又与鲍康相好。得以介绍鲍、李相识。鲍康《古泉汇》序云："……霖宇（吴惠元字）购尔，均非余选定不可……霖宇为先生（李佐贤）高足，因余赠以丰货泉遂定交……最后始因霖宇获交于先生，盖耳先生名者十余稔矣。先生一见即引为入室。"

鲍康《古泉汇后序》云："……而初氏所辑《吉金所见录》幼时叹为巨观者，实只千数百品，今吾两家之图拓，殆过之三倍。盖同着一谱，以永其传乎？余闻而欣然。顾日驰逐软红尘中，百务纷乘，弗遑从事，不得不以此事推袁，竹翁（李佐贤字竹朋）亦遂奋然洒翰。每脱一稿，先以相示，余有所正，即时改定，参互考证，不惮至再，至三。荟萃众说，折衷一是，不诡异，不苟同，稍有可疑者，辄置弗录。并选鄙藏数百种，益以诸家墨本，得泉凡五千有奇！洋洋乎大观哉！后来者不可知？而空前一语，信足以当之矣！"

两《序》所述，既可见《古泉汇》成书之概略，又可知李、鲍亲密之合作。罗振玉称之为"压倒以前诸家之巨著"者，微吾乡吴惠元之介绍，恐难有成！

惠元中表，有徐士銮者，选官台州府，嗜古泉，偶得垣钎布一，拓以寄鲍康。前此，吴大澄拓新得垣钎布范寄康，康因谓：垣钎币无传者，徐苑卿（士銮字）于台州得一枚。谓轻薄为叶，拓以寄余，与清卿（大澄字）之范符合，足补两《泉汇》。先观范，而后获泉一异也，布即少有，又有范出，异则异矣，然迄未有说。孟继埙一生好古，所藏石刻拓本，编为《目录》，惜未梓行。藏泉尤富，身后由孙辈捐赠天津历史博物馆。化私为公，为时人先。光绪二十四年，继埙时任湖北盐法道，盼侄广慧游湖北，因寄银若干，促其早日成行。适范寿轩来王氏家塾售古物，讼言安阳农民收落花生时，往往掘得龟甲兽骨，且有文字，未识何物。孟氏以为古之简册，促范往收。翌年，范估再来，果携龟甲兽骨至，广慧以游鄂旅金，改购甲骨，先师王襄先生亦购存若干。古哲时贤，固无知有甲骨其物者，尤是而孟、王二公理当为甲骨发现之人。岂料世人竟有鼓吹王懿荣吃药发现龙骨有字之说者，实不足据也。

先师所藏古泉，上起刀布，下逮民国之代用币，以及古钞、钞版拓本，皆有收藏。弥留之际，叮嘱将文物并手稿悉捐国家，以遂化私为公夙愿。王锡璜之秦汉玺印，隋唐墓志；李盛铎之敦煌写经；徐世章之古玉、古砚；周叔弢之古籍、封泥；周进之汉魏石经、古钱；姚彤章之烟壶、明刀；罗振玉收藏弘富，尤以大库档案为最，乃国家历史文献，人间无两之瑰宝，归罗氏，始得妥善保藏。方若藏钱，乃聚乾嘉以来之精英，益以出土珍品，举世无双。后售与浙人陈仁涛，今在中国历史博物馆。

旧时藏钱家，或请人编藏钱成书，如《益斋书主人货泉备考》即家宾蔡琇所编。此风至今犹存。然而沽上泉家，皆亲自编纂，如缪继珊有《百二元钱馆藏泉》四册，方若有《古化杂咏》二册，黄集福有《清钱谱》一巨册，今在天津图书馆。王宗鲁著《泉布简说》四卷，陈铁卿著《古泉史话》十卷。此二书皆作者望九之年所撰，书成而人逝，付梓无日矣，可慨也夫！

宗佑仁兄嗜收藏，肯研究，不论刀布圆钱，每见必收，尤以咸丰钱为酷爱，积三十年之精力，仅咸丰一朝之钱，即达千余品之富！其钱数之多，既超过黄鹏霄之《谱》又丰富于张䌷伯之《考》，美不胜收。

一日，宗佑仁兄携所著《咸丰钱版式系列》书稿见示。始悉由咸丰版式之辨析，获得多种系列，因著是书。所列版式，不仅为前贤所不知，亦为黄、张所未言。研究心得贯彻全书，从而开辟一条新路，可喜可贺，于以见学术研究，后来居上信不诬也。著录名品不但皆为自藏，而且，皆出作者手拓，不论大钱、小钱，著墨匀称，点画不爽，使王振庭[①]、傅大卤不得专美于前矣。钱经万选，拓本出

339

---

① 王振庭，拓工，曾为方若拓钱。

千锤；拓尽玑珠，资料皆信史。耄耋老翁，每一展读，得享延年益寿之清福；嗜钱藏家，反复披览，必获研究进步之硕果。

己卯夏至前三日，商鱼堂上八一老叟唐石父喜而为序。

原载《安徽钱币》1999 年第 2 期、第 3 期

关于《天津书画家小记》

先师陆辛农先生，一生治学谨严，勇于实践，故能通多种学科，识多种外语，而且，都是通过自学而获得的。余曾撰挽联云：

> 严是非，勇实践，坚信马列主义，革命路上，勇往直前。
> 空留典型光先辈。
>
> 为画师，是诗人，更兼生物学家，知识域中，广搜博采。
> 久蒙教诲掖后生。

先生一生，确如挽联所写。于自然科学，尤精于植物学学名之研究，巨著《植物名汇》即其代表作。《诗经草木今释》，则是结合经典著作，就所见植物，加以考订，以研究古今名称异同。通过古名、学名之对照，使读者得知古名所指。实即今日所谓边缘学科也。于社会科学，则关心乡土史事研究，著有随笔多种，如《忆籁随笔》即其一种。书中保存不少旧闻轶事，地方掌故。《食事杂谈》乃地方菜谱，既有名菜，又有小吃、传统食品等。于艺术，自然更是先生所擅长了。初学绘事于张和庵先生，以至组织画社、教授弟子等，兹不复赘。既然从事绘画，时日积久，过手、过目名迹亦多，加以留心先贤史迹，两者自易结为一体，经过长期搜罗，积存资料，亦随之增加，1962 年，先生已七十六岁高龄，毅然命笔，写成《天津书画家小记》。此后十年，又有增补，因尚未付梓，特介绍概况如次。

一、重视前人遗作。本书特色，在于著录之作家，凡曾得、曾见作品者，必加记述。如严台孙藏有王问泉所画花鸟横披，出陈于河北省金石书画文献展览会。曾见沈铨所画写意蔬果，率笔勾点，淡逸有致。金永和画，多小幅，尝自题诗其上。郁先族兄杏林曾藏有其所画扇，幼时见之。姚品侯藏有查集堂行书七言对联，绝精。曾出陈于河北省金石书画文献展览会。

二、注意师承，品评得中。本书于师承所自，多有论述，以见师法源流，可供学者参证，非他书所曾有。如作家本人师承之记载：王铸九学画于孟绣邨。王印为天津文学家兼名书家顾叔度之及门弟子。王瀹系马景含弟子。王士连为天津蓬庐画社女弟子。杨光仪为吴昌硕老师。吴北来尝谒师，并为画荷花长卷。《碧琅玕馆诗续钞》有吴题诗："古城隅绕三津水，问学云亭数往还。通州徐石雪初来津，即日谒见王仁安执弟子礼，受诗学。按徐曾学诗于王仁安，学文于赵生甫。"

至于评骘作品，既客观又实事求是。既不肯阿谀奉承，又不容些许不足。虽长者，亦不稍讳。如评陈小亭摹朱导江《秋庄夜雨读书图》云："该图意趣在于雨，乃所摹干笔皴擦，而款题以年老不能写雨云云，殊失原题意境。"

阚雨珊不能书，亦于记中叙入："雨珊亦长于博古，若黄逸儒。唯不能书，只钤一章。"

陈小亭先生长于先生四十余岁，于所摹《秋庄夜雨读书图》乃有此评。阚雨珊之不能书，亦未稍纵。凡此，皆为艺事而品第，并非论人，史贵直笔，其斯之谓欤？

三、留心遗闻轶事。本书皆只谈艺，引文颇有品评。独于前人遗闻轶事，乃多所采录。如因笔润（即润笔）少而引出趣闻者，有如下数则：

周召棠，字召伯，一字少白。凡托情求画，不与笔润者，则署款"白画"。华世奎每岁抄廉润书扇济贫寒，但多为其门人代笔，扇头必印小章曰"小直沽人"，盖以天津旧为小直沽，此则云小直（值），沽（卖）于人也。故印此章之扇什九赝鼎。张若村不合时俗，穷而栖于卖酒家，日久不能偿值。一日，有使者持五十金来索画，并递其主人大红名片，若村辞不受。使者去，卖酒家大声责，时若村方餐，系酒家为备者，酒一小壶，鸡卵一，店主遽持去。若村笑不言，但以指击桌，唱《秦琼卖马》，店主大声喝："那是你的马?"片刻，前使者复至，酬值倍之，并谓大人将来候，若村允为画竹，辞见客，画值自留若干，馀悉与酒家云。

周让性褊急，喜夸大，遇其所不善，尝面折之。或称之为"铁舌周不让"，盖珊、衫与舌音相谐也。后周闻之，发狂笑。一次有求画竹者，以人情来，希少酬，周不肯，来人苦求，周语不相让，时陈恭甫在座，劝之，周笑答曰："汝不知吾为铁舌周不让乎?"后恭甫与郁谈及。并谓："铁珊说话，太不周到。"郁笑谓："昔文点写松，多苔点，或戏之曰：'文点松，文也文，点也点。'今可对'周让竹，让不让，周不周'"。究竟周让似觉不顺，因相与大笑。

尚载一事，乃老辈轻蔑后生，反为面折之事。

一长辈画家，以青士（梅洁字）年少欺之，每言于人曰：小梅大笔墨差得远。一次，青士写层峦叠嶂巨幅，极意为之，苍秀之气扑人，故不落款示于群中。长辈画家审视久，谓青士曰："你未必及此。"青士曰："此正小梅大所写者也。"

四、收录作家最多。本书征引旧文，出处必注全称于次。引文多时，又皆连属成文，可谓天衣无缝，其工妙可知。凡征书四十余种，转述时人之说者二十许人，于津沽绘事、书法、治印名家，搜罗最富。前此印行之作，书画家之著录，皆居从属地位，且为数不多。如《津门杂记》《津门志略》等，不过尔尔。其有专书，谓自先生此书始可也。由于资料分散零乱，杂见各书，微先生积年收集，又安能达四百二十余人之多，盖亦为前所未有。

五、自谦的态度。本书凡例，首先讲到本辑所载，互有详略，不足称传。仅备素材，以供搜采。开宗明义地说明编辑目的和书名称小记的缘由。平日谈及此书时，常谓："所以书名不作《天津书画家小传》者，意即在此。至于资料来源，各注明出处外，尤其对得自口碑资料，都逐条记出人名，以示不掠美之意。"凡例云："记中事实，得诸先辈所言及友好谈及者，不敢掠美，注大名于下。"正是先生本色，一贯如此。

六、亏大节者不录。本书收录四百余人，未收诸罗振玉、郑孝胥、方若等多人，或有疑其疏陋者，其实不仅非疏于搜集而失收，且为故意摈之于《小记》之外者。盖其人皆权奸，故不收。总之，亏大节者，皆不得入录，可见先生纂辑之时，极端重视大节之完亏，未尝或忽，此亦先生为人，处世重要之一端。

附记：是书撰于 1962 年，此后十余年间，时时谈及内容，或修订，或增删，未尝停顿。至 1973 年，先生遂以增补之事，嘱余继续完成。于今时逾一纪，尚未能藏事，有愧于先生。实亦因此事滋大，非朝夕可成。余读先生此书，但觉作家有关艺术者，缕述称备，而于各家经历年岁等，几乎未有叙述。因此，拟于原稿之后，附见各家事迹，使读者可知作者生平及时代背景。然此愿虽蓄于怀，终未着墨。今后当竭力成之，以慰先生于九泉之下。

原载《天津文史》总 10 期

附

录

鲍康年谱

序

鲍康字子年，清安徽歙人。生平无它嗜欲，唯与古泉结缘最深，蓄泉终身，考证不懈，垂老而弥笃。一时在京学者，交相过从。因天津吴惠元得识利津李佐贤，一见如故。尝怂恿佐贤著一谱，以不负平生收集之劳。其谱即举世闻名之《古泉汇》也。

同里吕君鸿年，与余同窗共砚，朝夕相处，见余嗜古泉，久亦染其癖。民国二十四年（1935 年），鸿年见示《观古阁丛刻》，因得假读。嗣鸿年入桂，不相见者垂三十年。1975 年夏，远道见寄是书，乃得再读，每有所得，辄笔记之，读既竟，札记厚已盈寸。暇则排比梳理，成《鲍康年谱稿》一卷。自是每读一书，必摘录有关鲍康事迹，诸如《古泉汇》《续泉汇》《民国歙县志》《光绪奉节志》以及《王文敏手札墨迹》等，冀于旧稿有所增益。

鲍康卒年，为前贤所不知。读王懿荣致《松溪三兄札》，有"鲍年丈已于三月三日仙逝"之语，知其卒之日，为三月初三，而当属何年尚不知也。嗣读王崇焕撰《王文敏公年谱》，经考定是札作于光绪七年（1881 年），因撰《鲍康卒年考》以论证之。去年，出席在苏州召开的中国钱币学会成果汇报会暨年会时，晤安徽方志炎同志，交谈中偶及此稿，方君即欲索归。余念是稿尚须整理，容日再将清

347

本寄呈，幸皖中同好有以教之也。

1990 年 6 月 16 日，石父序于千叶金莲花庵

年　谱

鲍康，字子年，歙人，以观古阁名斋，遂自号观古阁主人。致仕后，息影臆园，又号臆园野人。生于清嘉庆十五年（1810 年），中道光己亥科（十九年，1839 年）举人。官四川夔州府知府。卒于光绪七年（1881 年）三月初三日，享年七十有二。无子，女四松，年十四遽夭。

嘉庆十五年　庚午　1810 年　一岁

嘉庆十九年　甲戌　1814 年　五岁

嘉庆二十四年　己卯　1819 年　十岁

嘉庆二十五年　庚辰　1820 年　十一岁

是岁随宦居陕西大荔。暇辄偕伯兄廉、仲兄庠于缗钱中，搜剔不数见者存之。

唐石父按：鲍廉、鲍庠，并清安徽歙县人。廉字子远，康伯兄；庠字子周，康仲兄。兄弟三人自幼尝于制钱中择其不数见者存之。道光二十年（1840 年）夏，廉在西安为康购得中泉三十。咸丰元年（1851 年）冬，苏兆年在甘肃得宋庆元大钱背十四字者，庠拓以寄康，又为康购得壮布四十于西安。友于之乐，时人羡之。

道光元年　辛巳　1821 年　十二岁

仍随宦居大荔，收剔缗钱如昨岁。时有晏姓剃发者亦嗜泉，得一乾封泉宝，为康所无，且甚羡之。一仆闻而遽夺以奉康，其人潸焉出涕，康笑而还之，并曰："人间亦有痴于我者！"

道光二年　壬午　1822 年　十三岁

是岁，随宦之渭南，理行箧，所蓄古钱悉为馆童窃去，怏怏者匝月。自是不复置念者垂八九年。

道光四年　甲申　1824年　十五岁

道光九年　己丑　1829年　二十岁

道光十一年　辛卯　1831年　二十二岁

是岁，偶有所获，始稍稍补辑遗亡。

道光十二年　甲午　1834年　二十五岁

道光十七年　丁酉　1837年　二十八岁

是岁，应京兆试，道出潞河。内兄何福宇出藏泉相示，并述其舅刘师陆所藏之精且多，康颇羡之。及至都门，得路慎庄所惠《钱录》《泉史》诸书，皆久思未得者，一旦得之，兴致益豪。遂锐意搜求，按图索骥，雁（赝）鼎、鱼目，兼收并蓄，不问劳费。每读史传、杂记之涉泉制者，一一录之，成《古泉丛考》及《古泉考略》各若干卷。

唐石父按：（一）潞河，镇名。在山西潞城县东北潞河之滨。

（二）何福宇，清山西灵石人。字镜海。何玉民之子，刘师陆之甥，鲍康之内兄。少时，好与康较胜，所藏以方足布为多，余皆不及康。家于山西，因得地利，所获小布多至数百枚，每经刘师陆选取，所余悉还之。初购泉时，有所得而不能决，则就。正于师陆，然遇佳品，辄为师陆选去。康为外舅何玉民刻诗集成，镜海举刀布六百余品悉以赠之。

（三）刘师陆，清山西洪洞人。字子敬。号青园，行四。嘉庆二十五年进士，由庶吉士改广东知县，官至湖北荆宜施道。嘉庆十年，在凉州（今甘肃武威）得新出土古钱，中有凉造新泉一枚，因就出土地点，定为北凉张轨所铸。又钱文为向所不识者亦同出土，遂据西夏天佑民安五年所立《感通塔碑》之西夏文，辨出不识之钱文，乃西夏文钱，然尚不知文意。此二事之于古泉断代研究，关系至重，自应归功于刘氏。至所著《虞夏赎金释文》一书，虽经鲍康为之重刊，而内容实无足取。

（四）路慎庄，清陕西周至人。字子端，号小洲，斋名蒲编堂。曾官淮阳兵备道。与鲍康交往极密。曾以《钱通》写本赠康，以

349

《泉志》雕本假之，复为购《钱录》《泉史》二书。官淮阳时，知康嗜泉，悉取江苏各局大钱为赠。康著《大泉图录》时，特一一选载，以广见闻云。道光二十一年（1841 年）、二十六年，两次索康藏泉拓本，康皆为拓若干品以报之。

道光十八年　戊戌　1838 年　二十九岁

是岁，有《书古泉考略后》之作。

道光十九年　己亥　1839 年　三十岁

夏，始识刘喜海于长安，得读《泉苑菁华》，为题诗于卷尾，颇为喜海所重，交谊益挚。由是过从愈密，时以佳泉惠康，殆无虚岁。是岁中举。

唐石父按：刘喜海，清山东诸城人。字燕庭，号吉甫，斋名嘉荫簃。嘉庆二十一年举人。由户部员外郎官至陕西巡抚。道光十七年，以护送琉球专使，南行过吴门，得见瞿中溶，观所藏碑帖、钱币。时大兴翁树培遗稿《古泉汇考》流落肆间，喜海收得并加校理，缮为清本，使此稿得以流传不湮，可谓翁氏功臣。所藏空首布百余枚，南宋铁钱三百余种，当时藏家，无不艳羡。著《嘉荫簃论泉截句》二卷、《长安获古编》二卷，皆已梓行。尚有《泉选》《古泉苑》《泉苑菁华》《嘉荫簃泉拓》《嘉荫簃古泉随笔》等，皆待梓。《嘉荫簃泉说》八则，刊入李佐贤《古泉汇·卷首》，《新莽货布范》一册，民国十八年（1929 年），由上海神州国光社影印行世。《历代古泉录》不分卷，稿本未刊，现存山东省博物馆。

道光二十年　庚子　1840 年　三十一岁

夏六月，礼闱不第，旋秦，丁父忧，归榇，奉母侨寓长安，心恒郁郁。刘喜海亦以奉讳流滞长安。及相见，索观翁氏《古泉汇考》，喜海举以授之，凡八巨帙，厚几盈尺，且曰："此本出钞胥之手，未及校雠，亥豕乌焉，开卷即是，子为我读而正之。"时酷暑逼人，读未竟，而喜海北行有期，不得已，于丛冗中，挥汗撮钞，殆不复成字，且十未详一，后二卷，外国及厌胜、吉语诸品不及详其形制，反志其目而已。计留案头三十有五日，并为勘正数百字而归之。

唐石父按：（一）翁树培，清顺天大兴（今北京市）人。方纲次子。初生时，占者言："此儿寿命不长，宜出继异姓为子，或可免。"方纲以语同年友钱载，载曰："是宜为吾子"，遂携至钱家，改名钱申锡，字申之。幼学时，常往来钱家。九岁即蓄泉，数十年如一日。于北宋钱极为熟悉，见其背即知其面文何字。因得新莽大泉五十范，范底有"宜泉吉利"四字，遂号宜泉。著《古泉汇考》八卷。未梓。其摘自《永乐大典》者最为珍贵。乾隆五十二年进士，累官检讨、国史馆会典馆编修宫、刑部主事等职。

（二）《古泉汇考》，清大兴翁树培撰，八卷。卷一为刀布，卷二至卷七为周秦迄明季并外国无考者，卷八为厌胜诸品。凡古泉沿革、历代著述、收藏诸家之见于载籍者，虽一篇一句，无不详究异同，诚足为考古泉之总汇。其摘自《永乐大典》者，居今《永乐大典》散佚之时，端赖是书得见一二，树培之功，实不可没。身后稿本为刘喜海所得，拟刻未果。再归王懿荣。庚子后又归安邱赵孝陆。山东省图书馆馆长王献唐先生曾假录一本，今藏山东省图书馆。清李佐贤《古泉汇·首集》卷四，曾节录二十三则刻之，仅存梗概。《古泉学》杂志有增图选刊之举，亦未能卒业。北京大学图书馆藏一稿本，有古泉拓本十册。

（三）《永乐大典》，明成祖命解缙等撰，始于永乐元年（1403年），成于六年，计22877卷，凡例、目录60卷。嘉靖、隆庆间又缮一副本。正本约毁于明亡之际，副本在清咸丰时亦渐散失，至八国联军侵入北京时，大部被焚，所余几乎全部被运出国。

道光二十一年　辛丑　1841年　三十二岁

春至都门，与仲兄庠在都度夏。初学拓墨。僧寮无事，为路慎庄拓藏泉一册。作《长安获古编·序》。

唐石父按：《长安获古编》二卷，清刘喜海所撰。据其官陕西巡抚时所得古器编辑而成。有自刻本及刘鹗补刻标题本。

道光二十二年　壬寅　1842年　三十三岁

是岁前后，复流寓长安。

351

道光二十四年　甲辰　1844 年　三十五岁

在长安，思欲得一谱，四年不遇。冬末，程小泉自蜀寄《泉志》钞本至。以应礼部试，匆匆而北，未及校是书。

道光二十五年　乙巳　1845 年　三十六岁

春，在都下，假路慎庄藏刊本《泉志》，以校钞本，勘正增补凡一千一百余字。

道光二十六年　丙午　1846 年　三十七岁

仲夏，因捡旧藏，综评往事，为长律三十六韵。著《观古阁泉目》、择取藏泉十五六，拓为《泉选》，并为之序。秋，刘喜海以宋嘉定永宝等钱七种为赠。又惠至宝等钱五种。冬，选藏泉百五十品，拓册赠崇荷卿。为路慎庄拓泉若干，以续前册。

唐石父按：长律三十六韵题作《古泉三十六韵》，载《观古阁丛稿》卷下，第一页，自刻本。

道光二十七年　丁未　1817 年　三十八岁

季冬，刘喜海复惠嘉定、端平各种铁泉，再占志谢。

唐石父按：诗题《燕庭方伯复惠嘉定、端平各种铁钱，再占志谢》。载《观古阁丛稿》卷下，第六页，自刻本。

道光二十八年　戊申　1848 年　三十九岁

仲春，于长安书肆得朱多焴《古今钱谱》一册，读未竟，不觉失笑。时《泉选》拓成，复汇诸家泉拓为《泉影》。秋末，刘喜海自浙寄赠孝建四铢一枚。孟冬，又寄示《铁泉墨本》全帙，多至三百种有奇。

唐石父按：（一）朱多焴，清江西南昌人。明裔。康熙六年，刻所著《古今钱谱》一卷。

（二）《古今钱谱》，一卷。朱多焴撰。所收如开皇重宝、开元重宝等钱，皆为响壁虚造，诠释亦空疏、舛讹。唯著录孙吴大泉二千一品，为人所未见。

道光二十九年　己酉　1849 年　四十岁

是岁，作《泉范说一》。

唐石父按：《泉范说一》，载《观古阁泉说》第二十页。自刻本。

道光三十年　庚戌　1850 年　四十一岁

仲冬，吕佺孙之蜀过陕，见访于寓斋，并赠孝建钱十三枚。季冬，补拓《泉选》三百余种。苏兆年复于是冬赠孝建四铢三枚。

唐石父按：（一）吕佺孙，清江苏武进人。字尧仙，斋名运甓轩。道光十六年进士。官至福建巡抚。凡所陈奏，洞切事理。酷嗜金石，鉴赏既精，收藏尤富。搜辑古砖，著为《秦汉百砖考》。何绍基、赵之谦均推为海内藏砖家之冠，收藏三代以来钱币略备。道光末年，武进所出四铢背孝建钱一瓮，多为佺孙所得，遂成四铢收藏家之冠，最为时人所羡。咸丰七年，以病乞归，卒。著《运甓轩钱谱》四十卷。所藏四铢背孝建钱，有民国二十三年印本，题为《孝建四铢拓本》。

（二）苏兆年，清陕西西安人。贩古物为生，最善搜抉，百舍重茧，求之荒村古坟，所得尤多，善作伪铭，能于旧器添刻文字，遂启淇鼎，本有铭文二行，共九字，兆年于前后添刻百余字。售诸汉阳叶氏，即叶氏后来送焦山金山寺者。

咸丰元年　辛亥　1850 年　四十二岁

春，因天津吴惠元，获交于李佐贤，以同好，遍拓其藏泉，得四五千品。季秋，以诗纪吕、苏赠孝建泉事，并选十五枚制箧藏之。冬仲兄庠，拓得苏兆年所获庆元背十四字大钱，以拓本见寄。十二月，再题《泉选》。是岁，客大名。

唐石父按：（一）吴惠元，清直隶天津（今天津市）人，字仲孚，号霖宇。道光二十四年进士。由编修官至云南盐法道。归里后，主讲辅仁书院。续修《续天津县志》八卷。出利津李佐贤之门。嗜古泉，与鲍康同客都门，偶见其丰货泉，心颇好之，康解以为赠，遂订交。嗣后选泉，必请康为之鉴定，非精不取。咸丰元年春。李佐贤再度晋京，见旧交星散，适感慨间，惠元为介绍鲍康于佐贤，鲍、李遂订交。

（二）李佐贤，清山东利津人。字仲敏，号竹朋，斋名石泉书

353

屋。道光十三年进士。由庶常授编修，居史馆。后典试江西，出守福建汀州府，莅政六载，汀人怀之。将移首郡，以祖墓临河宜迁，遂引退。童年，所好骛广而荒，且不能自禁。弱冠，复有金石、书画之好。以家贫，不能致钟鼎，泉币轻微，尚可易致，故以古泉为专好，通籍后，供职都门，所见日富。仍苦好之而无力，然遇赏心动目者，不惜重值购之，虽辍衣减食弗恤也。咸丰元年春，重入春明，良朋星散，不获重晤一人。及门吴惠元为介绍鲍康，两人遂得相识，且与为同好，乃出所藏弄，相与质证，往往见所未见：新知创解，亦或闻所未闻，且助搜罗，间有新得，而夙好复怦怦欲动焉。康谓之曰："吾两人用力勤矣，子闲居多暇，盍汇为一编乎？"佐贤曰："唯！"因取历年拓本，参考诸谱，逐加诠释，共为六十四卷，名曰《古泉汇》。另著有《石泉书屋类稿》《吾庐笔谈》《书画鉴影》《武定府诗续钞》等刻梓行世。

咸丰二年　壬子　1852 年　四十三岁

春，至都下，卜居法华寺，与刘喜海居近咫尺，得晨夕侍坐，作竟日谈。遍为观嘉荫簃所藏法器，自谓为生平不多得之快境。喜海复以铁泉二十余种相赠。苏兆年弟亿年来京界以庆元通宝背十四字大钱。夏，应当王芮川聘，至滨州，馆其家，芮川为序《泉选》。仲兄庤为购壮泉四十，于是六泉始备，有诗志之。

唐石父按：（一）庆元通宝大钱，闻咸丰元年苏兆年得之于甘肃，二年归康。康有"以示同人，无不啧啧羡"之语。张䌹伯曾著《庆元大钱质疑》一文，以揭其伪。载《泉币杂志》第十二期。

（二）得壮泉四十诗序云"新莽泉制最精，醇士侍郎《古泉丛话》目为泉绝，而泉货六品之中泉三十、壮泉四十，尤稀如星凤。庚子夏，伯兄子远于长安以十钱为购一中泉，又十三年，仲兄庤复于长安以万五千钱为购一壮泉，六泉备矣。洵大快事，口占短句志之。"诗云："何期尤物远遗将，入掌真教喜欲狂。窗白烛红泉漾碧，恍如风雨话连床。"

咸丰三年　癸丑　1853 年　四十四岁

暮春，自滨入都，时刘喜海已逝世。其哲嗣虞采遵遗命，以即墨刀相惠，怆然有作："果从生死见交情，病榻犹闻说贱名，最是不堪回首处，紫藤花底拓泉声。"

唐石父按：刘虞采，清山东诸城人。喜海子，字载卿。曾为其父所著《嘉荫簃论泉截句》作注。

咸丰四年　甲寅　1854 年　四十五岁

咸丰八年　戊午　1858 年　四十九岁

咸丰九年　己未　1859 年　五十岁

九月，作《古泉汇后序》。当是时，同好零落殆尽，唯与李佐贤聚首京师，无数日不相见，见辄谈泉为乐。适有友携泉来都，为佐贤遴选百数十品，由是古泉之兴日以炽。佐贤尝笑谓康曰："吾辈皆年过半百之人，偶得一小如榆荚之泉，传观叹赏，诧为得未曾有，旁观必有笑为痴绝者，此中真乐，洵不足为外人道也。"可见当日耽玩之趣，搜罗之笃。

唐石父按：《古泉汇后序》，载《古泉汇序》第五页。同治甲子刊本。

同治元年　壬戌　1862 年　五十三岁

同治二年　癸亥　1863 年　五十四岁

六月，作《古泉汇跋》。

唐石父按：《古泉汇跋》，载《古泉汇跋》第一页。同治甲子刊本。

同治三年　甲子　1864 年　五十五岁

十二月，所著《皇清谥法考》一卷，付梓。

同治八年　己巳　1869 年　六十岁

秋，始识杨继震。适膺四川夔州府知府之命匆匆别去。

唐石父按：杨继震，清江苏阳湖（今武进）人。字幼云。由都察院笔帖式官至广东同知。收集金石文字，无所不精。于古泉币收藏尤富。能剖析源流，考证文字，多发前人所未发。嗜空首布成癖，曾得百余枚。光绪元年，继震持所得榆荚半两二百余品，汇拓成册，以示鲍康，康为作跋归之。

同治十年　辛未　1871 年　六十二岁

夏，始装藏泉为二十六函，视初拓之册，已缺百数十种。秋，李佐贤寄示所得范拓半两泥范，皆习见之物，然无两面均有文者。

同治十一年　壬申　1872 年　六十三岁

夏六月，以忤上司，自劾解组旋京师。息影臆园，自号臆园野人。自题《古金汇拓册》。秋，帖泉拓七册，并自题之。识胡义赞。作补刻《长安获古编序》。先是潘祖荫力促康著谱，康以为无以出《古泉汇》之右，而未敢下笔。约于是岁，祖荫复促康刻《泉说》，并为属徐干写以精楷，而附题咏于后。至翌年七月刻成。

唐石父按：（一）胡义赞，清河南光山人。字叔襄，号石查。同治十二年举人。官至海宁知府。藏金石文字甚富。潘祖荫著《攀古楼彝器款识》，吴大澂著《说文古籀补》，多采其说。释布文"閖"字为蔺，尤为确当，较旧来诸说皆胜。癖嗜古泉，尤留意元代钱。能响拓珍泉拓本，以广其传。同治十一年，识鲍康于京师，过从甚密。王崇焕以为"收藏、鉴赏古泉，俱有可观，实乾嘉以后第一名手。"能书善画，篆刻亦工。著有《释泉纠缪》。尝见《李竹朋藏泉拓本》《各家藏泉拓本》二书，签题皆出其手。

（二）潘祖荫，清江苏吴县人。字伯寅，号郑盦，斋名攀古楼。幼好学，涉猎百家，喜收藏，储金石甚富，而藏泉则仅重先秦。咸丰进士，官工部尚书，好士重贤而性坦率，治事勤，日寅而起，至官署恒在人先，舆马甚俭，同僚笑之不计也。攀古楼彝器中缺匜，祖荫出空首布四十八枚，以易鲍康所藏秦量，更以量易陈介祺所藏匜。俾三物各得其所，一时传为佳话。

同治十二年　癸酉　1873 年　六十四岁，

二月，自序《观古阁丛稿》。五月，为孙汝梅题《泉册》。得李佐贤书云："泉谱已告成"。为狂喜数日。七月，《泉说》二卷、《丛稿》二卷，刻成。以新获之泉及诸家拓本，又有在《古泉汇》外者，致李佐贤书："盍作补遗。"佐贤亦以近得甚多，并陈介祺所藏钱范，为前谱所未载者凡八十余种，尤不可不汇为巨观。书来欲与康两人同辑，康则仍乞佐贤一手属稿，庶免两歧，康担任校刊之役。胡义赞、王懿荣及康侄恩绶皆赞其成。有论断不合者，亦邮函商改，计增益八百余品，可谓富矣。

唐石父按："孙汝梅，清直隶大兴（今北京市）人。字春山，号问羹，斋名读雪斋。光绪六年进士，官兵部主事。嗜古钱，喜收刀布外，独留心半两，以其神于变化，百出无一同也。著《读雪斋金文目》一卷，《读雪斋印谱》二卷。

（二）陈介祺，清山东潍县人。字寿卿，号簠斋。少长京师，赋性端严，持身公谨。幼承父训，绝嬉娱，无妄言，聪慧嗜学。道光二十五年进士，官编修。嗜金石之学，弱冠，见称于阮元。嗣与李佐贤等好古之士，赏奇析疑，垂三十年，老而弥笃。收藏富甲海内。尤以毛公鼎，推天下吉金之冠。六泉，十布已称珍贵，而十布且有穿上、不穿上两种。著有《传古别录》《十钟山房印举》等。

（三）王懿荣，山东福山人。字正孺，号廉生，斋名天址阁。幼年劬学，不屑治经生业，以议诠户部主事。光绪六年进士，以翰林擢侍读，曾三为祭酒，前后七年，诸生翕服。二十六年，八国联军直指北京，时任团练大臣，城破，投井以殉，谥文敏。初为训诂金石之学，继而颇考诸经异同，补正注疏。潘祖荫等赞其博学。于古泉学，鲍康谓其好古博闻，素所心折。所藏殷墟甲骨，最为世重，遂有发见甲骨第一人之传言，实是瞽说。身后，悉归刘鹗。藏泉不甚多，然颇精。著《天址阁杂记》《王文敏公奏议》等。

同治十三年　甲戌　1874年　六十五岁

二月，序《续丛稿》。为王懿荣题《颜衡斋泉拓册》。题《金氏古泉考》。三月，《续泉说》《续丛稿》各一卷刊成。陈寅生为购阴文半两石范一。九月，自题《两宋铁钱拓册》。

唐石父按：（一）颜崇榘，清山东曲阜人。字衡斋。乾隆三十五年举人。官江苏兴化知县。鲍康曾谓："衡斋先生藏泉币，世罕有传者。余识海内藏泉家最多，独未睹先生拓本。同治十三年二月，王懿荣得一拓册，虽为人揭取不少，尚存空首布数十种，纸墨俱古，

357

不图老眼犹时获见前辈旧拓，良足欣也。"

（二）陈寅生，为鲍康之戚。

光绪元年　乙亥　1875 年　六十六岁

十二月，题潘祖荫《酒器拓册》。残腊，序《大泉图录》。

光绪二年　丙子　1876 年　六十七岁

三月，杨继震索观《嘉荫簃铁泉拓册》。四月，为明铎《朱子全书》题记。五月，自序《丛稿三编》。七月，题《董芸龕泉册》。三秋，复选藏泉拓为六册，题曰《泉选补遗》，通前藏泉拓册，计《泉选》十六册，《观古阁泉拓》六册，共积四函二十八册，自谓泉之足观者，大率聚于是矣。所集《泉拓》七十余册，《彝器砖瓦拓本》三十余册。有诗云："纵横缥帙堆盈案，海内藏书别一家。"十二月，《丛稿三编》二卷，刻成。

唐石父按：董文灿，清山西洪洞人。字芸龕，斋名芸香书屋。官内阁中书。平素不收泉，独嗜古泉拓本。鲍康尝谓："芸龕尽假余藏币，属其夫人拓之，未及竣，芸龕壮年遽逝，为之怅骇。"王懿荣云："芸龕丈去年（光绪二年）病中，藉拓古物以自娱，赠余北周曹恪碑墨本，椎拓极精。余亦许以古器、古泉墨本分贻。丈数来札促，适以俗事未暇发箧，其弥留之前一日，犹作书来索。"

光绪五年　己卯　1879 年　七十岁

光绪七年　辛巳　1881 年　七十二岁

三月初三日逝世于京寓，享年七十又二。光绪十四年，康逝世后七年，盛昱从其侄恩绶家，假所藏泉，传拓匝年，得五十册。

附录

（一）鲍康学风简述

前代收藏家，向有"秘不示人"之积习，致使若干资料，多数学者不得寓目，无法利用，虽有若无，实为学术研究之一大障碍。

然而，鲍康不仅不为时习所染，反而在同好中馈遗不绝，使古钱及其拓本属以广为流传，又能彼此问难，互相切磋。想彼时钱币研究盛极一时，当与此等学风攸关。因将鲍康学风之可资借鉴者，归纳条分。简述其概，以就正于方家。

一、资料不自秘

鲍康一生，过手古钱极多，传拓墨本又富，其中不乏珍品。然而，在与同好交往中，毫不吝惜，投赠频仍。曾云："故余所藏泉，辄喜人借拓，倘万本流传，尽是庐山真面，讵非快事哉！"其意固在广为流传，不以泉、拓自私，亦足见其胸怀之豁达，为世所罕有。举实例如次：

（1）新莽十布中，唯大布最多，其余皆稀。康曾以壮布赠陈介祺，以成人之美。既而，陈收得莽布多至四十二枚，寄康属为精选，并允为康补缺。时康仍缺壮布、第布。所寄壮布、第布且皆有重复，而康竟不取。并谓："其壮布、第布虽各有二枚，但判然两种，余取之，则大美不完，未免伤廉！"于以见康之为人，自藏者固不自秘，人藏者亦不动心，视世之巧取豪夺者，不啻有霄壤之别！

（2）王莽六泉中，除大、小二泉最多外，余皆稀见。赠陈介祺壮泉诗云："补憾聊凭一纸书，寒斋底事诩双珠，发缄君定掀髯笑，截鹤何妨为续凫？"其序略云：刘喜海藏泉最富，唯缺壮泉，陈介祺与康书，亦谓缺壮泉，康时藏有二品，遂以其一寄陈，并缀以诗。

（3）蜀汉直百五铢，薄小者，为《古泉汇》所未备。康获数枚，遥寄李佐贤，劝其增补。

（4）石勒丰货，当时尚稀，吴惠元见康所藏而酷爱之，遂解以赠吴。

（5）宋至和钱，小平极多，大钱少有。康获一重宝大钱，背上虢字，为刘喜海索去。

（6）南宋铁钱，彼时唯出四川，旧谱著录无几。刘喜海宦蜀，始大力搜罗，所获至多。康悉得其拓本，装以为册，积至三百九十余种。李佐贤辑《古泉汇》时，尽以寄李，任其选用，计选去二百

359

八十余品。康后入蜀又有新得，复以数十品补入《续泉汇》。

综观上述诸举，知康虽酷嗜古泉，而集得稀有创见之品，尝以之分惠友朋。于《古泉汇》之编辑资助尤多。既无门户之见，又不隐秘资料，以传古为乐，喜成人之美。若此风范，令人肃然起敬

二、鉴别精严不苟，非目验不妄定

往昔钱币学家所据实物，以传世品居多，偶有出土者为数亦少，遂使真伪之辨，成为首要之务。加以伪造者众，稍一不慎，必遭其欺，从而导致结论谬误，为害实非浅鲜。于以见鉴别之与研究，实有左右结论之力。鲍康对此，既精且严，虽至交亦不苟同，堪称治学楷模。

（1）删疑去伪

编辑《古泉汇》时，经康鉴定，并劝其删去者不少。王懿荣曾云："金至宁元宝色泽甚旧"康则仅见拓本，未经目验，虽有"色泽甚旧"之说，亦未肯率定真伪，故《古泉汇》未收是钱。王锡棨《泉货汇考》首先著录之。后经定海方若，审是真泉。然在鲍康当年，因不见实物，不轻信传言，因而未加论断，足知其鉴定之不苟率，此端正严肃之学风，堪为后人法。李佐贤藏宝（今释貔，下同）一化、宝二化两种，康以为殊不可信，著《古泉汇》时，劝李删去。

（2）正误纠缪

前人著作，不及后人，乃理之常，譬如积薪，后来居上，自古已然。康读前人谱录，多所纠正。王莽十布，前谱所载，往往仅作某布两字者，康皆不之信。又云初尚龄谓确有大布黄刀一种，其字体板拙，一望可知其非，遂有何以"吴文炳误收之，而初氏亦竟误信"之叹。读冯云鹏等《金石索》见其沿讹袭误之多，乃有"吾辈著谱，凡新异之品，必亲见其泉，确有可信者载之，以广异闻。否则，即同人所赠墨本，稍涉可疑，亦当割爱"之语。读诸家谱录，遇有可疑，即随笔识之，"非敢索瘢，亦实事求是之意，使其谱尚待刻，亦必居净友之列，劝令正之"。遵实事求是之旨，劝人不可率尔操觚之意，为学之道，本当若是，治学君子，幸勿轻视之。

（3）申明伪泉所由出

康阅历既多，辨伪愈慎，尝谓："余每得一泉，必反复审定，考其所从来，或遍示贩售古泉者，俾互相攻讦，务发其覆，待确有可据，乃从而拓之。"于钱贩互相攻讦之中以发其覆，实为鉴定古泉又创一法。李佐贤有壮泉四十，康已断其伪，由其字大，复推定以大泉五十改刻……所作《泉辨》，论述薛氏父子伪作之精，列举所诉泉目。归纳条分，旨在尽揭其伪，庶使同好勿为所欺，尤足见康之为学，端正谨严，推己及人，实多胜人处，世之学者，可资借鉴者正复不少。

三、同好切磋，相互论证

鲍康于学问之事，虽前人著述，必辨其是非，不肯沿误袭谬。在诸同好间，更能磋商论辩，以期阐明是非。一时尚难定论者，则两存之。古币常见之钤字，时有二说。刘师陆主合作一字释为钤，李佐贤主分作二字释为金化。为李佐贤刻《续泉说》时，康收吴大澂《钤说》及王懿荣《说钤》二篇，附其后。陈介祺《评语》所举：平安君鼎铭曾三见钤字之说，亦并收之，可为并存实例。《续泉说》为李继鲍著《泉说》而作，附陈介祺《评语》，而鲍为刻之。文末有云："《泉说》与《泉汇》异者七则，有三说确胜《泉汇》，余亦可存。"语则李出，足证三人者，确有切磋事在，《丛稿三编》系康所著，时有陈介祺、胡义赞、孙汝梅、王懿荣等人之说夹杂其间。胡之释文前，有"石查有释数则，甚可存，附载于左"之语，尤足为互相切磋之证。《古泉汇》印行后，鲍、李、陈间仍时有讨论。康所记云："甲戌冬日，陈寿卿欲重订《泉汇》，复以手评本寄余，多所是正，竹朋不能悉从，又因而辩论之，颇足资考校。"综观所述，知康在同道间，能平心论学，期以尽善尽美，断无门户之见。于古人中求之已属少见，于今人中求之恐亦不多。

四、不以长者自居，奖掖后生

鲍康自四川夔州卸任返京师，为同治十一年（1872 年），已六十三岁。时旧交星散，常相过从者，唯潘祖荫、胡义赞、吴大澂、王懿荣等。论年齿，康在诸人间年齿最高①，而为诸人题跋时，每每称赞不绝。于潘则称："伯寅之才，不可一世。""伯寅藏金石尤富，精于鉴别。"于胡则称："余所拓远不及石查之功。""石查年富好学，异日所录，当不可限量，观是册已足见一斑。"于吴则称："清卿太史与余订交独迟，顾一见如生平欢。学识渊雅，赏鉴尤精，兼工绘画。"于王则称："王廉生亦著《说钚》一篇，颇有援据。""廉生农部好古多闻素所心折，收藏亦富。"康尝云："同人有新说，辄喜载之。"可见康能老而不以学养自矜，对后生能时文赞许，寓奖掖之意。知为学之道，犹黄泉路上无分老少也。康能奖掖后进，有利培养人才，为古钱研究积蓄力量。虽在今日，亦当如此。

尝读郑天挺先生《探微集》② 转载《北京大学研究所国学门一览》③ 所记八本所国学门第一次恳亲会上宣布的内容④："国学门搜集及整理所得之各种材料——当然不限于档案，完全系公开的，供献于全校、全国，以至于全世界的学者，可随意的作各种的研究，绝对无畛域之限制，这是应该请大家特别注意的。"继而郑先生说："现在，我们不但还维持着这个传统，而且更加强向这方同去作，恳亲会宣布的内容，是民国十二年（1923 年）的事"，去今已近七十年，郑先生所说是在 1951 年，去今亦将满四十年。对资料公开之传统，说得透澈明白。鲍康，可以说是做到了的。使人心向往之。当

----

① 鲍、潘等人生年比较表

顺序	姓　名	生　年	少于鲍康年岁
1	鲍　康	嘉庆十五年，公元 1810 年	
2	潘祖荫	道光十年，公元 1830 年	二十岁
3	胡义赞	道光十一年，公元 1831 年	二十一岁
4	吴大澂	道光十五年，公元 1835 年	二十五岁
5	王懿荣	道光二十五年，公元 1845 年	三十五岁

② 《探微集》，中华书局 1980 年版。

③ 《北京大学研究所国学门一览》稿本。

④ 恳亲会上宣布内容，原载《北京大学研究所国学门一览》第五章第十一页。郑先生引文，见《探微集》第 297 页。

此改革开放之际，锐意改革之时，简述鲍康优良学风，当有可资借鉴之处。

本文原载《天津市历史学会一九八三年年会论文集》第 1383 页，1983 年 12 月版发表于《中国钱币》1985 年第三期第 66 页。现收入附录，有较大增删。

（二）鲍康卒年考

鲍康，清代泉学大家，向为学者所称道。

顷读王贵忱同志《鲍康著述及其彩笺遗札》一文，据拙稿《鲍康学风简述》谓康卒年不详。

前撰《鲍康学风简述》时，仅据资料，知三月初三日卒，尚不知其卒究在何年。尔后虽留意此事，仍未有获。

曾检《民国歙县志·本传》①，述及康之交往、收藏，著作、刻书诸事。且拈出李佐贤撰《古泉汇》亦恒倚康相助之事，足见纂志者对先生所知之悉。独于生卒年亦未有记载。又检《光绪奉节县志》②，但记在夔政绩，别无传记，自无卒年之记载。

杨恺龄先生撰《鲍子年先生之传》③，备述先生一生事迹。其卒年，虽附见于传末，而具体卒年年数，却以某字代之，知杨先生亦不知也。

先年曾撰《鲍康年谱》一卷④，逐年系事，亦仅及光绪二年而止。

① 《民国歙县志》卷十，第二十二页背。
② 《光绪奉节县志》卷十一，第三页。
③ 《古泉学》第一期，第十五页。又丁福保《古钱大辞典》总论，第七十七页。
④ 唐石父《鲍康年谱》，第三页。

前年，偶读《福山王文敏公墨迹手札》①，有"鲍年丈，已于三月三日仙逝"之语，固极可贵可喜，然此札未署年代，依旧不知当系诸何年。手札上款所署之"松溪三哥"，究为何人，姓氏为何？皆所不知。嗣于王崇焕撰《王文敏公年谱》② 中，检得松溪资料一则，转录于次：

光绪七年，辛巳，（王懿荣）三十七岁。新年至烟台，住二日。二月间北上。过黄县，住族人松溪太史家。注：松溪太史讳守训，山东黄县人。光绪丙戌科进士，官翰林院检讨。与公为兄弟行。至相契洽，有逾手足。

据此，可知二事：

（1）松溪，为王守训，山东黄县人，与王懿荣同族，为兄弟行，亲密异常。

（2）王懿荣于光绪七年春节至烟台。二月间北上，过黄县，即住王守训家。此二事正与上引手札上款吻合。二月间北上，过黄县住王家，以亲逾手足，当逗留些时，由黄县再北，计其时当晚于三月初三康卒之时，或即离去黄县不久，继续北上途中致王守训者。则此札自应系于光绪七年，则鲍康之卒年，亦可迎刃而解，即光绪七年三月初三日矣。考订至此，适足弥补前憾，亦快慰事也。

本文原载《中国钱币》1986 年第四期。

收入附录，有较大增删。

刊登于《安徽金融研究》（增刊）1990 年第四期

① 有正书局早年石印本。
② 《中和》月刊，四卷七期第二十四页。

唐石父著作编年

附
录

365

留心发现新品种

　　《天津钱币》1992 年总六期

伪钱举隅（先秦刀布部分）

　　《天津钱币》1990 年总四期

天津古泉家述往

　　《天津钱币》1987 年总一期

方孔圆钱的终结

　　《钱币漫话》上海教育出版社 1989 年

钱范点滴

　　《钱币漫话》上海教育出版社 1989 年

漫话古钱

　　《钱币漫话》上海教育出版社 1989 年

《中国历代货币大系·隋唐五代十国》卷初读志感

　　《上海钱币通讯》1991 年 28 期

武德钱文制词的考察

　　《中国钱币论文集》（二），中国钱币学会编，中国金融出版
社 1992 年

重印《古化杂咏》序

　　《药雨古化杂咏》北京大学出版社 1988 年

陈铁卿先生之古泉创解

　　《中国钱币》1983 年 3 期、《天津文史》总一期

王襄先生与古泉研究

　　《天津文史》总七期

关于《天津书画家小记》

　　《天津文史》总十期

天津的收藏家

　　《天津文史》总十一期、《天津文博》1989 总 3 期

悼念蒋若是先生

　　《安徽钱币》1994 年第 4 期

鲍康卒年考

　　《中国钱币》1986 年 4 期

见异思源

　　《中国钱币》1992 年 2 期

王襄与古钱

　　天津日报《钱币杂话》

一望而知是假钱

　　天津日报《钱币杂话》

龙凤通宝

　　天津日报《钱币杂话》

刀币上的刀币

　　天津日报《钱币杂话》

四字中两个欠妥

　　陕西金融《钱币研究》1992 年 6 期

金字倒置五铢

　　陕西金融《钱币研究》1989 年 12 期

铜　觾

　　陕西金融《钱币研究》1989 年 2 期

伪造农民政权钱

　　陕西金融《钱币研究》1990 年 9 期

天津出土咸丰铁钱

　　陕西金融《钱币研究》1986 年 5 期

新奇的发现可疑的图版

　　陕西金融《钱币研究》1986 年 8 期

汉龟二体五铢

　　《陕西金融钱专 7 辑》

唐代钱币文化的继承

　　《陕西金融钱专》1988 年 9 辑

有这样的半两

　　《陕西金融钱专》1988 年 10 辑

钱范研究的回顾

　　《狭西金融钱专》1989 年 11 辑

五铢断代展望

　　《陕西金融钱专》1989 年 12 辑

项梁半两

　　《陕西金融钱专》1991 年 15 辑

明钱漫话

　　《陕西金融钱专》1992 年 18 辑

宋铜钱丛谈

　　《陕西金融钱专》1993 年 19 辑

钱经万选　拓出千锤——咸丰钱的版式系列序

　　《安徽钱币》1999 年 2·3 期合利

辨异是古钱鉴别的关键

　　《安徽钱币》1996 年 4 期

丝路钱币二三事

　　《甘肃金融钱专》1989 年 5 辑

珍贵文物人所乐见

　　《浙江钱币》3·4 合刊

蛇目半两

　　《陕西金融钱专》6 辑 1987 年第 3 期

幽香袭人实难却——渴望发表北京出土皇祐钱

　　《泉币之友》1983 年 6 期

产生双胎五铢原因的推测

　　《陕西金融钱专》7 辑

开通元宝钱的铸法

　　《陕西金融》1987 年 8 辑

大泉五十陶范

　　《新莽钱范》三秦出版社 1996 年

依字断币

　　《钱币博览》1999 年总二十一期

天津文教界收藏家述略

　　《天津文史资料选辑》1994 年 4 辑

文物是地名资料的重要来源

　　《天津史地知识》天津地名委员会编 1987 年 6 月

读《北庭古钱币馆藏整理简报》

　　《新疆钱币》1998 年 4 期

中国古钱文字与书法

　　《书画研究》第四期

古钱辨伪

　　《贵州钱币资料》第二辑（1986 年）

一位被泉学重名所掩的学者

——追述学者、著名古钱币学大家唐石父先生

师健英

　　泉者，古钱币的代名称。唐石父（fú）先生就是一位有着很深造诣的泉学大家。最初知道唐石父先生的大名是在 20 世纪 80 年代初，当时改革开放刚开始，钱币学的研究在国内开始逐步掀起高潮，《天津日报》紧跟形势特开辟了"古钱杂话"专栏，当时的撰稿人即为天津著名的钱币学家唐石父和邱思达二位先生。我当时抱着强烈的求知渴望给专栏编辑写信联系，这才对二位先生有了最初的了解。随后不久，有一次在向篆刻老师董鸿程先生学习篆刻技艺时，我惊奇地获知原来唐石父先生还是津门老一辈的篆刻名家，仰慕之情油然而生，恨不得立刻就能拜识到唐先生。这个愿望一直到了 1987 年才得以实现。那年，天津钱币研究会（后更名为天津钱币学会）成立，时任钱币研究会副秘书长的赵继明先生将我带到唐石父先生面前（唐先生为天津钱市研究会副理事长），郑重地将我的情况作了介绍，从此，我真正有幸地结识了唐石父先生，并能得以当面向先生讨教，也对他有了更深一层的认识。

　　唐石父先生，天津市人，生于 1919 年，国家文物鉴定委员会委员、天津市文物鉴定委员会委员。1982 年中国钱币学会成立后，他当选为第一届至第四届常务理事、第五届名誉理事、学术委员会委

员，《中国钱币》编委，天津市钱币学会副理事长。"文革"后，他参加了重建天津市社会科学院的工作，并担任历史研究所研究员、天津市文史馆馆员，还曾担任过《中国钱币大辞典》编委和分卷主编。

唐先生世代居住津门老城厢，其父、兄、姑父皆好收藏古钱币，其受家庭熏陶，自幼即爱古钱。按天津旧俗，炕的四边用串起的铜钱压住。十岁时，他偶然发现这些铜钱，便向懂古钱的父亲询问，父亲给他讲解一些古钱币的知识。从此以后，炕席下面的压炕古钱、老太太们缠线用的古钱，成了他最初的藏品。上中学时，他经常流连于北马路上的古钱摊，常用家里给的早点钱到小摊上买古钱，并结识了古钱商贾蝶生。贾商为人憨直，无市侩之气，故唐先生曾在贾处买到过不少好钱。但当时能参考的资料只有一本借到的《泉货汇考》。20世纪30年代，河北第一博物院（今马场道上的外国语学院院内）举办货币展览，那丰富的货币使他流连忘返。不久，先生所在的中学举办"珍玩展览会"，他作为一名中学生，竟展出自己收藏的稀有古钱，颇令师生们羡慕。1947年，唐先生执教于天津崇化学会（设于今文庙内），在此结识了同时任教的著名书画家、古钱币专家陆辛农先生，并成为陆师的弟子。早在二十几岁时，唐先生还曾结识了王襄（纶阁）、陈荫佛（宝树）、方若（药雨）等老一辈金石学家，向他们学习考据之学。先生还曾拜王襄之弟津门著名篆刻家王剑（雪民）为师，攻研治印。通过金石碑版，他研究文字的源流和书法艺术，与古钱的鉴别相结合，水平不断提高。1957年，唐先生在其执教的天津市第五十七中学任历史教师并主办了"中国货币展览"，在展品的陈列上他以货币沿革史顺序排布，上自商朝的贝币，春秋战国时期的刀币、布币、圜钱，下至明清的方孔圆钱，布置井然有序，更有历代农民起义军铸造的货币。这一展览除受到学校师生的欢迎外，还受到天津钱币界的老前辈陈铁卿（名钢）先生的好评，从此得和陈先生过从甚密，常就古钱问题切磋和讨论。正是唐先生的执着与追求，亦赢得陈老先生的器重，每当老先生有了新的著述，即抄一副本寄赠给唐石父先生，所以先生珍藏的陈铁卿

371

老先生的著作也是最丰富的。由于他长年不懈的努力，见闻日广，在这前后撰写了《桥形布非钱之我见》《古钱读法》《易混圆钱的鉴别》《历代农民起义军铸造的货币》等，这些文章在钱币界起了一定的影响。过去，这方面的问题是古钱研究的薄弱环节，由于先生的倡导而有所建树。1982年中国钱币学会成立时，先生当选为常务理事，经常出席各地的钱币学术研讨会，外出讲学，并担任一些学术书籍的编撰工作。正是由于他的涉猎愈进渊博，故而对古钱的研究时出新解，他的著述经常发表于众多的学术刊物上。《古钱读法》《武德钱文制词的考察》《武德钱文研究》等分别收入《中国钱币论文集》第一集、第二集、《中国历代货币大系·隋唐五代卷》等，他费时多年心血编撰的《唐石父古钱常用辞典》也已问世。他是第一届、第三届中国钱币最高学术奖"金泉奖"的获得者，是饮誉海内外钱币界的古钱鉴定大家。

谦虚待人亦为典范

清代钱币学家鲍康曾有诗云"万选青钱乐不疲"，这句诗被唐先生当作座右铭并对鲍康的"治学态度谨严、鉴别精严不苟，资料不自秘，能奖掖后生"之风格极为推崇，曾著《鲍康学风简述》一文发表于1985年第三期《中国钱币》，其实唐石父先生的个人治学作风亦是如此。笔者自天津市钱币学会成立之初，即有幸结识了唐石父先生，由于早就仰慕先生之盛名，故常就古钱、金石书法方面的问题请教于唐先生，先生总是耐心地给予引导。但由于我当时年龄尚幼，初生牛犊，有时常就一些疑问固执地和先生分辩清楚为止。事后我又有些为自己曾经的固执行为深感后悔和不安。因为唐先生在钱币界、书法界的身份地位德高望重，我作为一名晚辈后学应虚心地静静听取才是，我怕先生对我持有什么不好的看法，就悄悄地问时任副秘书长的赵继明先生，"唐先生对我有什么看法？"继明先生对我说，"唐先生很喜欢你的这种固执"。也正是由于唐先生的这种偏爱，每当和先生见面时，他的第一句话总是问："最近又研究什么课题？又有什么新的作品？还有什么难题等等……"对于一些外地慕名登门造访的访学者先生总是热情相待，对于爱好者们的来信，先生也总能做到，收到必回。先生十分朴实，用过的信封总是拆开来，翻过来重新糊好再用。

谨严治学精严不苟

唐先生的治学是非常严谨的，在一点上我深有体会。记得有一次唐先生拿出一串皇祐古钱让我看，我还没接到手就吃惊地问："皇祐年号应该没有古钱才对"，先生笑了说："因为什么没有才对呢？你应该仔细看一看。"我看后才知道，这些古钱原来都是唐先生毕生收集到的，既有传世之品又有新出土之古钱，然而这些古钱币不是改刻、挖补的，就是翻铸的赝品，没有一枚是皇祐年间所铸。唐先生经常说的一句话就是，"你就是收集再多的东西，死后一样也带不走，但你的肚中所学是别人所取代不了的。平时应多注重学识的积累，这样你才不会错失你所见到的一切。"先生是这么说的，也是这么做的。在先生的论文中，我们可以看到其论述是那样的严谨，之初，我总认为先生作文章过于拘谨，为什么不能有大胆的设想呢？不久，唐先生拿了一本钱币图册，指着一枚标有待考品的刀币让我认出其真伪，我脱口而出："伪品。"唐先生问到："你的论据是什么？"我答到："刀币的上段文字大篆，尚且古朴自然，下段部分却出现小篆的笔意，给人一种生硬呆板之感。"唐先生点点头："光有感觉还不够，还要拿出点论据就更有说服力了。"说着又拿出十几本书来，逐一地对照让我参考，看后我终于明白了，原来这是一枚跟据真刀币头而伪造的刀币，由于伪造者不知下段部分的文字应该是什么，伪造出来的东西就显得非驴非马。记得有一次唐先生从书法家龚望先生处借了一本《秦汉瓦当图录》，我说我也有一本，先生告诉我此书有几处释文译错了，并嘱咐我下次来时将书带来，并给我标记出来。唐石父先生就是这么一位做事认真的学者。

厚积薄发思致不凡

　　2003 年 6 月,《天津文史》为纪念唐石父先生,特推出《唐石父专辑》,汇集已发表文章 31 篇、印蜕 18 方。这些既有钱币学方面的论述,也有涉及文史方面的文章,但这只能算作冰山一角,还远远不能涵盖唐先生的全部所学。唐先生还擅长篆隶书法及治印,在他的同门师兄弟中如李鹤年、蓝云、齐治源、杨鲁安、任秉鉴等诸位先生均已是享誉海内外的书画大家。可惜唐先生由于钱学名太重,故盖过其书艺,加之留世作品不多,他的书艺不被众人所知。1998 年 4 月,天津文史馆为庆祝建馆,曾出版过《天津文史研究馆书画作品选集》一册,册中收有唐先生印蜕 14 方,其中有为刘炳森等书坛大家所治之印。在先生的家中,我还曾见过他用小篆书写的四扇书屏,似为早年所书。他的小篆主要写邓石如笔意,他写的篆字用揉笔,纵则横揉,横则纵揉,力透纸背,一笔一画,粗细有致,变化之多,格局优美,文字考究,绝无呆板之气。津门有几位同好都曾有幸得到过唐先生惠赠的墨宝,主要以隶书为多。我还曾见过唐先生用小楷书写的跋文,欧体俊秀端正如刻字一般,惜如过眼云烟再不得见。1992 年,唐先生为我的钱币收藏展欣然题写了"泉"字墨宝,如今这也成为唐石父先生一生中传世不多的书法作品中绝笔。20 世纪 80 年代故宫博物院举办的文博专家书画作品展中即有唐石父先生书写的作品。晚年的唐先生由于身体多病,提笔时常常力不从心,以至不得不搁笔。曾经有一些媒体向公众介绍过唐石父先生的,但都是以钱学的角度为主。为了不使唐先生的书艺被钱学之名所掩盖,笔者本书故将唐先生的书法艺术介绍给大家共欣赏。如今虽是北斗星沉,但先生的谆谆教诲、谨严的治学作风,时时浮现在我的眼前。2005 年 2 月 17 日,唐石父先生在津仙逝,享年 87 岁,人们为失去一位德高望重的师长而痛惜,愿先生德望常昭!